경호의전비서실무론

권 창 기 · 이 강 문

도서출판 진 영 사

경호의전비서실무론

권 창 기 · 이 강 문

2010년 5월 17일 초판인쇄
2010년 5월 19일 발 행
발행인 박 진 영
발행처 도서출판 진영사
인천광역시 부평구 삼산동 200-2 대림하이츠빌라 301-401호
전화 : 032)505-4207
팩스 : 032)505-4206
E-mail : 0183734207@hanmail.net
등록 : 122-91-77317

ISBN 978-89-93076-97-4 92300
값 22,000 원

머 리 말

경호의전비서실무론의 원고를 끝내고 나니 다 마쳤다는 시원함 보다는 뭔가 허전하다는 느낌이 계속 마음 속 깊은 곳에 커다랗게 자리 잡았다. 과연 이런 졸작을 세상에 내 놓아도 될까? 행여나 세상 사람들의 웃음꺼리는 되지 않을까?

내 자신에게 이런 저런 핑계를 대가며 출판사에 원고를 넘길까 말까를 2달여 동안 고민하다가 소주 한잔의 힘을 빌려 큰맘 먹고 출판사 사장님 메일로 원고를 전송 했다.

시위를 떠난 화살이 되어버리니 오히려 마음이 홀가분해 졌다. 이제는 독자의 심판만 남은 것인가?

2003년 처음 경호비서학이라는 교과목을 맡아 수업을 시작하였다. 비서학을 처음 접하다 보니 우선 교재 선정부터 쉽지가 않았다. 우선 비서학과에서 사용하는 비서실무론을 참조하고 인터넷에서 각 종 자료들을 수집하여 짜깁기씩으로 경호비서학 강의를 진행하다보니 시행착오도 많았다.

현대사회에서 비서관련업무 수행 능력은 경호원의 기본역량에 속하므로 대학의 경호비서학과나 경호관련학과 및 민간경호경비회사에서도 비서적 업무수행 교육은 반드시 필요한 교육이며, 아울러 행사 시 가장 중요한 예절인 의전 또한 경호업무에 있어서 빼놓을 수 없는 중요한 요소일 것이다.

그러나 2000년대 중반까지만 하더라도 경호비서관련수업에 사용할 만한 맞춤형 교재는 찾아보기가 힘들었었다. 그래서 나중에 기회가 된다면 경호비서에 관한 교재를 만들어 보아야 겠다는 생각을 하게 되었으며, 이후 비서와 의전에 관한 공부를 하면서 더불어 자료를 조금씩 수집하기 시작하였다.

현대사회에서는 비서업무도 조직이나 상사의 직업에 따라 각 전공분야별로 세분화 되어졌다. 따라서 경호비서도 이 중 비서의 한 영역으로써 경호전공자들이 앞으로 개척해 내가야 할 분야이다. 이에 경호원들이 업무 상 습득해야 할 의전과 비서실무론적인 요소들을 모아 목차를 만들어 보았다.

먼저 1부에서는 비서의 의의, 유형, 역할, 업무, 자질과 능력, 경호비서의 역할 등 비서와 경호비서에 관한 전반적인 이론과 개념들을 정리해 보았고 2부에서는 의전의 개념, 유래와 배경, 기본원칙, 기준, 국가행사, 국제회의, 연회 등 의전 실무에 관한 요소들을 3부에서는 전화예절, 명함예절, 문서작성과 관리, 정보와 시간관리, 손님응대, 출장업무, 직장예절, 회의업무 등 비서 실무에 관한 요소들을 기술하였다.

부디 이 책이 대학의 경호비서관련 교과목을 공부하는 학생들과 지도자, 경호경비관계자들, 경호비서를 꿈꾸는 사람들에게 유용한 교재로 활용되기를 바란다.

샛노란 개나리와 활짝 핀 벚꽃을 벗 삼아

4월의 어느 날 연구실에서....

목 차

제1편 경호비서의 이해

제2편 경호의전 실무

제3편 경호비서 실무

제1편 경호비서의 이해

제1편 경호비서의 이해

제1장 비서의 이해

1. 비서의 의의

1) 비서의 개념

비서란 사전적 의미로 볼 때 일부 중요한 직위에 있는 사람에게 직속되어 있으면서 기밀문서나 사무를 맡아보는 직위 또는 그 직위에 있는 사람을 뜻한다. 또한 상사를 보좌하기 위하여 고용된 사람으로서 통신업무와 자료 수집 및 정보 제공 업무를 하며, 기밀취급 및 사무처리 기능을 가진 관리자이다.

세계비서협회(International Association of Administrative Professionals: IAAP)에 따르면 비서란 숙달된 사무기술을 보유하고 직접적인 감독 없이도 책임을 맡는 능력을 발휘하며, 창의력과 판단력으로 주어진 권한 내에서 의사결정을 내리는 간부적 보좌관이라 한다.

미국비서협회(National Secretaries Association: NSA)에 의하면 비서란 직접적인 지시가 없더라도 책임을 맡는 능력과 사무행정처리 능력을 갖춰야 하고 주어진 권한 범위 내에서 창의성을 발휘하며 결정권을 행사하는 보좌관이라 한다.

비서의 일반적 개념은 현대와 같은 기계화·전문화·조직화의 물결로 인해 비서의 개념을 크게 변화시켰지만 비서직의 유래는 인류의 역사에 있어서 계급사회로 분화된 이후부터라 볼 수 있다. 비서의 본질은 보조자 또는 보좌인으로서 상위계급의 존재를 이미 상정한 개념이라 할 수 있는데, 약 6000년 전부터 고대 이집트에서는 왕의 근시조직으로서 왕의 치적을 기록하는 관직이 있었으며, 이집트의 클레오파트라 여왕에게도 남성 비서가 있었다고 전해지는 것처럼 그 역사적 기원이 오래전부터 시작되었음을 알 수 있다. 15세기에 영국 왕실에서는 왕의 통신 관련 문서와 주요문서 처리를 전담하는 관리가 존재하였으며, 이때부터 근대적 의미로서의 비서가 시작되었다고 볼 수 있다. 이 당시 그러한 업무를 담당한 관리를 secretary라고 하였으며, 산업혁명 이후 민간 기업의 발생과 더불어 직업적 관점의 비서로서 보편화 되었다. 그러나 이 당시까지만 하더라도 비서직은 거의 남성의 전유물이었으며, 여성비서의 등장은 여성의 사회진출이 사회적으로 용인된 이후에 나타난 현상으로서 오늘날에는 대표적인 여성 직업으로 여겨지는 것이 일반적이다. 하지만 전문 비서로서의 자질과 역량은 남녀의 차이가 있을 수 없으며, 단순한 직업군으로서의 개념으로 인식되어서는 안 되며, 사회 또는 해당 조직에서의 핵심적 역할을 담당한다는 점에 그 중요성이 부각되어야 하며, 그 의의를 찾아야 한다.

2) 비서로서의 요건

오늘날 현대 사회에 있어서 대부분의 고위 공직자나 기업의 사장을 대상으로 비서실, 부속실, 임원실 이라는 명칭으로 그룹비서 또는 개인 비서를 두고 다양한 형태의 업무를 담당하게 하고 있다. 그러나 비서의 자격, 업무, 권한 등을 명시한 표준화된 직무기술서(job description)는 거의 없는 실정이다. 따라서 행정기관이나 공공단체 및 민간기업체 등 모든 형태의 조직에 존재하는 비서는 그 조직의 존재 이유 또는 목적이나 성격 및 규모, 상사의 직책과 성격, 그리고 비서 자체의 자질과 능력에 따라 다양한 기능과 역할이 존재할 수 있다. 이에 비서의 개념 정립에 있어서도 국가, 집무 상황, 역사적 배경, 역할과 기능에 따라 다양한 해석과 견해가 나올 수 있다. 지금과 같이 기술 발전과 국제 환경 변화 및 다양화된 업무 분야의 생성 등으로 인해 비서에 대한 인식은 바뀌어져야 하며, 그 본질을 올바르게 파악하여 현대 사회에 있어서 그 조직의 분화와 상관없이 공통적으로 적용될 수 있는 비서 개념을 정립하여야 한다.

결국 비서는 상사의 정책관리자로서, 정보관리자로서, 의사전달자로서, 조직의 매개자로서, 위기관리 및 보안 관리자로서, 홍보 관리자로서, 민원상담 해결자로서의 역할 수행에 만전을 기해야 해야 한다. 그러기 위해서는 비서 행정의 기능에 대한 이론적 지식과 실제의 전문성을 익히고 조직발전을 위한 제도 및 절차 등을 확립하여야 할 것이다.

(1) 사무처리 기능

각 기관이나 기업에서 실질적으로 이루어지고 있는 사무처리 절차와 이를 위한 수단으로써의 문서작성 능력 및 컴퓨터 등의 사무자동화 기기 작동 및 관리 업무를 담당하게 된다.

(2) 직접적인 감독 불필요

비서는 상사의 부재 시 그 결정권을 일부 행사할 수 있으며, 상사의 원활한 업무 수행을 위해 부수적인 업무이거나 업무재량 범위내의 업무에 대해서는 상사의 지시 없이도 자율적으로 행할 수 있어야 한다. 또한 그에 대한 책임을 질 수 있어야 하며, 만에 하나 업무 결과에 대한 부정적 효과에 대해 사후 처리도 할 수 있어야 한다. 업무 수행 중 미비하거나 미결 된 부분에 대해서도 독자적으로 관리 할 수 있는 능력이 있어야 한다.

(3) 권한 범위 내에서 업무 수행

아무리 독자적인 업무수행 권한이 있더라도 그것은 어디까지나 상사의 관리감독 범위 내에서 이루어져야 하며, 비서의 독자적인 업무수행은 상사의 권한 수여범위라는 한계를 가지게 된다.

업무의 중요부분에 대한 결정권은 상사가 가지게 되며, 그에 수반된 절차적 문제에 있어서 그 결과가 극대화 될 수 있는 범위 내에서만 비서의 독자적 업무 수행이 가능할 뿐이다. 따라서 중요 정책이나 방침 및 고객과의 계약 체결 등은 어디까지나 상사의 몫이 된다.

(4) 정보 관리자

비서는 수많은 정보를 수집하고 이를 가공하여, 상사의 업무에 필요한 정보를 간추려 제공할 수 있어야 하며, 정보수집과 가공절차에서 무엇이 상사의 업무에 중요도가 높은지 척도화하여야 한다. 또한 이미 수집되거나 업무상 중요 기밀에 대해서는 그 보안을 철저히 하여야 하며, 외부 유출에 대한 손상을 최소화하여야 한다.

(5) 커뮤니케이션 관리자

비서는 상사와 부하직원 그리고 고객 사이의 매개체로서 업무의 원활한 수행과 상사의 업무 효과를 극대화하기 위해서 그 중간적 간부로서의 위치에 있게 된다. 이에 따라 통신업무와 그에 대한 대응 능력이 갖추어져 있어야 하며, 대응 예절 또한 비서의 중요한 덕목이 된다.

(6) 창의력과 판단력

비서는 그 조직의 고유한 업무수행방식을 존중하면서도, 시대적 변화에 맞게 창의적으로 대응할 수도 있어야 한다. 즉 효율성 측면에서 비서는 절차방식을 보완하고 불필요한 업무수행 단계를 과감히 배제하여야 한다. 또한 상사의 의사결정에 영향력을 미칠 수 있는 창의적인 사고와 판단력을 지녀야 한다. 이를 통해 그 조직에서의 핵심적 역할을 담당하는 관리자적 성격을 지니게 되며, 비서란 단순히 상사의 보조자가 아닌 그 조직의 핵심 인력으로서의 역할을 하게 된다.

(7) 간부적 보좌관

비서는 조직의 하부구조로서의 단순 업무를 수행하는 것이 아니라 중요 정책이나 방침을 결정함에 있어 영향력을 행사할 수 있는 지위에 있다. 그리고 전문적인 문제나 중요 사안에 대해 조언을 하여 그 의사결정에 결정적인 기여를 하게 된다. 또한 조직의 간부로서 하부조직에 대한 관리감독과 인사행정을 담당하고, 이에 대한 문제점이나 해결책을 조직의 최고결정자에게 제안하는 기능을 담당하게 된다.

3) 현대적 의미의 비서

비서라는 용어에는 앞서의 요건이 내포되어 있어야 하며, 이를 통하여 전문직으로서의 비서에 대해 이해할 수 있다.

이와 같이 비서는 의사결정의 최고 정점은 아니지만 그에 대한 중요 보좌 역할로서 매우 큰 영향력을 행사하는 위치에 있다.

그 동안 우리나라의 일반적인 비서는 비서의 가장 큰 역할이어야 할 상사의 의사결정이나 상황 판단에 도움을 줄 수 있는 참모(staff)로서의 역할이 아닌 소극적이고 단순한 업무 보조의 역할을 수행해 왔다. 기업의 측에서도 비서에 관한 전문적인 교육을 받지 않아 비서업무 수행이 가능하지 않은 사람이나 대학 졸업자라 할지라도 비서 업무 수행과 전혀 상관없는 타 전공 졸업자를 비서로 채용하였다. 또한 전공자를 채용했다 하더라고 제대로 능력을 활용하지 못하고 단순한 수준의 업무만을 수행하도록 하였다. 즉 일반적으로 비서를 단순히 보조 업무만을 수행하는 직종으로 보고 하나의 전문직으로서 독립시켜 인식하지 않았다는 것이다. 이에 비해 남자 사원의 경우 승진 경로를 통하여 참모의 위치에 올라 실제적인 비서의 역할을 수행하거나, 공식적인 비서실의 발령이 고위직으로의 승진에 도움이 되는 것으로 인식되어 있다(http://www.kaap.org).

급변하는 국제 사회와 이에 대응해야할 사회 각 조직의 질적 발전을 위해서는 조직 관리자의 신속하고 효율적인 정보수집 및 활용 능력이 요구되며, 이러한 수많은 정보를 가공하고 조직 업무에 맞게 재배열하여 활용할 수 있도록 시간과 업무의 양을 줄여줄 역할을 담당해야 할 비서의 중요성은 더욱 증대되었다고 할 수 있다. 이러한 비서의 역할을 통해서만이 정확하고 합리적인 의사결정으로 전략적 및 전술적 경영활동을 기대할 수 있다.

이러한 전문비서로서의 역할이 더욱 요구되는 이 시점에서 비서란 경영 관리층을 보좌하는 관리자로서의 성격이 강하며, 그 역할은 과거 어느 때보다도 중요하다. 이를 위해서는 고도의 전문적 지식과 창의력, 판단력, 그리고 문제 해결능력 등 다양한 능력을 보유하고 그것을 함양하기 위한 자기 노력이 수반되어야 한다.

이렇듯 기존의 비서가 단순히 부수적인 사무를 대행하는 보조자로서의 인식이 강하였다면, 현대 사회에 있어서의 비서란 전문지식을 겸비하고, 중요 정책 결정에 이바지 할 수 있는 글로벌 리더로서의 자질을 갖추어야 한다.

따라서 현대적 의미의 비서란 i) 전문적 지식을 겸비하여야 하며, ii) 언어소통에 문제가 없어야 하고, iii) 핵심사항에 대한 정보수집 및 가공 능력이 있어야 하며, iv) 권한 범위 내에서의 자율적 의사결정을 할 수 있는 능력이 있어야 하고, v) 그에 대한 판단력과 책임능력이 있어야 하며, 마지막으로 vi) 원활한 업무 수행의 결과가 조직 전반에 미치도록 할 수 있는 핵심 인력으로서의 지위에 있어야 한다. 이를 통해 조직의 최고 책임자는 의사결정에 대한 결단에 만전을 기할 수 있고, 그 타당성과 신뢰성을 더욱 확고히 확보하게 된다.

2. 비서의 유형

1) 진출 분야에 따른 유형

(1) 공공기관 비서

국가 공무원 또는 공공기관 직원의 위치에서 그 책임자를 보좌하는 역할을 하게 된다. 이에 따라 해당 기관의 행정적 지식이 필요하며, 공공적 성격에 따른 책임에 대한 사명감도 강조된다. 공공기관은 외부로부터 여러 정책에 관한 비밀을 탐색하고자 하는 대상이 되므로 어떠한 경우에도 중요 정책에 관련된 사항이 공식적으로 발표되기 전까지는 사전 누설되지 않도록 각별히 주의해야 한다.

가장 대표적으로는 대통령비서실이나 각 정부기관의 보좌관 또는 일선 관공서의 간부 및 직원으로서의 역할을 하게 된다.

공공기관 비서의 출발은 일단 진출하고자 하는 기관에서 행하는 시험을 통과하여야 하며, 이를 위해서는 각 직렬별 필요한 과목에 대한 철저한 대비가 필요하다.

기본적으로 행정학과 행정법에 대한 이해가 있어야 하며, 공통적으로 영어에 대한 필기 평가가 이루어진다.

따라서 공공기관에서 필요한 인재로서의 자질도 중요하지만, 무엇보다도 채용시험에 합격하는 것이 그 출발점이며, 이에 대한 대비를 철저히 하여야만 가능하다.

(2) 교육기관 비서

대학 등 교육기관이나 연구기관에서 활동하는 비서를 말하며, 교육과 관련된 인접학문에 대한 이해와 연구기관에서의 연구 업무에 대한 이해가 선행되어야 한다. 교육기관 또한 그들의 고유한 행정절차가 있으며, 교육기관의 특성에 맞는 행정업무가 원활히 이루어지도록 하여야 한다.

교육기관에서 활동하는 비서는 그 기관의 교육적 관점에서 사고하여야 하며, 그 기관의 교육목적과 결부될 수 있도록 교육학에 대한 기본적인 마인드가 정립되어 있어야 한다.

특히 대학의 경우에는 학사행정에 의한 대학 나름대로의 행정절차가 마련되어 있고, 다양한 분야의 교직원과 교수들 그리로 학생들의 요구에 맞는 업무가 이루어져야 하기 때문에 그에 대한 사전 지식을 습득하고 있어야 한다. 특히 미국과 같이 교육기관의 운영에 있어서 교육과 행정이 분리된 곳에서는 교육기관 분야에 종사하는 비서들의 수가 많다.

(3) 기업 비서

가장 일반적으로 인식되는 분야의 비서로서 최고 경영자 및 간부들을 보좌하는 역할을 하게 된다. 경영학, 경제학, 인사관리, 조직관리, 마케팅, 회계학, 재무관리 등 경영 전반에 관한 학문적 접근이 이루어져 있어야 하며, 그에 대한 지식이 선행적으로 습득되어 있어야 한다.

기업은 궁극적으로 영리추구가 목적이며, 효율성을 업무의 최우선에 두게 된다. 이를 위해 창의성과 급변하는 기업환경에 대한 빠른 대응 능력을 요구한다.

따라서 기업 비서는 경영자와 각 조직 관리자들을 보좌함에 있어 기업의 목표를 인식하고, 그에 따른 목표지향적인 업무수행을 하여야 하며, 의사결정에 있어서 최대의 효율성을 가져올 수 있는 기업적 마인드를 갖추어야 한다. 또한 비서는 기업과 이해관계가 많은 관계자들에게 회사의 제일선에서 언제나 예의바르고 친절한 태도로 대함으로써 기업에 대한 좋은 이미지를 심도록 노력하여야 하며, 아울러 민첩한 상황 대응력과 사무처리 능력도 필요로 한다. 특히 현대 산업사회에 있어서 기업 고유의 지적 재산에 대한 기밀유지업무를 수행할 수 있어야 하며, 산업보안업무 매뉴얼을 숙지하고, 기업핵심기술 유출을 방지할 수 있는 능력도 있어야 한다. 따라서 기존의 기업 고유의 비서 역할 뿐만 아니라 정보관리자로서의 역할이 더욱 증대되었다고 볼 수 있다.

(4) 의료 비서

종합병원 등 의료기관에서 최고 경영자를 보좌하는 비서를 말한다. 의료기관의 특성상 의료용어에 친숙하여야 하며, 전공 지식도 필요하다. 또한 기업과 마찬가지로 의료기관도 회계업무와 마케팅이 필요한 분야이며, 병원 고유의 인사행정과 조직 관리에 대한 지식도 필요하다.

특히 의료기관에 있어서는 응급실이나 입원실과 같은 안전과 결부되는 공간이 있으며, 이는 다른 분야와 구별되는 업무이다. 야간 응급실에서는 의사와 의료관계자들에 대한 신변안전을, 입원실 등에서는 도난 등과 같은 범죄

발생의 가능성을 사전 차단하여야 한다. 또한 정상인들과는 달리 행동능력이 떨어지는 노약자나 환자에 대한 안전 관리 업무에 대한 중요성이 높아지고 있다. 그리고 원무과나 수납처에서 고객과의 마찰을 미연에 방지하고 더욱 빠른 일 처리가 이루어지도록 하여야 한다.

이에 따라 의료기관의 안전관리업무가 기존의 병원 행정업무 수행자로서의 비서업무에 더 추가되었으며, 의료기관의 비서는 이러한 업무수행능력까지 겸비하여야 한다.

(5) 법률 비서

대형 로펌이나 합동 또는 개인 법률사무소 등에서 업무를 수행하는 비서를 지칭한다.

대부분 소송관련 업무를 수행하며, 법원 출입을 담당하기도 한다. 따라서 법률용어나 소송관련 법학 지식이 필요한 분야이다.

최근에는 소송뿐만 아니라 국제금융업무 등 국제 비즈니스 영역에서의 법무활동도 활발해짐에 따라 이와 관련된 소송자료 수집과 번역 등을 담당하기도 한다. 이를 위해서는 외국 법제에 대한 이해와 관련 외국어에 대한 상당한 수준의 실력을 갖추어야 한다.

이와 관련해서 외국의 로스쿨이나 관련 학과 출신의 인재들이 이 방면에서 활동할 가능성이 많아지고 있다.

(6) 정치 비서

국회의원이나 정당 또는 지방의회의원 등을 보좌하는 비서를 말하며, 기본적으로 대인관계에 있어서 탁월한 능력이 요구되는 분야이다. 또한 정치, 정당, 입법 등에 대한 다양한 지식이 선행적으로 습득되어 있어야 하며, 정치적 변화에 민감한 관계로 그와 관련된 정보수집 능력도 아울러 갖추어져 있어야 한다.

특히 국회의원 보좌진들은 정책입안과 의정활동 모두에 대한 자료를 준비하고, 국회의원의 의정활동 중 입법과 관련하여 찬반 입장에 대한 당의 태도와 유권자의 인식을 조사하여야 하며, 그에 대한 적절한 대응을 할 수 있도록 조언할 수 있어야 한다.

선거와 관련하여 후보자에 대한 유권자의 친화도를 높일 수 있도록 기획력과 마케팅 능력이 있어야 하며, 선거 후 유권자 관리를 위한 다양한 대인관계를 가지는 포용력 또한 요구된다.

2) 기능에 따른 분류

(1) 참모형 비서

주요 정책이나 경영방침, 그리고 의사결정에 참여하는 비서를 통칭하며, 특히 대통령실 실장, 대기업 비서실장, 국회의원 보좌관, 군 참모장 등이 이에 해당한다.

참모형 비서의 가장 큰 특징은 의사결정에 직접적인 영향력을 행사한다는 점이며, 전문지식과 아울러 향후 조직에 대한 비전을 제시할 수 있는 능력과 자질을 겸비하여야 하며, 그 권한에 비례하여 그 책임 또한 막중하다.

전문가로서의 역량뿐만 아니라 정책결정자로서의 자질을 아울러 겸비하여야 하는 참모형 비서는 이 분야에서 최고 정점에 이르는 지위까지 오르게 되는 것이며, 그만큼 뛰어난 능력이 검증되었다고 할 수 있다.

(2) 부관형 비서

일반적인 수행비서로서 정책결정에 있어 중요 핵심 위치는 아니지만 상사의 원활한 업무 수행에 있어서 절대적인 역할을 담당한다는 점에서 그 중요성이 있다.

또한 상사의 성격과 기호를 파악하고 대인관계의 조정자로서의 역할을 하게 되며, 업무 수행의 대리자로서의 역할을 담당할 수도 있다.

부관형 비서의 특징은 상사의 단순한 사자(使者)가 아닌 대리인이라는 점에 있으며, 이러한 위치에서의 비서 업무 수행 결과는 곧 상사에게 귀속되게 된다는 점이다.

따라서 상사의 업무수행범위와 감독 범위 내에서 자율적 결정권한이 있으며, 그에 대한 책임은 자신뿐만 아니라 상사 또한 그 책임영역에서 배제될 수 없는 중요한 역할을 담당하게 된다.

(3) 사무보조자로서의 비서

사무보조자로서의 비서는 상사의 사자(使者)로서 결정권은 없지만 상사의 부수적인 업무와 지시사항에 대한 원활한 사무 처리를 담당하게 된다.

비록 의사결정의 권한은 없지만 상사 업무에 있어서 효율성과 지속성을 담보한다는 점에서, 그리고 고유한 의미의 비서라는 점에서 그 중요성이 퇴색될 수 없다고 본다.

사무보조의 의의는 그 결과가 곧 상사의 업무수행에 영향을 미치게 되며, 업무 성과의 질적인 우수성을 확보할 수 있다는 점에서 찾을 수 있다.

3) 조직유형에 따른 분류

(1) 개인소속 비서

비서 한 사람이 상사 한 사람을 보좌하는 유형으로써, 상사의 모든 업무 부문에 전반적인 사무 행정을 도맡아서 하여야 한다. 상사의 업무와 관련된 사항들뿐만 아니라 그 업무 스타일과 기대효과에 대해서도 철저하게 파악하고 있어야 한다.

특히 상사 개인적 취향에 대해 근본적으로 친화력이 높아야 원활한 업무 수행이 가능한 유형으로써 개개의 업무 수행에 있어서 상사의 개성에 큰 영향을 받게 된다.

비서의 업무 스타일과 상사의 업무 스타일의 공통분모가 크면 클수록 비서에 대한 상사의 주관적 평가도와 신뢰성이 높아질 가능성이 많다.

이러한 개별적 친화력에 비례하여 일의 효율성 또한 높아질 수 있으며, 기본적으로 상사의 개인적인 업무 스타일에 맞추어야 하기 때문에 세심한 배려가 필요하다. 업무 특성상 독립적이기는 하나 비서 한 사람이 상사의 모든 지시와 사무를 도맡아 하여야 하므로 과중된 업무량을 적절히 소화해 낼 수 있는 능력이 필요하다.

(2) 그룹 비서

대부분 대기업에서 나타나고 있는 형태로써 여러 명의 비서가 비서실에 소속되어 있는 경우이다. 이러한 비서실에서는 최고 경영자와 핵심 간부 등 최고 경영층의 업무를 직무내용에 따라 구분되어 운영되고 있는 것이 일반적이다. 즉, 문서관리, 일정관리, 의전관리, 수행업무담당, 정보관리 등 구체적인 직무 분야에 따라 개인 또는 팀으로 각 업무를 전담하여 보좌하게 된다.

그룹 비서는 조직 구성원 간 직급에 따라 비서실장과 각 전담 업무를 관할하는 간부 및 팀장의 지휘부와 그에 따른 일반 비서들로 지휘체계가 존재하며, 그에 대한 책임 소재에 대해서도 명확히 구분되어 있다. 이러한 비서 조직은 최고 경영층과의 신뢰도가 높기 때문에 다른 일반 부서와의 관계에 있어서도 그 우위를 점하는 경우가 많으며, 직급과는 별개로 최측근 보좌진이라는 자부심뿐만 아니라 실세로서의 이미지로 조직 내에 비춰지는 것이 현실이다.

(3) 공동 비서

한 사람의 비서가 여러 명의 상사를 보좌하는 유형으로써 그 업무량에 있어서는 조직 유형상 가장 많다고도 할 수 있다. 다수의 상사 업무를 동시에 하여야 하기 때문에 상충되거나 이질적인 업무 내용을 잘 조절하여야 하며, 우선순위에 따른 업무 분류와 그에 따른 단계적 수행이 적절히 잘 조화되어야 다수의 상사로부터 인정을 받을 수 있다.

업무수행의 척도화와 진행의 선후를 잘 판단하여야 하며, 지혜로운 대처를 통해서만이 그 능력을 인정받게 된다. 비록 업무량이 많고 여러 상사로부터 다양한 요구사항을 수렴하여야 하는 위치에 있지만 그것은 달리 해석하면 여러 사람으로부터 그 능력을 인정받기만 한다면, 승진의 기회가 많아지거나 담당 업무 역량이 넓어진다는 것을 의미한다고도 볼 수 있다.

4) 서열에 따른 유형

비서는 서열에 따라 그 업무의 난이도나 경력이 다르게 평가된다. 서열은 조직에 따라 차이가 있을 수도 있지만 주로 직급 구분을 통하여 그 권한과 책임의 범위가 다른 것이 현실이다. 이를 구체적으로 보면 다음과 같다.

직급	업무 내용 및 특성
비서실장 (administrative secretary)	• 최고위직으로서의 비서 • 최고경영자 또는 책임자 전속 비서 • 독립적 기관으로서의 성질
수석비서 (executive secretary)	• 최고 직급의 비서 • 상사의 대리인으로서의 권한과 자율성 • 상사의 보좌역할
담당자비서 (senior secretary)	• 상대적 재량권이 많은 비서 • 기업 임원층 담당 및 개별 업무별 책임자 • 중간 관리자로서 업무의 복잡성
접대계 비서(receptionist) 및 서기비서(secretary)	• 손님응대와 전화응대 • 타이핑 작업과 같은 문서 업무

3. 비서의 역할

1) 정보 관리자

각종 기밀문서나 전자파일 등의 자료들에 대한 관리책임을 맡으며, 정보수집과 가공 및 유지하는 기능을 담당한다. 그리고 그러한 정보를 정책 결정에 반영할 수 있도록 척도화 하고, 가장 유익한 정보를 엄선하여 최고결정자 또는 상사에게 제공하여, 최선의 선택을 할 수 있도록 밑받침 역할을 한다.

오늘날에는 수많은 공개된 정보가 넘치고 있으며, 공개된 정보 중 업무와 직결되는 정보를 획득하고, 적용할 수 있도록 가공하는 능력이 비서에게 요구되어 진다.

상사 개인의 힘만으로는 이러한 가공 작업은 불가능하며, 더욱이 조직을 총괄하는 지위에 있어서 정보관리에만 매달릴 수 만은 없다. 따라서 이러한 수집과 가공을 비서가 담당하여, 수많은 정보를 엄선하여, 업무에 바로 적용 가능하도록 상사에게 일목요연하게 정리하여 제공하여야 한다. 또한 조직 자체 내에서 기밀을 요하는 정보 관리에도 만전을 기하여야 하며, 정보보안업무의 기능 역시 중요하게 다루어져야 한다.

2) 커뮤니케이션 관리자

업무와 관련된 문서 작성을 담당하고 문서 내용에 대한 기안과 전달 및 사무보조 기기에 대한 이용방법까지 숙달하고 있어야 한다. 더욱 중요한 것은 전략적 의사소통의 기능으로써, 상사와 하부조직 간의 매개체로서 조직의 유기적인 활동에 일조하여야 한다. 또한 고객과의 관계에 있어서도 원만한 관계가 유지되도록 심혈을 기울여야 한다.

의사소통이란 한 사람의 주관적인 의사를 일방적으로 주장하여 관철되도록 하는 것이 아니라 서로의 합의점을 찾기 위한 부단한 노력이라 할 수 있다.

비서에 있어서도 상사와 부하, 그리고 고객, 더 나아가서 조직 전체와의 관계를 생각하여, 비서 개인의 생각만으로 활동하는 것이 아니라 상대방과 더불어 관련된 제3자의 입장까지 고려하여야 한다. 그 중에서도 특히 비서 업무의 대상인 직속 상사의 의사를 파악하고 그 의중이 무언가를 신중하면서도 빠르게 인지하여 관계자들과의 원만한 관계가 이루어지도록 의사전달의 중간 매개자로서의 역할을 하여야 하며, 의사 전달의 방법과 예절 등에 대해서도 숙지하여 몸소 실천할 수 있어야 한다.

3) 총괄 관리자

조직의 프로젝트와 관련 된 사항들을 기획부터 결산까지 총괄하여 관리하여야 한다. 조직의 정책결정에 있어서 그 정책의 목표를 설정하고 그것을 시행할 경우 야기될 수 있는 문제점에 대해 예견하고, 그에 대한 개선책을 제시하여야 한다. 또한 프로젝트와 관련하여 안건제출과 기획 및 스케줄 확정, 관계자 협의 또는 회의 일정, 토의 사항에 대한 사후 조치 등 모든 관련 구성원들의 시간을 최대한 효과적으로 사용할 수 있도록 조정하는 역할까지 담당하게 된다.

이와 같이 비서란 업무 진행에 있어서 그 출발점인 기획과 그 기획의 실행까지 모든 상황을 상사를 대리하여 관여하며, 그에 대한 결과 보고 및 다음 단계로의 진행 등을 지시받거나 권한 범위 안에서 결정하여 그 목적하는 바를 달성할 수 있도록 조정하여야 한다.

4) 인사 관리자

조직의 목적을 달성하기 위해서는 무엇보다도 그 조직에 적합한 구성원을 조직화하는 것 또한 중요하다. 비서는 새로운 직원을 채용하는데 있어서도 관여하게 되며, 면접과 채용에 이르기까지 전반적인 영향력을 행사한다. 그리고 구성원들의 인사관리의 역할도 담당하며, 관리자적 지위에서 각 부서별 인사이동 대상자의 선별과 직급의 조정 및 적절한 인사 배치 등과 관련하여서도 업무를 수행하게 된다. 특정 프로젝트를 시행하는 경우 그에 대한 조직화의 역할을 담당하기도 한다.

5) 교육훈련 관리자

신규 채용된 직원들에 대한 교육을 담당하기도 하며, 기존의 직원들에 대한 비공식적인 지침을 전달하거나 그에 대한 질문들에 답변하는 등 교육훈련 관리자로서의 역할을 담당하게 된다. 특히 조직의 의사결정자적 입장에서 그 조직에 필요한 인재가 무엇인지를 제시하고 그에 합당한 인재로서 활용하기 위해서는 각 부서별로 개별적인 교육뿐만 아니라 조직의 인재상에 적합하도록 전반적인 교육훈련이 필요한 경우도 있다. 이러한 교육담당자가 바로 교육훈련 관리자로서의 비서이다.

6) 홍보 관리자

여기에서의 홍보는 단순히 상품판매와 같은 것이 아니라 그 조직의 이미지를 대외적으로 긍정적으로 받아들이도록 하는 모든 행위라 할 수 있다. 방문자나 고객, 지역사회 관계자 등과의 원만한 인간관계뿐만 아니라 중간 매개체로서의 역할을 다하여 조직 내 구성원들의 요구와 대외 관계자들의 요구사항들을 조화롭게 다룰 수 있도록 하여야 한다.

7) 위기 관리자

상사의 부재 중 긴급사태에 대한 즉각적인 대처가 필요할 때 그에 대한 적절한 대응을 할 수 있어야 한다. 평상 시 반복적인 연습을 통하여 긴급사태에 충분히 대처할 수 있도록 하여야 하며, 책임범위가 어디까지인가를 상정하여 그 범위 안에서 최대한 효율적인 결정을 할 수 있어야 한다. 또한 급박하고 어수선한 분위기에 압도당하지 않고 관련자들을 능숙하게 관리 및 통제할 수 있어야 한다.

8) 상사의 대리인

비서 업무의 목적은 상사가 업무를 원활히 처리 할 수 있도록 하는 것이다. 따라서 상사의 구체적인 지시사항에 따라 일을 처리하게 마련이다. 그러나 그 능력에 있어서 신뢰가 쌓일수록 구체적 업무 지시 보다는 포괄적인 업무의 위임이 있게 되며, 그러한 위임 범위 안에서 비서는 상사를 대리하게 된다. 즉 비서 행위의 결과를 상사가 책임을 지게 된다는 것이고, 비서의 결정이 곧 상사의 결정이 되는 것이다. 이에 따라 비서는 업무처리 능력이 뛰어나야 할 뿐만 아니라 상사의 입장에서 원활하게 업무를 대리 수행 할 수 있는 행정능력을 갖추어야 한다. 이 과정에서 비서는 항상 상사의 연장선상에서 업무를 수행하게 되는 것이며, 비서는 바로 상사의 얼굴이 된다.

비서 수칙

- 한국비서협회 -

1. 전문 직업으로서의 비서직을 충실히 이행한다.
2. 회사의 목표, 정책, 회사의 생산품에 대한 지식과 이해를 높임으로 효과적인 업무수행 을 하도록 노력한다.
3. 보상에 정당한 업무를 이행한다.
4. 항상 회사를 대표하는 마음을 가짐으로 회사에 보탬이 되도록 노력한다. 특히 방문객을 맞을 때나 전화응대를 할 때 회사의 이미지를 높이도록 노력한다.
5. 지시를 받을 때에는 불합리성, 예외적인 사항이나 변칙 등이 없는지에 항상 유의한다.
6. 내게 부과된 책임이나 활동에 대해서 책임을 지고 수행한다.
7. 항상 상사의 요구 사항 - 마감기일, 자료 등 - 을 예견함으로 사전에 준비한다.

8. 상사와 회사의 이익을 증진시킴으로 자신의 이익을 도모할 수 있다는 생각과 함께 상사와 효과적인 팀웍을 이루어 나갈 수 있도록 노력한다.
9. 기밀을 철저하게 지킴으로 신뢰관계를 형성한다.
10. 상대방의 말을 경청하며 상사에 관련되는 정보에 유의한다. 회사와 상사 그리고 나 자신의 이익은 동일선 상에서 도모되는 것을 인식하고 상사를 위해서, 그리고 상사와 더불어 효과적인 팀웍을 이루도록 힘쓴다.
11. 약속을 충실히 이행함으로 동료들과의 신뢰관계를 형성한다.
12. 타인의 인격에 대하여 비난하거나 언급하지 않는다.
13. 동료들에게 항상 친절하며 명랑하게 대한다.
14. 자신의 건강에 항상 유의한다.
15. 타인의 인격과 권리를 존중한다.
16. 자신의 청결과 단정한 복장에 유의한다.
17. 지속적인 공부와 노력을 통하여 사무지식 및 기술을 증대시킴으로 조직 내에서 발전해 나갈 수 있도록 한다.
18. 한 인간으로 행복하기 위해서 자신의 행복을 증진시키며 적응력을 향상시키기 위하여가정과 직장 그리고 여가생활을 균형 있게 유지한다.
19. 협동심, 침착성, 활발하고 적극적인 업무의욕 등을 계속 키움으로 성공적인 전문 직 업 여성으로서의 자질을 함양한다.
20. 전문 직업으로 뿐만 아니라 하나의 성숙한 개인으로 성장함으로 타인들에게는 같이 일하고 싶은 동료가 되도록 노력한다.
21. 생각을 표현할 때는 차분하고 논리적이며, 준비된 태도로 이야기한다.
22. 상사의 요구, 업무처리방식, 성격 등을 이해하고 이에 맞춘다.
23. 지시를 받을 때는 첫 번에 정확히 확인함으로 두, 세 번 묻는 일이 없도록 한다.
24. 업무를 계획하고 계획대로 추진한다.
25. 상사가 잡무로부터 해방될 수 있도록 보좌한다.

※ 출처: 한국비서협회(http://www.kaap.org, 2009).

4. 비서의 업무

1) 다양하면서도 포괄적인 업무 수행

대표적인 비서 업무로써는 정보관리, 상사보좌, 대인관계, 사무관련 행정 등이 있으며 이와 같이 다양한 업무를 그 조직과 상사의 유형에 맞추어 일률적이 아닌 그 요구사항에 맞게 조절할 수 있어야 한다. 특히 비서는 그 부서와 관련된 사항뿐만 아니라 전반적인 조직의 목적 달성에도 기여할 수 있는 수 많은 업무들을 담당하게 되며, 그 수행에 있어서도 구체적인 업무 지시만을 이행하는 것이 아니라 포괄적으로 비서 자신이 결정하여 이루어지는 경우도 있을 수 있다. 따라서 비서의 업무란 구체적으로 어떠한 업무 몇 가지를 담당 한다기보다는 조직의 목적과 상사 또는 최고결정권자에 입각한 업무수행이 이루어져야 한다. 이에 비서는 특정 업무에 집중되기 보다는 기본적인 사무 관리와 스케줄관리, 대내·외적 의사소통과 같은 상사 보좌에서부터 정책결정에 대한 단계적 업무수행에 이르기까지 다양하면서도 그 기능과 권한 및 책임이 포괄적으로 위임되어 있다는 것을 명심하여야 한다.

2) 비전형적이면서도 불명확한 업무 범위

비서는 소속된 조직이나 상사의 유형 및 비서 자신의 능력 범위에 따라 업무가 어느 정도 윤곽을 갖추게 된다. 비서 업무의 기본적인 한계설정에 있어서는 명확성이 요구되지만, 그러한 직무 범위 안에서의 업무 수행은 비전형적이면서도 동시다발적으로 이루어지는 경우가 많다. 또한 어느 업무가 어느 유형에 적합한가는 그 상황에 적절하게 대응하는 비서의 역량에 달려 있으며, 구체적 사항에 특정한 행위 유형이 제시되어 있거나, 시험 답안처럼 사전에 숙지될 수 있는 것이 아니기 때문에 비서의 업무 영역 또한 불명확할 수 있다.

이러한 불명확한 업무 수행을 상사와 조직에 가시적인 결과를 구체적으로 보일 수 있는 방법은 그 직속 상사를 통해서 가능하다. 즉, 상사의 업무가 원활하고 효율적으로 이루어졌다는 것은 곧 비서의 업무 수행이 잘 이루어졌다는 것을 의미하며, 가시적인 결과가 구체화되어 나타난 것이다.

3) 기밀업무

비서의 역할 중 하나는 최고결정권자 또는 책임자의 주요 정책과 계획 등을 관리하는 자로서 이에 따라 관계된 기밀사항을 다루게 된다. 특히 이러한 역할 때문에 비서의 직업윤리의식이 중요하며, 상사와의 관계, 더 나아가서 전반적인 그 조직과의 관계에 있어서 신뢰가 바탕이 되어 있지 않으면 안 된다. 따라서 비서는 철저한 직업윤리의식에 바탕을 두고 기밀을 유지하여야 하며, 매사에 언행을 신중히 하여야 한다.

4) 비서의 존재 가치

비서는 상사와 그 업무에 있어서 상호의존적이며, 신뢰관계를 기초로 해서 가능하게 된다. 이러한 상호관계와 신뢰관계를 통해 비서는 상사를 대리하고 보좌하여 경영 전반활동에 영향을 미치게 된다. 이러한 비서의 업무는 상사의 원활한 업무 수행을 목적으로 하며, 상사의 원활한 업무수행은 크게 두 가지로 해석될 수 있다. 하나는 상사의 과도한 업무량을 덜어주고 효율적인 관리가 이루어질 수 있도록 비서가 보좌하는 것을 나타낸다. 또 다른 하나는 상사의 보좌적 역할을 넘어서서 상사의 입장에서 의사결정에 영향력을 행사하여, 최선의 결정을 하도록 유도하는 것이다. 이때는 조직의 핵심 간부로서의 역할을 담당하게 된다.

앞으로의 비서 역할은 후자와 같이 경영의 핵심 인력으로 기능하게 되며, 이에 따라 비서는 정보관리와 커뮤니케이션 관리, 사무 관리를 넘어서서 경영자로서의 마인드를 가지고 그 역할에 임하여야 한다. 따라서 비서는 창의력과 정확한 판단력을 겸비한 자발적 지식인 및 지도자로서의 이미지를 보여야 한다.

전문비서 윤리강령

- 한국비서협회 -

서 문

전문비서윤리강령은 비서가 전문 직업인으로서 신뢰와 책임감을 갖추고 성실히 업무를 수행하며, 나아가 사회에 공헌하도록 함을 목적으로 제정되었다. 비서는 윤리강령을 준수할 의무를 지니며 직무를 수행함에 있어 본 강령을 행동준칙으로 채택한다.

I. 직무에 관한 윤리

[상사 및 조직과 고객의 기밀 유지] 비서는 업무와 관련하여 얻게 되는 상사나 조직, 또는 고객에 대한 정보의 기밀을 보장하고 업무 외의 목적으로 기밀 정보를 사용하지 않는다.

[조직과 상사와의 관계] 비서는 전문적인 지식과 사무능력을 보유하고 업무를 효율적으로 수행함으로써 상사와 조직의 이익을 증진시킨다.

[예의와 정직] 비서는 항상 상사와 고객에게 예의를 갖추어 친절하게 대하며 직무수행에 있어 직위의 범위를 벗어나는 언행을 삼가고 정직하게 임하여 신뢰를 받도록 노력한다.

[동료와의 관계 및 팀웍] 비서는 존중과 신뢰를 바탕으로 동료들과의 관계를 협조적, 우호적으로 유지하여 효과적인 팀웍을 이루어 나갈 수 있도록 노력한다.

[보상] 비서는 최선의 업무결과에 대한 정당한 대우를 받을 권리가 있으나 부당한 목적을 위해 제공되는 보상에 대해서는 응하지 않는다.

[자원 및 환경 보존] 비서는 업무 수행 시 경비 절감과 자원 절약, 환경보존을 위해 노력한다.

[직무수행 봉사정신] 비서는 자신의 직무와 관련된 사항에 대해 직무수행 효과를 제고한다.

II. 전문성에 관한 윤리

[전문성 유지 및 향상] 비서는 지속적인 자기 계발을 위해 교육 훈련 프로그램에 적극적으로 참여함으로써 비서로서의 전문성을 유지 및 향상시킨다.
[전문직 단체 참여] 비서는 자신의 전문성을 향상시킬 수 있는 전문직 단체에 참여하여 정보 교환과 상호 교류를 통해 비서직 성장 발전과 권익옹호를 도모한다.
[품위 유지] 비서는 직업의 명예와 품위 향상을 위하여 노력한다.
[사회봉사] 비서는 지역 사회의 발전 빛 공공의 이익을 도모할 수 있는 각종 봉사 활동에 적극적으로 참여한다.

※ 출처: 한국비서협회(http://www.kaap.org, 2009).

5. 비서에게 요구되는 자질과 능력

1) 비서의 자질

(1) 정확성

비서는 자신이 수행하는 업무를 다른 사람이 다시 수정하거나 검토해줄 수 없고, 바로 직속상관에게 연결되기 때문에 업무 수행에 있어서 정확성을 요구하게 된다.

(2) 기민함

기민함이란 업무 수행 중 당연히 예견되는 결과를 가져올 때 보다는 예기치 못한 상황이 발생했을 때 그것을 즉각적이면서도 능숙하게 처리할 수 있을 때 빛을 발하게 된다. 특히 급박한 상황과 대인관계에 있어서는 신중을 기하면서도 빠른 판단력과 정확한 업무가 가능하도록 하여야 한다.

(3) 주의력

평상 시 자신의 주변 인물과 상사에 대한 주의력 깊은 관찰을 통하여 적절한 대응을 할 수 있도록 지속적인 노력을 기울여야 하며, 환경의 변화에도 세심하게 살펴 그에 맞게 효율적으로 변화를 모색할 수 있도록 하여야 한다. 또한 상사의 관심 사항과 요구 사항에 대해 주의를 기울이면서 업무를 수행하도록 하여야 한다.

(4) 솔선수범

비서의 업무는 그 능력에 비례하며 그에 따른 권한과 책임 또한 그 능력에 따라 상이하게 부여된다. 비서는 업무 수행 능력을 발휘하면서도 그 조직의 최고책임자 또는 상사를 대신한다는 책임의식을 통해 자신의 일처럼 수행하여야 한다. 따라서 상사의 구체적 지시가 없더라도 솔선수범하여 적극적으로 자신의 업무를 수행하여야 하며, 그에 따라 비서 자신에 대한 신뢰도가 높아지게 된다.

(5) 예의

비서는 상사의 인간관계의 연장선상에 있으며, 비서의 언행이 곧 상사에게 귀결되므로, 그 업무 수행 또는 평상 시 행동함에 있어서 예의를 갖추어야 한다. 특히 상사를 대신한 고객과의 관계도 원만하게 이루어지도록 하여야 한다. 따라서 비서는 타인에 대한 호감도가 높도록 처신하여야 하며, 그것을 위해서는 예의에 어긋나지 않고 긍정적인 이미지와 친절함이 느껴지도록 하여 고객뿐만 아니라 관계 주변인들에게도 호의적이 될 수 있도록 하여야 한다.

(6) 충실함과 겸손함

비서의 역할이 곧 상사의 대리인으로서의 역할이므로 충실히 수행하여야 한다. 그리고 상사의 업무수행을 대리하더라도 주변 인물들에게 고압적인 자세는 지양하여야 하며, 언행에 있어서도 특히 주의하여, 상대방을 존중한다는 이미지를 풍겨야 한다.

(7) 기억력

상사의 업무는 관리자적 측면에서 볼 때 방대할 수 있으며, 세부적인 사항에 대해서는 때에 따라 비서의 도움을 받아야 하는데 그때마다 적절히 상사의 요구에 맞추기 위해서는 비서의 기억력에 의존하는 경우가 많다. 즉 관련 업무에 대한 상사의 질문에 대해 즉각적인 답변을 하기 위해서는 구체적으로 전화상담자나 내방자의 이름 정도는 기억하고 있어야 하며, 때에 따라서는 특이사항에 대해서도 기억하고 있어야 한다. 예를 들어 상사업무와 관련해서 중요도에 따라 생일이나, 얼굴 생김새, 직함, 사생활, 평판 등과 같이 상사의 업무와 연관될 수 있지만 문서로서 확인할 수 없는 사항에 대해서는 기억하여야 하며, 그에 대한 훈련을 평상 시 하여야 한다.

(8) 원만한 인간성

비서의 대인관계 기술은 구체적인 매뉴얼이 없다. 얼마나 그 자신이 사람에 대해 충실하면서도, 겸손한가에 따라 비서 본인에 대한 주변인들의 반응이 달라지기 때문이다. 이는 훈련을 통해서도 가능하겠지만, 본질적으로는 그 사람의 내면의 문제이며, 성격과도 연결이 된다. 그렇다고 선천적으로 타고나는 것은 아니지만 평상 시 자기성찰을 통하여 원만한 인간성을 가지도록 언행과 마음가짐에 항상 주의를 기울여야 할 것이다.

2) 비서의 능력

(1) 어학능력

현대사회에 있어서 외국어에 대한 중요성은 아무리 강조해도 지나치지 않다고 본다. 기본적으로 비서는 상사를 대신하여 의사소통이 가능해야 하고 그 대상이 외국인일 경우 통역 없이 원만하게 업무수행이 이루어질 수 있도록 해야 한다.

이러한 외국어 능력은 그 사람의 전공이 무엇인가와는 관계가 없으며, 기본적으로 숙달하여야 할 사항이다. 단순히 말을 전달하는 것에서부터 상대방의 국가나 문화를 이해하는 데에 이르기까지 도달할 수 있도록 부단히 노력하여야 하며, 평생 교육의 일환으로 삼아야 할 것이다.

(2) 풍부한 상식과 교양

조직의 장을 보좌하는 비서는 당연히 그들 부류의 대화에 동참할 수 있어야 한다. 또한 상사의 일반론적인 질문에 적절히 답변할 수 있기 위해서는 다방면에 걸친 지식과 교양을 겸비하여야만 유능한 비서로서 인정을 받을 것이다.

이를 위해서는 직접적인 경험도 중요하지만, 다양한 종류의 글을 통해 이루는 것이 가장 효과적인데 평상 시 독서를 중요시 여기고 실천하여야 한다. 그렇다고 자신의 전공 분야만을 집중적으로 하는 것이 아니라 다방면에 걸친 풍부한 기사거리를 찾아 다독하여야 하며, 국내뿐만 아니라 외국의 잡지나 기사들에 대해서도 살펴보아야 한다.

(3) 전문지식

비서는 다양한 상식이나 교양에도 밝아야 하지만, 정작 상사 업무의 한 부분으로써, 전문가로서의 업무 수행을 원하는 경우에는 그에 대한 전공 지식에 관해 철저한 준비가 되어 있어야 한다. 전문직 분야의 비서, 예를 들어 법무비서와 같은 경우에는 그 업무와 관련되는 전공지식을 요하는 경우가 대부분이며, 특히 그 부서에서 요구하는 전공 때문에 채용된 경우는 당연히 전문가로서의 업무가 이루어져야 한다.

(4) 논리력

비서는 기획능력이 있어야 하며, 그것을 위해서는 논리적인 사고력을 필요로 하게 된다. 즉 장기적으로 인과관계를 살필 수 있어야 하며, 이해득실에 따라 완급을 조절할 수 있도록 하기 위해서는 이러한 능력이 요구된다.

(5) 국제적 감각

국제적 감각은 글로벌 리더로서의 인재상이 제시되고 있는 현대사회에서 비서에게 당연히 요구되는 이미지이다. 비서는 국제화 환경에 적응할 수 있는 능력과 이를 통한 변화에 대응하여 국제적 감각에 따른 조직의 발전을 이룰 수 있도록 하여야 할 것이다.

(6) 기타 일반적으로 요구되는 능력

비서는 기본적으로 사무처리 능력과 정보처리 능력, 위기관리 능력, 보안관리 능력을 겸비하고 있어야 한다. 이러한 능력을 바탕으로 원활한 업무 수행이 가능하도록 자신의 실력을 발할 수 있게 되고, 이러한 능력을 발휘할 수 있다는 것이 바로 비서의 존재 이유이다.

제2장 경호비서의 이해

1. 경호의 의의

1) 경호에 대한 정의

(1) 입법적 해석

"대통령 등의 경호에 관한 법률" 제2조에 의하면 "경호"라 함은「경호대상자의 생명과 재산을 보호하기 위하여 신체에 가하여지는 위해를 방지 또는 제거하고, 특정한 지역을 경계·순찰 및 방비하는 등의 모든 안전 활동」을 말한다. 라고 하였다.

(2) 학리적 해석

경호란「피경호인의 신변 안전 보호를 위하여 모든 가용한 수단과 방법을 동원하여 위해 요인을 사전에 방지 및 제거하기 위한 제반활동」이라 할 수 있다(양재열, 1995).

따라서 경호란 경호대상자에 대한 생명, 신체, 재산을 보호하기 위한 제반활동이라 할 수 있으며 이러한 안전 활동에는 신변보호를 위한 근접 호위활동도 포함된다. 즉 경호란 경호대상자를 중심으로 한 경호 주체의 안전을 확보하기 위한 제반 활동인 것이다.

경호는 시간적 개념의 위해발생을 기점으로 한 사전 예방활동 및 사후 제거활동과 거리적 개념의 근접호위 활동 및 지역적 경비 활동을 모두 포함한다.

좁은 의미로써의 경호란 특정인에 대한 신변보호를 말한다. 여기에서의 신변보호란 개인의 생명과 신체에 대한 근접 호위활동이라 할 수 있으며, 거리적 측면에서 볼 때는 경호대상자의 지근(至近)거리 내에서의 보호활동을 의미한다. 일반적인 인식으로 볼 때 경호란 좁은 의미로서의 근접 호위활동으로 이해되고 있으며, 일정한 대형을 형성·유지하여 공격자로부터 경호대상자를 보호하는 활동을 말한다.

그러나 넓은 의미로써의 경호는 이러한 근접 호위활동에 일정한 지역을 경계·순찰·방비하는 경비적 개념이 추가된다. 이는 경호대상자를 보호함에 있어 지근거리 내에서만이 아닌 경호대상자의 행동반경에 따른 물리적 보호가 보다 넓은 범위 안에서 이루어지는 것이다.

2) 경호의 목적

경호의 궁극적인 목적은 안전을 통한 경호대상자의 고유한 업무에 대한 원활한 수행을 확보하기 위함이다. 이러한 목적을 달성하기 위해 경호는 두 가지 세부 목표로 나누어진다.

제1차 목표는 사전 예방조치를 통한 안전 확보이다. 미국 비밀경호국의 경호에 대한 정의에 따르면 "경호는 실제적이고 주도면밀한 범행의 성공기회를 최소화하는데 있다."라고 되어 있다(이상철, 2006). 이러한 범행의 성공기회를 최소화하기 위해 사전 안전조치를 통하여 경호대상자의 안전한 보호를 위해 위험요소를 제거하거나 최소한의 수준으로 감소시키고 또는 무력화시켜 경호대상자에 대한 공격 또는 공격 의지를 사전 예방하여야 한다(양재열, 1995).

제2차 목표는 우발상황 발생 시 신속한 대처이다. 경호원은 범행이 일어나는 순간 또는 그 직후 경호대상자를 그 위험범위 내에서 이격시켜야 한다. 이러한 사후 대처를 위해서는 "방어 및 대피"가 우선되어야 하며, 대적은 경호대상자가 범행기도자의 위험범위로부터 이탈하기 위한 수단이 되어야 한다. 즉 범행의 주공격 목표를 경호대상자에서 경호원으로 전환시키는 역할이 바로 대적이며, 이때는 신속하고 즉각적인 조치를 취할 수 있도록 하여야 한다.

3) 경호의 중요성

경호는 무엇보다도 사전 예방적 보호활동이 우선이다. 경호는 그 필요에 의한 실질적 보호가 전제되어야 그 활동의 의의가 있으며, 사후 위험 발생에 따른 손실에 대한 치유만으로는 경호로서의 그 의미가 없다고 본다.

그러므로 경호에 있어서 가장 중요한 것은 사전에 치밀하게 계획하고 준비하여 미리 경호대상자에 대한 위험요소를 제거하는 것이다. 이를 위해서는 경호대상자의 행동반경에 따라 미리 제반 취약요소를 파악하고 그에 따른 안전조치를 강구하는 선발경호활동이 필수적이라 할 수 있다.

특히 경호대상자가 국가의 정치·경제적 중요 인물로서 위해 시 중대한 국정 운영에 결함이 발생할 경우, 사전 위험제거에 따른 경호 활동은 그 중요성을 아무리 강조해도 지나치지 않다. 공경호의 주된 목적은 국가 주요 요인 보호와 사회 질서 유지를 통한 공공의 안녕이라 할 수 있다. 국가의 주요요인에 대한 범죄나 테러로 인한 국가 기능이 마비가 되거나 혼란이 야기되면 이것은 곧 사회 전반에 큰 파장을 미칠 수 있으므로 사전 안전조치는 필수적이며, 이러한 사전 예방활동과 더불어 위해발생 시 즉각적인 위험제거 활동 또한 중요하다. 이에 따라 경호의 특성으로써 근접호위활동이 이루어진다.

그리고 노출되지 않은 공격자를 완전히 예견한다는 것은 불가능하며, 위해기도 포착 시 즉각적인 조치가 이루어져야 한다.

이러한 근접경호는 경호대상자를 에워싸는 일련의 방호 선으로 이루어지며 이것은 공격자의 공격을 막아내거나 공격의 결과로 위험을 초래하지 않게끔 공격을 흡수하기 위한 것이다(이상철, 2006).

이러한 즉각적인 조치는 사전에 충분한 계획과 훈련에 의한 결과이며, 그에 따른 경호원의 정신자세도 그만큼 중요하다.

경호는 공격적 성향보다는 방어에 중점을 둔 작용이며, 경호의 최우선 목표는 위해자의 제압이 아닌 경호대상자의 안전이다. 그러므로 가용한 모든 공격적 수단에 노출된 경우 경호원은 자신의 안위와 위해자의 제압보다는 경호대상자를 방호하고 위험지역으로부터 빨리 벗어나도록 하는데 우선순위를 두어야 한다.

경호의 특성에 따라 안전이란 사후 위험을 제거하는 것이 아닌 사전 예방에 대한 총체적인 위험방지 활동을 말하며, 이러한 일련의 활동이 결여될 경우 위험에 따른 그 결과를 단순히 치유하여 구제한다고 하여 이미 발생한 손실에 대한 보상이 이루어졌다고 할 수 없을 것이다. 특히 그것이 생명과 신체에 관한 것이라면 사전 예방은 더욱 중요하다.

따라서 경호란 이러한 생명·신체에 대한 위해를 사전 제거함을 목적으로 하며, 성공적인 경호를 위한 수단으로 선발경호와 근접호위활동이 이루어진다. 그리고 그에 따른 효과를 극대화하기 위해 경호대상자의 방어와 대피에 중점을 둔 작용이다.

경호에 있어 한 번의 실수는 곧 경호대상자를 잃게 하는 결과를 초래하고 경호대상자를 잃는다는 것은 곧 경호의 존재가치가 무의미한 것으로 나타나기 때문에 경호의 중요성은 날로 그 의미를 더해간다고 볼 수 있다(양재열, 1995).

이러한 경호는 공경호 뿐만 아니라 민간경호에도서도 그 중요성이 날로 증가하고 있으며, 사회가 발달하고 경제 성장이 이루어지면서 개인의 가치가 날로 높아짐에 따라 안전에 대한 욕구가 증가되어 민간 차원의 개인 경호는 사적자치영역에서 산업화되어 날로 발전하고 있다. 공적 영역이든 사적 영역이든 경호는 경호대상자의 생명·신체·재산을 보호하는 안전 활동이 그 주가 되며, 이러한 활동은 실패를 기반으로 한 성장을 용납할 수 없는 실질적 안전장치라 할 수 있다.

현대 사회의 양상은 더욱 다원화되고 복잡화 되어 가며 그에 따른 일탈행위와 범죄는 더욱 양적·질적으로 늘어날 것이다. 이러한 일탈행위와 범죄로부터 국민의 안전 욕구를 충족시키기 위해서는 공경호 뿐만 아니라 민간경호 또한 국민의 수요와 욕구에 맞도록 발전하여야 할 것이며, 이것을 실질적으로 수행하는 경호 요원 또한 전문성과 경호 능력을 갖추도록 노력해야 할 것이다.

4) 경호의 환경과 특성

경호활동에 있어서 고려되어야 할 중요한 요소가운데 하나가 바로 경호 환경이며, 이러한 경호 환경은 직접환경과 간접환경으로 나눌 수 있다(이진우, 1997). 직접환경으로는 경호대상자와 경호주체, 행사특성 및 정보 분석 등을 들 수 있으며, 간접환경으로는 국내 정치적·경제적 변수 및 사회적 배경과 국제 정치 환경의 변화, 테러집단의 이동 등을 들 수 있다(이상철, 1998).

이러한 경호 환경에 있어서 직접환경 중 경호 주체로서의 경호 조직은 각 업무의 원활한 수행을 위해 계층화되고 분화되어야 함과 동시에 분화된 업무를 또한 적절히 조절하고 통합화시켜 통일적인 업무수행을 하여야 한다. 이러한 상반된 성격의 경호조직 내 업무 수행을 적절히 조화할 수 있도록 경호요원 간 상호 신뢰를 바탕으로 각 분담된 업무를 충실히 수행함은 물론 통합적 운용이 될 수 있도록 권한과 책임을 분명히 하여야 한다.

경호대상자는 그 성향에 따라 크게 경호 사절형, 적극 지원형, 소극적 협조형으로 나누어진다. 경호원은 경호대상자 각 성향에 맞는 경호활동이 이루어져야 하고, 행사 특성에 맞는 경호 활동을 이루기 위해서는 사전에 정보 분석이 충분히 이루어져야 한다.

특히 경호대상자가 국내·외 주요 인물인 경우에는 그에 따른 사회적 배경과 국내·외 정치·경제적 변수는 곧 경호대상자의 신변에 직·간접적으로 영향을 미칠 수 있으므로 사전 예방적 안전 조치를 강구하기 위해서는 그러한 상황적 대응이 꼭 필요하다.

따라서 경호원은 항상 경호대상자와 함께 노출되는 특성이 있으므로 경호대상자에 대한 물리적 방호 역할 뿐만 아니라 고정된 목표물이 아닌 기동성을 발휘한 업무 수행이 필요하며, 업무와 관련된 기술뿐만 아니라 풍부한 사고력까지 겸비하여야 한다.

이를 위해서는 지속적인 훈련을 통해 경호기법의 향상, 정보수집, 폭발물 탐지 및 처리방법, 대테러 기술 등과 함께 응급치료법과 같은 생명구조 기술 또한 습득하여야 하며, 경호대상자를 중심으로 한 주위 환경을 깊이 관찰하여 범행 기도를 재빠르게 간파할 수 있는 능력을 발휘해야 한다.

경호 환경은 경호대상자와 그를 중심으로 한 사회적 변화에 민감할 뿐만 아니라 그에 따른 경호 주체의 변화 또한 이루어져야 한다. 현대 사회에 있어 범죄는 더욱 지능화, 과학화, 국제화 되어 가고 있으며, 이에 따라 경호활동 또한 전문화 및 과학화를 모색하여야 한다. 또한 정보기술 발달에 따른 신속한 정보수집과 전달을 통한 효율화 및 대규모화는 피할 수 없는 현실이 되고 있으므로, 경호활동 또한 사회 환경에 맞게 변화되어야 한다.

5) 경호의 원칙

(1) 3중 경호의 원칙

경호대상자에 대한 외부 위협으로부터의 보호를 위해 경호대상자를 중심으로 일정한 간격을 유지하여 여러 단계의 보호조치를 취하는 것을 중첩경호라 하며, 기본적으로 3선(線)의 보호막을 운용하는 것을 3중 경호의 원칙이라 한다.

3중 경호의 원칙은 지역적 방어 개념으로써 경호대상자를 중심으로 위해요소에 대해 3선의 중복차단을 통한 공간적 방어 전략이다. 이로 인해 위해기도자는 3선의 보호막을 통과하여야만 경호대상자에게 접근할 수 있다. 이러한 중첩적인 방호벽에 의해서 위해 기도자의 범행은 시간적·공간적으로 지연되고 이로 인해 경호대상자에 대한 방호 및 대피가 용이하게 이루어질 수 있다. 또한 위해기도자에 대한 사전 노출과 범행 예측에 대한 단서를 중첩적인 보호막의 설정으로 감지하는 효과를 가져 올 수도 있다.

3중 경호의 원칙은 3선의 경호구역으로 나누어지며, 1선은 안전구역으로 권총 및 수류탄 투척거리를 기준으로 설정되고, 2선은 경비구역으로 소총 유효사거리를 기준으로 설정되며, 3선은 경계구역으로서 소구경곡사화기 유효사거리를 고려하여 설정한다(양재열, 1995).

3선에 의한 경호구역의 설정은 대체적으로 경호대상자의 행동반경, 즉 핵심지역을 중심으로 3중의 시간 및 공간적인 보호막 또는 방호벽의 설치와 운용을 통해 예상되는 위해요소를 제거하거나 최소화한다는 점에서 효과적이라 할 수 있다(이상철, 1998).

그러나 경호대상자를 중심으로 경호구역을 설정한다는 점에서 획일적인 공간적 구분이 아닌 지리적 특성에 맞는 운용이 필요하며, 민간경호에 있어서는 공경호와는 달리 원론적인 3선 개념을 적용시킬 수 없으므로 경호대상자에 대한 거리적 구분에 따른 것이 아니라 각 구역의 작용 상 특성과 행사 상황에 맞게 구분하여 운용하여야 할 것이다.

(2) 선발 및 근접경호 구분운용의 원칙

아무런 준비가 되어 있지 않은 상태에서 사전 인지되지 않은 우발상황이 발생하였을 때는 경호대상자뿐만 아니라 경호원 자신 또한 어떠한 조치를 취해야 할지에 대한 빠르고 정확한 판단력을 기대할 수는 없다. 따라서 경호의 시작은 위해발생과 동시에 시작되는 것이 아니라 사전에 치밀한 계획과 준비를 통해서 이루어 져야한다.

범인의 치밀하고 주도면밀한 위해기도를 색출하여 이를 무력화시키기 위해서는 최소한의 경호활동 시간이 요구되며, 사전 안전 확보를 위한 예방 활동이 선행되어야 한다.

따라서 선발경호와 근접경호로 구분 운용하여 선발경호대는 본대 도착 이전부터 행사종료까지 위해자의 범행기도를 사전에 색출, 제거하기 위한 예방적 차원의 제반 활동을 하고, 근접경호대는 경호대상자와 함께 이동하면서 예상되는 각종 위해요소에 대비하는 활동을 하여 예방 및 방어 경호를 실현하여야 한다.

기능별 · 시간별 활동의 목적을 효과적으로 달성하기 위해 선발대를 행사장에 사전 파견하여 제반 사항을 준비케 하고, 경호대상자에 대한 위해요소가 전혀 없는 상태에서 본대가 도착하면 선발경호와 근접경호를 구분하여 운용하는 것이 바람직하다(이상철, 1998).

(3) 방어 · 대피 우선의 원칙

경호에 있어서 공격자에 대한 대적은 원칙이 아니며, 사전 또는 위해발생 즉시 방어하여 경호대상자를 안전하게 위험 장소로부터 대피시켜야 한다.

이러한 방어적 경호를 위해서는 사전 예방 경호가 최선이며, 이를 위해서는 선발경호가 그만큼 중요하다.

선발경호는 행사장에 사전 파견되어 인적·물적·지리적 위해요소를 제거하고 만일의 경우 예상되는 비상사태에도 대비하는 예방경호를 기본으로 하고 있다(이상철, 2006).

근접경호는 위해자에 대한 방호와 대적 및 대피 임무까지 수행하며, 경호대상자를 현장에서 대피시켜 안전한 장소로 신속히 이동하여야 한다.

공격자에 대한 대적은 경호대상자를 신속히 대피시키기 위한 보조적 수단이며, 범행기도자의 주요 범행 목표를 경호대상자에서 경호원으로 전환키면 대적 시간만큼 경호대상자의 대피 시간은 늘어나게 된다. 위해발생으로 인한 대적 시에는 즉각적인 조치가 취해져야 하며, 공격자를 무리하게 체포하려고 대적에 중점을 두면 경호대상자에 대한 제2, 제3의 공격으로 인한 예기치 못한 피해가 발생할 수 있으므로, 방어와 대피를 항상 우선하여야 한다는 원칙을 유념하여 경호 활동을 하여야 한다.

(4) 자기희생의 원칙

경호대상자에 대한 생명 또는 신체에 대한 위협이 현실화 된 경우 즉, 공격자의 의도대로 범행이 성공한 경우에는 실패한 경호이다. 아무리 범인을 체포하였다 하더라도 일단 경호의 제1차적인 목적은 경호대상자의 안전인 것이다.

이러한 이유로 인해 경호원은 반드시 경호대상자의 신변안전을 확보하여야 하며, 그것을 위해서는 경호원 자신이 희생할 수 있다는 각오를 하여야 한다.

경호대상자의 안전을 위한 자기희생에 대한 마음가짐을 위해서는 우선적으로 심리적 위축이 되어서는 안 된다. 심리적 안정을 확보하기 위해서는 일상의 심신 훈련을 통한 강한 체력과 정신이 배양되어야 한다.

6) 우발상황 대응

(1) 우발상황의 개념

우발상황이란 경호대상자를 중심으로 한 모든 장소에서 예기치 않게 우연히 또는 계획적으로 일어나는 위해 상황으로써, 직접적 공격이 없다 하더라도 실질적인 위해 기도의 전조에 해당하는 모든 비상사태에 대한 즉각적인 경호조치가 이루어져야 하는 경우이다.

(2) 우발상황의 특성

우발상황이란 예기치 못한 비정상적인 상황이며, 사전에 인지할 수 없으므로 사전예측이 불가능하다. 또한 이러한 예기치 못한 상황이 갑자기 일어나게 되므로 그에 따른 공포와 불안으로 인해 혼란이 야기된다.

따라서 우발상황 발생 시 경호원의 1차적인 조치는 자기 자신 보호가 아닌 경호대상자를 보호하기 위한 것이어야 하며, 신속하게 경호대상자를 우발상황 발생 지역에서 대피시켜야 한다. 이러한 우발상황에 대응하기 위해 경호원은 자기 본원의 임무를 망각하지 말아야 하며, 평소 반복 숙달을 통한 훈련과 심리적 훈련이 요구된다(이상철, 1998).

(3) 우발상황의 대응

① SCE 원칙

SCE 원칙이란 우발상황 발생 시 경호원의 행동절차를 경고(Sound off), 방호(Cover), 대피(Evacuation)의 영문자 이니셜을 중심으로 명명된 것이다. 이것은 사전안전조치에 의한 예방경호 활동 및 3중 경호의 완충벽 형성에도 불구하고 최소한의 사각지점이나 허점 때문에 예기치 않은 우발상황이 발생할 경우 경호대상자에 대한 보호를 위한 효과적인 조치 및 행동의 원칙을 제시해 준다.

가. 경고(Sound off)

경고란 육성이나 무전으로 전 경호원에게 상황 내용을 간단명료하게 전파하는 것을 말하며, 처음 상황을 인지한 경호원이 주변 경호원에게 알려 신속하게 상황에 대처하도록 하고, 제2의 공격에 대비하기 위함이다.

이러한 경고의 내용은 위험의 종류와 발생위치 및 높이를 포함하며, 쉬우면서 간결하게 잘 인식할 수 있도록 하여야 한다.

나. 방호(Cover)

경고 이후의 절차로서 경호원은 최초행동으로 대적 자세를 위하여 무기를 사용하는데 주안점을 두는 것이 아니라 경호대상자 주변에 방호벽을 형성하여야 한다.

이러한 방벽 형성에 있어서는 체위를 최대한 확장하여야 하며(체위확장의 원칙), 공격자와 경호대상자 사이에 경호원이 일직선으로 위치(일직선의 원칙)해 있어야 한다.

다. 대피(Evacuation)

대피란 위험지역에서 안전지역으로 신속히 경호대상자를 이동시키는 것으로써, 경호대상자의 안전 확보에 있어서 가장 중요한 요소라 할 수 있다.

아무리 방벽이 확실하고 범인을 제압한다 하더라도, 우발상황의 특성상 현장의 혼란과 그로 인한 상황 판단의 어려움 등으로 인하여 제2의 공격을 인지하지 못한 경우에는 경호대상자의 신변 안전을 확보하기란 어려우므로, 신속히 현장을 이탈하여 안전한 장소로 이동하여야 한다. 대피를 위해서는 사전에 비상 대피로와 비상대피용 차량을 확보하여야 하며, 경호대상자의 신속한 이동에 중점을 두어야지 범인추적과 같은 부수적인 행위는 지양하고 신속하고 과감하게 행동하여야 한다.

② 대적 및 제압

경호대상자를 방호하고 대피시키기 위해서는 먼저 공격의 방향을 경호대상자로부터 경호원으로 전환시켜야 한다. 이를 통해 경호대상자에 대한 방호 및 대피의 시간적 여유를 확보할 수 있으며, 그 대적을 통한 신속한 제압으로 인해 제2의 공격을 차단할 수 있다.

그리고 촉수거리의 원칙상 범인과 가장 가까이 있는 경호원이 대적하여야 하며, 총으로 공격하는 경우라도 총기 사용을 자제하고 체위의 확장을 통한 방벽을 형성하고 공격자의 시야를 가려 경호대상자를 보호하여야 한다.

대적과 제압을 할 때에는 주위의 환경, 공격의 방향과 방법, 무기의 종류, 범인의 공격기술과 능력 등을 순간적으로 파악하여 대처하여야 한다. 이러한 대적과 제압은 고도의 기술을 필요로 하므로 경호원들은 평소 체력과 무도수련에 만전을 기해야 할 것이다(이상철, 1998). 또한 대적 시에는 신속하게 제압할 수 있는 기술을 사용하여야 하며, 대적에 따른 시간적 지연으로 인해 제2의 공격을 막을 수 없는 경우가 있어서는 안 된다. 경호원은 대적과 제압에 중점을 두어 경호대상자의 안전 확보를 망각하지 말아야 하며, 항상 방호와 대피가 우선이라는 것을 염두해 두어야 한다.

2. 경호와 비서의 공통점과 차이점

1) 공통점

경호대상자를 보좌하면서 경호대상자 고유의 업무가 원활히 이루어지도록 하는 것을 공통적 목적으로 하고 있다.

경호대상자의 대리인으로서 경호비서의 행위의 결과는 곧 경호대상자의 그것과 마찬가지로 여겨지므로 그 언행에 신중을 기하여야 한다. 또한 보안유지능력과 정보수집 및 가공능력을 갖추어야 하며, 경호원의 자질과 비서의 자질을 고루 함양하고 있어야 한다. 즉 외형적 태도와 기본자세는 경호나 비서에 있어서 공통적으로 요구되어지는 바이며, 그 능력과 자질에 있어서도 공통점을 찾을 수 있다.

2) 차이점

(1) 경호적 측면: 통제성

경호적 측면에서의 통제성이란 경호대상자와 주변인과의 관계를 기본으로 한 것이다. 경호원은 안전관리자로서 되도록 경호대상자를 위험에 노출시키지 않는다는 것이 기본적 태도이며, 이는 경호대상자에 대한 인적 접근을 통제한다는 점에 기초를 두고 있다. 그렇다고 하여 완전히 외부와 철저히 단절시킨다는 것을 의미하는 것이 아니라 선(善)의 개념은 받아들여 경호대상자와 접촉토록 하되 악(惡)의 개념은 철저히 차단시켜야 한다는 것을 의미한다.

경호에 있어서 경호대상자의 활동범위는 경호 구역으로 설정되며, 그 설정구역 내에서는 안전을 상대적으로 우선시 하여, 통제적 관점에 입각하여 경호업무를 수행하게 된다. 또한 경호대상자의 성향에 따른 적절한 대응이 요구되며, 간혹 경호대상자와 경호원간의 마찰이나 갈등이 야기될 수 있는 부분이 존재하기도 하지만 경호에 있어서 통제성이란 호위(護衛)적 관점에서 바라보아야 하며, 경호대상자의 안전을 우선시하여 그 업무수행이 원활히 이루어지도록 한다는 점에서 비서와의 차이가 있을 수 있다.

(2) 비서적 측면: 개방성

비서의 업무 중 고객이나 외부방문객에 대한 적절한 대응을 요구하는 점에서는 본질적으로 차이가 난다고는 볼 수 없다. 즉 상사의 의중을 파악하여 필요치 않은 접촉은 되도록 피할 수 있도록 적절하게 처리할 수 있는 능력을 요구한다는 점에서는 경호와 비서는 공통적이라 할 수 있다. 그러나 비서는 호위적 관점에서 외부 접촉을 통제한다는 것이 아니라 되도록 상사의 효율적이고 신속한 업무 처리를 위해서 개방적 사고에 기하여 외부 접근을 조정한다고 보아야 할 것이다. 즉 안전을 중점적으로 하는 것이 아니라 사무 처리의 한 단면으로 생각하여, 되도록 비서에 의해 처리하되 궁극적으로는 상사의 의중을 중시하여 원만하면서도 효율적인 대인관계가 이루어지도록 하는 것이 비서의 역할이다.

개방적 관점에서 비서는 상사를 대리하여 외부 접촉을 하되, 무엇보다도 중요한 것은 상사가 직접적으로 접촉하여 일을 마무리 지을 수 있도록 단계적 접근을 허용하는 방식으로 이루어져야 한다는 것이다. 먼저 비서에 의해 접촉의 빈도와 우선순위가 정해진 상태에서 그 상사와 주변인과의 접촉을 매개할 수 있도록 하여야 한다.

(3) 안전관리와 사무관리

경호는 앞서 본 바와 같이 안전관리자로서의 역할을 하게 되며, 비서는 일반적으로 사무관리자로서의 기능을 담당하게 된다. 따라서 그 업무의 기준이 분명하게 구별되는 부분 또한 많이 존재하며, 경호는 안전관리를 통하여 경호대상자의 목적을 이루도록 하며, 비서는 사무 관리를 통해 상사의 원활한 업무가 이루어지도록 한다.

3. 경호비서: 경호와 비서의 접목

경호비서로서 어떠한 요건이 갖추어져야 하는가를 먼저 고찰해보면 경호비서의 개념 정립에 한발 더 다가서게 될 것이다. 즉 경호비서로서 불리기 위해서는 어떠한 내용을 지녀야 하는 가를 먼저 살펴보아야 한다는 것이다.

이것을 기능적 관점에서 접근하여 보면 경호의 역할과 비서의 역할을 모두 담당하는 새로운 기능인으로서의 경호비서를 상정할 수 있다. 경호와 비서의 궁극적인 목적은 경호대상자 또는 상사의 원활한 업무수행이 보장되도록 해야 한다는 점이며, 경호는 안전에 입각하여 비서는 사무 그 자체에 입각하여 이루지는 것이 다르다. 그래서 최고경영자인 경우에는 비서팀과 경호팀이 구분되어 운용되는 경우가 보통이다.

기능적 관점에서의 경호비서는 안전 관리와 사무 관리를 동시에 적절히 담당할 수 있으므로 부서의 통합과 업무의 효율성을 극대화 할 수 있다는 장점을 가지게 된다. 즉 비서와 경호원을 각각 1명씩 두는 것보다는 경호비서 1명을 두는 것이 더 효율적일 것이다. 그러나 두 사람의 업무를 그것도 이질적인 요소를 적절히 조화롭게 수행하여야 하는 과중한 업무 부담과 이것을 소화해 낼 수 있는 보다 더 큰 역량을 요구한다는 점에서 현실적으로 그러한 인재를 양성할 수 있는지에 대한 의문이 제기될 수 있다. 그러나 오늘날 비서의 운용은 작게는 개인에 의한 포괄적인 업무수행을 원하는 경우도 있지만 대기업의 그룹비서와 같이 팀별 또는 부서별 조직화에 따른 비서 업무 수행이 이루어지는 양상이 강하므로, 경호비서의 장점을 취한 조직화를 통하여 다방면의 능력을 가진 인재를 적절히 교육 훈련함으로써 새로운 형태의 경호비서 직무를 충분히 소화해 낼 수 있도록 해야 할 것이다.

※ 경호비서에 대한 해석

- 안전관리자
- 사무관리자
- 각 업무의 상호 호환
- 통제성과 개방성의 적절한 조화: 경호의 완충작용
- 기능적 집합 또는 업무의 연장: 아직까지 경호비서에 관한 사전적 해석이 없음
- 현대 사회에 있어서 비서의 역할과 경호 역할의 중요성 대두
- 혼합 업무영역으로서 발전: 기업의 효율성에 근거 → 전문 직업 영역으로 발전

4. 경호비서의 역할

1) 안전 관리자

호위적 관점에서 접근하여 경호대상자의 안전을 확보하여 경호대상자의 업무가 원활히 이루어지도록 하는 기능을 담당하게 된다.

2) 조직의 이미지

한 조직의 장으로서 경호대상자를 대리하며, 그에 따라 경호비서는 그 조직의 이미지를 대변하는 지위에 있게 된다.

3) 대인관계의 전문가(경험적 요소)

경호비서는 조직의 이미지와 상사의 얼굴로서 대외관계에 있어서도 원만하게 유지하여야 하며, 이는 단순히 교육을 통해서라기보다는 수많은 경험과 경력에 의해 이루어진다고 할 수 있다. 경호와 비서 어느 한쪽에 치우쳐진 업무수행이 아닌 경호비서의 통합적 운용으로 충분한 경험을 바탕으로 이루어지도록 하여야 할 것이다.

4) 의사결정의 조언자(정보수집과 분석)

창의력과 판단력을 기초로 하여 의사결정에 영향을 미치게 되며, 그러한 바탕에는 필요한 정보를 적절히 수집하고 가공하여 업무에 직접적으로 쓰일 수 있는 정보를 유용하게 관리할 수 있도록 하여 경호대상자의 업무에 있어서 그 결정에 도움을 줄 수 있어야 한다.

5) 업무지원자(전문적 지식)

경호비서의 업무 수행은 그 업무에 관련된 지식뿐만 아니라 관련 인접 전공에 대한 다방면의 지식을 요구하게 된다. 특히 전문적 지식에 대한 경호대상자의 요구에 대해 비서는 적절히 대응할 수 있어야 하며, 그 업무 수행에 필요한 실질적인 절차와 요소를 사전에 파악하여 숙달된 이행이 가능하게 이루어져야 한다.

6) 경호대상자의 대리인(경호비서의 행위는 상사에게 귀속)

경호비서의 행위는 경호대상자의 수여범위 안에서 이루어져야 하며, 그 권한과 책임 또한 그 범위에 따라 한계가 설정된다. 그러한 범위 내에서의 행위는 자율성과 독자적 판단을 요하게 되며, 구체적인 경호대상자의 지시 없이도 이루어지도록 해야 하나, 그 결과의 귀속자는 언제나 경호대상자이다.

7) 기록 · 여정 관리 등의 보조적 업무 대행자

경호비서는 경호원으로서의 안전을 관리하면서, 일반비서의 사무보조자로서의 기능을 동시에 수행하여야 한다. 또한 기본적인 경호와 비서의 업무 수행 절차를 숙지하여, 경호대상자의 업무에 차질이 없도록 부수적인 행정보조도 하여야 한다.

※ 경호비서에게 필요한 자질 및 능력

- 조직의 업무 수행을 위한 전문 지식
- 상사의 대리 행위를 위한 관련 업무의 완전한 파악
- 어학 능력
- 경호대상자의 안전 확보를 위한 무도 능력과 안전 매뉴얼에 의한 안전 조치능력
- 상황에 대한 빠른 대응력
- 정보 수집 및 분석 · 가공 능력
- 원만한 인간관계를 위한 심리적 안정감
- 컴퓨터 및 문서 취급 능력

5. 경호비서의 미래상

1) 하이테크 관리자

과학기술의 발전과 더불어 사무행정처리 또한 기술적으로 발전되어 가고 있으며, 사무기기의 관리운용에 관한 기술 또한 필요하다.

정보화 사회에 있어서 핵심적인 것은 고기술 부가가치 창출이며 이에 대한 전문지식을 겸비 하여야 만이 시대 변화에 적응할 수 있고, 이를 바탕으로 창의력을 발휘할 수 있다. 이제는 수단 자체에 대한 이해를 위해서도 전문용어와 기술을 요하는 시대이기 때문에 급변하는 기술에 능동적으로 대처할 수 있어야 한다. 또한 정보관리자이면서도 핵심 기술에 대한 보안 전문가로서의 역할을 다 하여야 하기 때문에 기술적 분야에 대한 이해도도 상당한 수준에 이르러야 할 것이다.

2) 팀 형성 및 지원자(적극적 참여자)

경호비서는 경호대상자의 입장에서 업무를 수행하여야 한다. 따라서 조직을 만들고 그 구성원을 선발하는 모든 행위를 경호대상자를 대신하여 담당할 수도 있다. 또한 그러한 구성원들이 적절한 업무 수행을 할 수 있도록 경호대상자에 입각하여 지원하고 그 요구사항에 대한 답변 등도 그에 대응할 수 있어야 한다.

3) 평생교육 추구

경호비서에 대한 조직이나 상사의 요구는 갈수록 증대될 것이며, 단순히 교육기관에서의 피상적으로 받은 사전 지식만으로는 그 기대에 부응할 수 없다.

사회에 진출하면 그 조직의 고유한 업무절차와 사무처리 방법이 존재하게 되며, 각기 다른 조직의 목적에 맞게 적응하여 그에 따른 업무 수행이 이루어져야 한다. 전공에 상관없이 상사의 요구를 만족시키기 하기 위해서는 관련 지식이 있어야 하며, 단순히 외국어만 보더라도 평생교육을 추구할 수밖에 없다. 이 시대가 요구하는 부류는 크게 두 가지이다. 하나는 한 분야의 전문가로서 깊이 있는 전문지식을 함양한 인재를 말하며, 또 다른 하나는 다양한 분야에 다방면의 지식을 겸비한 인재를 들 수 있다. 어느 것이 더 낫다고는 판단할 수 없으며, 그 소속된 조직이나 상사에 따라 어느 한 유형 또는 절충적인 것이 요구 될 수 있다.

4) 영향력 행사 및 정보 획득을 위한 커뮤니케이션 전문가

경호비서는 상사와 부하직원의 중간 매개자로서의 성격을 지니게 된다. 이에 따라 위로는 상사의 의사결정에 영향력을 행사하게 되며, 아래로는 부하직원의 요구와 상사의 요구사항이 합치되도록 조정하는 역할을 하게 된다. 의사결정의 영향력을 행사하기 위해서 또는 부하직원의 요구사항에 대한 적절한 해결을 위해서는 그와 관련된 정보 습득을 요하게 되며, 그 습득 과정에서 경호비서의 역할이 두드러지게 나타나게 된다. 정작 필요한 정보를 획득하는 능력이야 말로 그 방면의 전문가로서의 이미지로 자리 잡게 되며, 이를 위한 커뮤니케이션 전문가로서의 면모도 보여야 할 것이다.

5) 혼동이나 갈등을 최소화하는 명확한 메시지 전달

의사소통과 대인관계의 기본이 바로 갈등을 최소화하는 것이다. 명확한 의사전달을 기본으로 조직 내의 파장을 일으킬 애매한 정보를 누출하거나 불명확한 첩보를 정보인양 가장하여 상사에게 전달하는 실수를 범하지 말아야 한다.

6) 좋은 선생과 리더 역할

경호비서는 관리자적 입장에서 조직 구성원의 선발과 인사에 직·간접적으로 관여하고 있는 이상, 그 조직에서 필요한 인재에 대해 파악하고, 그렇지 못한 경우에는 교육훈련을 통해 능력을 끌어올릴 수 있는 지도자로서의 역할을 하여야 한다. 또한 최고 정책 결정자는 아니나 전반적인 조직의 사무를 관장하는 위치에 있으므로 리더로서의 품격과 자질을 갖추어야만 경영전문가로서의 역할을 다 할 수 있다.

제2편 경호의전 실무

제1장 의전의 개념

제2장 국가의 상징과 국기

제3장 국가 원수에 대한 의전

제4장 외빈 영접

제5장 국제회의와 의전

제6장 연회

제2편

경호의전 실무

제1장 의전의 개념

1. 의전의 정의와 필요성

1) 의전의 정의

오랫동안 그 사회의 풍속이나 습관을 통해 형성된 사회적 규범을 예(禮)라고 하는데 이는 인간행위의 준칙이자 일종의 사회적 약속이다. 이러한 예를 생활규범으로써 일상생활 속에서 개인 간의 관계를 규율할 때는 예절(禮節, Etiquette)이라 하고, 일정하게 틀을 갖춘 조직단위에서나 국내 또는 국제간의 공식적 관계에 적용할 때는 의전(儀典, Protocol)이라고 부른다.

의전을 사전적 의미로 보면 예를 갖추어 베푸는 각종 행사 등에서 행해지는 예법으로써 이는 곧 "사람과 사람과의 관계를 평안하고 평화스럽게 하는 기준과 절차"라 할 수 있다.

여기에서 '사람'의 의미는 개개의 사람에게 적용됨은 물론 가정, 직장(조직체), 사회, 국가, 국제관계에까지 전 인류사회의 활동주체를 포함한다. 오늘날의 의전은 사회적 규범으로써 예가 제도화된 것이며, 국가 사회의 통합과 정체성을 고양하는 중요한 역할을 하고 있다고 새롭게 정의를 내릴 수 있다.

다시 말해 예절이란 친절, 배려, 양보를 바탕으로 하는 상식적인 행동 양식으로써 개인 간의 인간관계를 원만하고 조화롭게 해주는 일종의 윤활유 역할을 한다고 볼 수 있으며, 의전은 일반적인 상식과 배려를 바탕으로 한 의례 기준과 절차를 내포하고 있어 이를 통해 보다 바람직한 방향으로 사회적 질서를 창조하고, 국민적 일체감과 국제 관계를 조성하는 역할을 한다. 또한 진정한 의미에서의 권위를 창출하는 원천이 된다는 점에서 의전은 예에 그 뿌리를 두고 있다고 할 수 있다. 그러나 이러한 기준과 절차는 항시 고정되어 변하지 않는 것이 아니라 때와 장소에 따라 달라진다.

*** 의전의 정의 ***

<table>
<tr><th>구 분</th><th>정의주체</th><th colspan="2">정의내용</th></tr>
<tr><td rowspan="3">정 의</td><td>외교편람</td><td colspan="2">일반적으로 인정된 국제의례</td></tr>
<tr><td rowspan="2">외무부</td><td>좁은 의미</td><td>국가행사, 외교행사, 국가원수 및 고위급 인사의 방문과 영접에 행해지는 국제적 예의</td></tr>
<tr><td>넓은 의미</td><td>사회구성원으로서 개개인이 지켜야할 건전한 상식에 입각한 예의범절</td></tr>
</table>

*출처: 외무부(1993).

2) 의전의 필요성

우리 주위에는 의전을 자칫 윗사람을 잘 모시는 일이거나 화려한 허례허식 또는 까다로운 절차쯤으로 이해하려는 이가 없지 않다. 하지만 의전의 목적은 인간의 고유한 행동양식을 제한하려는 것이 아니라 상호 관계를 맺고 있는 상대방이나 집단을 잘 이해할 수 있도록 안내하고 독려하려는 데 있다는 점에서 본다면 매우 그릇된 생각이다.

의전은 인간사회에 있어서 사회생활에서 뿐만 아니라 서로 다른 문화, 종교, 체제에 대한 폭넓은 이해를 바탕으로 국제사회를 상호원만하게 유지하는

데 아주 유용한 수단으로써 자리 잡고 있으며, 오늘날 국가적으로는 국경일의 경축식 등 주요 의전행사를 통해 국가원수인 대통령이 국가의 중요한 정책을 국내·외에 발표하거나 국민적 통합을 도모하기도 한다.

의전은 과거 상고시대부터 제천의식을 통해 사람들을 하나의 공동체가 되게 하는 계기가 되었으며 고려시대의 천제나 조선시대의 국조오례의와 같은 의전행사의 예를 통해 통합의 기능을 담당해 왔다.

의전은 반드시 행사를 통해서만 나타나는 것이 아니라 국기에 대한 예절과 국민의례, 국가원수에 대한 예절, 국내 주요 인사에 대한 서열 및 호칭, 외교사절의 파견과 같은 외교관계 등도 의전의 일부에 속하며, 대통령 취임식, 국경일, 경축행사, 국빈영접 환영식, 국장, 국민장 등과 같은 대표적인 국가행사도 의전의 영역에 포함된다. 또한 근래 국제 교류가 날로 활발해지고 있는 시대를 맞아 국제적 의전의 중요성도 크게 증대하고 있는 실정이다.

국제행사에 참석할 때 나라의 상징인 국기의 게양순서와 그 대표단의 좌석배치, 그리고 국가원수와 각료급의 외국 방문 및 영접 절차, 대사의 신임장 제정 등도 의전의 한 영역으로써 국가 간 마찰을 미연에 방지하여 조화로운 국제사회를 유지하는데 큰 역할을 한다.

국제적 예의로써의 의전행사는 국가나 단체 간의 첫 대면을 위한 자리이며, 최소한의 마찰과 최대한의 촉매제로써의 역할을 해야 한다. 또한 행사 본래의 목적을 성공적으로 달성하기 위해 행사의 내용뿐만 아니라 식장준비와 초청인사 관리 및 공항영접에서부터 환송에 이르기까지의 모든 행위는 물론 일정에 대한 세심한 배려와 치밀한 준비가 뒤따라야 한다(문화관광부, 2006).

2. 의전의 유래와 배경

우리말로 의전이라고 할 때 영어로는Protocol, Etiquette, Good Manners 등의 표현이 사용될 수 있다. Protocol의 경우 그리스어의 Protokollen에서 유래된 것으로써 이는 proto(맨처음)+kollen(붙이다)이 합성된 단어이다. 이는 원래 공증문서의 효력을 부여하기 위해 맨 앞장에 붙이는 용지를 뜻하는 것 이었는데 그 이후 외교관계를 담당하는 정부부서의 공식문서 또는 외교문서의 양식을 의미하는 것으로 쓰여 져 왔다.

Protocol이 국가 간의 관계 또는 국가가 관여되는 공식행사에서 지켜야 할 일련의 규범이라는 의미로 사용되는데 반해, 에티켓(Etiquette) 또는 예의범절(Good Manners)은 개인 간의 관계에서 지켜야 할 일련의 규범이다.

이러한 의전은 일반적으로 국가의 기강을 확립하는 시기에 예절과 함께 발전하였다고 보고 있으며, 중국에서는 이미 기원전 11세기경에 백성을 다스리는 군자의 덕목으로 또는 제후들을 다스리는 천자의 지도 원리로써 예를 내세웠다.

서양에서의 의전에 대한 유래는 자세히는 알 수 없으나 대체로 나폴레옹 전쟁이후인 19세기 초 이후에 확립되었다고 보는 것이 일반적이다. 국제간 의전에 관한 원칙이 나폴레옹 전쟁 후에 개최된 1815년 '비엔나 회의'에서 처음으로 정해지게 되었고, 그 후인 1961년에 체결된 '외교관계에 관한 비엔나 협정'에서 구체화되어 오늘날과 같은 의전 관행이 전 세계로 전파되었다.

우리나라의 경우에는 지난 조선시대 500년 동안 '예법의 나라'라고 할 만큼 의례가 강조 되어 왔으며, 전통적으로 사회적 질서를 유지하는데 형벌보다는 예가 훨씬 더 중시되어 왔다. 이 예는 오랫동안 그 사회의 풍속이나 습관을 통해 형성된 인간 행위의 준칙으로써 일종의 사회적 규범이라 할 수 있다. 이러한 예를 일상생활에 있어 개인 간의 관계를 규율화 할 때에는 예절이라 하고, 일정한 조직이나 국가 또는 국가 간의 공식적 관계에 적용할 때에는 의전이라 할 수 있다. 즉 예는 개인 간의 인간관계를 원만하고 조화롭게 해주는데 비하여, 의전은 이를 토대로 사회적 질서를 바람직한 방향으로 유지해줄 뿐 아니라 국민을 하나로 통합하는데 아주 중요한 매개 역할을 하고 있는 것이다. 이렇게 볼 때 의전은 그 뿌리를 예에 두고 있다고 할 수 있다(서울특별시, 2006).

3. 의전의 종류

의전행사란 일반적으로 정부의 각급 행정기관과 지방자치단체가 공식적인 업무수행과 관련하여 거행하는 각종 의식을 말한다. 이 가운데 3·1절, 광복절 등 국경일 경축행사, 국장(國葬), 국민장(國民葬) 등은 국가적 차원의 가장 중요한 의전행사로 손꼽을 수 있으며, 이 밖에도 각종 법정 기념일 행사를 비롯하여 전시회, 포상식, 학술회의, 대회, 기공식, 준공식 등 실로 그 종류를 헤아릴 수 없을 만큼 다양하다.

의전은 반드시 행사를 통해서 나타나는 것만은 아니다. 국기에 대한 예절과 국민의례, 국가원수에 대한 예절, 국내 주요인사에 대한 서열 및 호칭, 외교사절의 파견과 같은 외교관계 등도 의전의 일부에 속한다. 또한 오늘날에는 눈부신 교통 통신의 발달로 국가 간 문물과 인적 교류가 활발해 짐에 따라 정부투자 기관뿐만 아니라 민간단체, 기업체 등에서도 정부기관 못지않게 의전의 중요성이 강조되어지고 있으며, 국제적 규범에 따른 세련미가 돋보이는 의전행사의 횟수가 빈번해 지고 범위도 확장되는가 하면 그 격식 또한 중시되고 있는 추세이다.

이와 같이 다양한 종류의 크고 작은 행사를 직접 주관하는 기관에서는 행사 본래의 목적을 성공적으로 달성하기 위하여 행사의 진행뿐만 아니라 행사장 준비, 초청인사 관리 등에 이르기까지 세심한 배려와 치밀한 사전준비가 뒤따라야 할 것이다(서울특별시, 2006).

4. 의전의 기본원칙(외교통상부, 2009)

의전이라 하면 통상 지나친 격식, 과도한 형식 등 을 연상하게 된다. 하지만 인간관계 또는 국가관계에 있어 가장 기본적인 원칙이 상호 존중과 서로에 대한 배려라고 볼 때, 의전은 관계 유지 및 발전에 있어 없어서는 안 될 매우 중요한 요소이다. 마치 자동차의 윤활유와 같이 각 부분들의 흐름을 잘 연결시켜 주고 전체적인 운행이 조화롭게 진행될 수 있도록 도와주는 것이 바로 의전인 것이다.

의전은 기본적으로 형식이며, 형식은 관행의 축적이자 서로에게 편하기 위한 약속이기도 하다. 하지만, 지나친 형식 보다는 흘러가는 바람처럼, 흐르는 물처럼 막힘없이 자연스럽게 행사를 준비하고 진행하는 것이 잘하는 의전이기도 하다.

각국의 문화적 배경을 바탕으로 각종 의전 형식이 발전되어 오기는 했지만, 복잡해 보이는 형식을 관통하고 있는 것은 역시 상식(common sense)이다. 통상 오른쪽을 상석으로 치지만, 사열할 때 또는 다리가 불편한 상대에 대한 배려 등의 필요에 의해서 상식이 형식에 앞서는 경우도 많다.따라서 의전 업무를 대하는 데 있어 무엇보다도 중요한 자세는 격식에 너무 얽매이지 않고 '존중과 배려'의 마음가짐으로 유연함을 가지는 것이 우선이다.

1) 의전은 존중과 배려이다.

의전의 바탕은 상대의 문화와 상대방에 대한 존중(Respect)과 배려에 있다. 의전의 출발점은 서로가 다르다는 점이며, 의전의 종결 점은 다름을 어떻게 효과적으로 조율하느냐이다.

지구상에는 190여개가 넘는 나라가 다양한 문화, 다양한 생활방식으로 살아가고 있다. 공통적으로 적용되는 의전 관행도 있지만, 문화권 별로 독특한 것도 있다.

모든 운동경기나 게임에서도 이에 참가하는 선수들 간에 지켜야 할 규칙(rule)이 있듯이 국가 간의 관계에서도 이러한 것들이 있다. 다른 점이라면 운동경기에서의 규칙은 이미 확립되어 있기 때문에 경기마다 규칙을 정하기 위한 절차가 필요 없으나, 국가 간에 있어서는 서로 상이한 문화와 전통 그리고 관습의 차이 때문에 평소 각자 가지고 있는 규칙이 다를 수 있기 때문에 이를 행사 전에 상호 조율하는 것이 필요하다.

문화나 관습 등이 서로 다르다는 것은 그 사회나 국가가 추구하거나 갖고 있는 가치가 다르다는 것을 의미하므로 이러한 차이를 극복하려면 가장 우선적으로 감안해야 할 것이 상대방의 입장이나 관습을 서로 존중하는 것이다.

2) 의전은 상호주의 원칙으로 한다.

의전(특히 국가 간 의전)은 상호주의(Reciprocity)를 원칙으로 한다. 상호주의는 상호 배려의 다른 측면이기도 하다. 내가 배려한 만큼 상대방으로부터 배려를 기대하는 것이다. 우리 대통령이 상대국 방문 시 국빈으로 성대하게 대접을 받았다면, 같은 방문국 대통령이 우리나라를 방문 할 때 우리 측도 이와 유사한 의전 상 예우를 최대한 제공하게 된다. 하지만, 자국 대통령의 해외 방문 시 의전 상 소홀한 점이 있었던 경우에는 외교경로를 통해 불만을 표시하거나 그에 상응한 조치를 검토하기도 한다.

국가 간의 관계에 있어서 서로가 서로에 대해 어떤 대우를 하는가는 그 국가의 위상 및 존엄과도 연결되므로 매우 중요하게 다루어진다. 의전 적 측면에서 소홀함으로 느껴질 수 있는 사안들은 때로는 국가 관계를 불편하게 하는 계기가 되기도 한다. 의전 상 결례가 불가피했던 경우에는 사전, 사후에 충분한 설명을 통해 상대의 이해를 구하는 것이 중요하다.

3) 의전은 문화의 반영이다.

의전의 격식과 관행은 특정시대, 특정지역의 문화를 반영(Reflecting Culture)하므로 시대적, 공간적 제약성을 갖는다.따라서 현재의 의전 형식이 영구한 것으로 생각할 필요는 없다.

현재 우리에게 익숙한 의전은 대부분 서양에서 도입된 것으로 의전이 서구의 전유물이라고 생각하기 쉬우나, 실상 의전의 역사는 서양보다 동양이 더 뿌리가 깊다. 중국에서는 이미 기원전 11세기에 백성을 다스리는 군주의 덕목으로'禮'를 꼽았는데, 이것이 다름 아닌 동양 의전의 시발점이라고 볼 수 있으며, 우리나라 역시 동방예의지국으로 禮(예)를 중요시 하였다.

서구 근대국가(nation state)의 성립 및 서구사회의 팽창과 함께 서양식 의전 관행이 현재의 국제표준 의전 관행이 되고 있지만, 시대 및 장소의 변화에 따라 의전관행도 변화되어 간다. 중국의 고서인 예기(禮記)에 따르면 예(禮)는 '때에 따라 마땅한 바에 따르고, 남의 나라에 가서는 그 나라의 풍속에 따른다.'라고 한 것과, '로마에 가면 로마인이 하는 대로 따라 하라(While in Rome, do as the Romans do)'고 한 서양 속담은 예(禮)가 때와 장소에 따라 변한다는 것을 잘 말해준다.

의전은 하나의 문화와 시대의 소산이라는 점을 생각해 볼 때, 세상이 변화하면 문화도 변하고 의전 관행도 바뀔 수 있는 것이므로, 형식보다는 그 형식의 내재적인 발현인 '존중과 배려'라는 측면을 늘 염두에 두어야 할 것이다.

그리고 의전은 지역과 시대의 소산이기 때문에 의전관행을 보면 그 나라의 문화를 엿볼 수 있다. 또한 지역 별로 국가 별로 상이한 의전 관행을 통해 표출된 문화에 대한 이해는 상대와의 보다 좋은 관계를 열어 나가는 데 있어 중요한 자산이 된다.

오늘날처럼 다양한 문화가 공존하는 가운데 경쟁을 벌이고 있는 세계화 시대를 살아 나가는 데 있어서 의전은 선택이 아닌 필수이며, 의전 형식에 대한 이해뿐만 아니라 의전을 통해 나타난 상대의 문화에 대한 이해는 세상을 보다 현명하게 살아 나가기 위한 하나의 중요한 방편이 되고 있다.

4) 의전은 서열이다.

의전의 기준과 절차를 한마디로 표현하자면 서열(Rank)이다. 의전 행사에 있어 가장 기본이 되는 것은 참석자들 간에 서열을 지키는 것이다. 서열을 무시하는 것은 해당 인사뿐만 아니라 그 인사가 대표하는 국가나 조직에 대한 모욕이 될 수 있기 때문에 외국 대사들은 사적인 파티에서도 자신의 지위보다 낮은 좌석배치 등에 대해서는 강한 항의와 퇴장도 불사한다.

한 국가를 대표하는 대사들의 서열은 주재국에 부임, 신임장을 제정한 날짜를 기준으로 삼는다. 또한 국내행사 서열의 일반 원칙은 공직자의 경우 각 국가별로 헌법, 정부조직법 등 서열 법령에 따른 직위순서를 예우기준으로 삼는다. 공직자와 민간인이 섞여 있을 때는 고위직의 공직자를 우선하고, 민간인은 사회적 저명도, 나이, 주최자와의 친밀도 등을 감안하여 서열을 정한다. 다만 외국인이나 여성은 내국인과 남성에 우선하여 배려하는데, 외국인은 보통 자국 대사나 고위 관리와 민간인 사이에, 그리고 공직이 없는 여성은 남편의 지위에 따라 서열이 정해지며, 명확히 서열 관계를 정하는 기준이 없는 경우에는 역학관계가 서열의 기준이 되기도 한다.

한편, 주요 국제행사에 있어 국가 간에 서열을 정하는 것은 쉽지가 않는데 이는 국력의 크기나 인구 순으로 국가의 서열을 삼을 수는 없기 때문이다. APEC이나 ASEAN+3, ASEM 등 우리나라가 회원국으로 참여하는 국제회의의 경우, 통상 의전 서열을 정하는 데 있어 알파벳 순서를 사용한다. 주최국을 중심으로 오른쪽으로 순서를 정하기도 하고, 오른 쪽, 왼 쪽으로 번갈아 가며 순서를 정하기도 한다. 어떤 순서가 되었든지 설명할 수 있는 기준을 정하는 것이 중요하며, 가능한 모든 참석자들이 예우를 받고 있다는 느낌을 받을 수 있도록 좌석 배치 시 각별히 신경을 쓸 필요가 있다. 그렇지 않으면 불필요한 의전 상 오해를 사게 되기도 하며, 좋은 다자회의 결과물을 만들어 내고도 성공하지 못한 회의였다는 평가를 받게 될 수도 있기 때문이다.

모든 국가가 1국 1표제를 행사함으로써 최소한 형식상은 국제사회에서의 민주주의를 표방하고 있는 유엔 총회의 경우 매년 추첨으로 1개국을 선정, 그 나라를 시작으로 알파벳순으로 좌석을 배정한다. 따라서 유엔에서의 각국별 좌석은 매년 변동되게 된다. 우리나라의 경우 (Republic of Korea)알파벳 순서에 따라 좌측에는 Qatar가, 우측에는 Rumania가 늘 위치하게 되어 양국은 유엔에서 우리나라의 인접국이 된다.

5) 의전에서는 오른쪽이 상석이다.

의전의 기본은 오른 쪽(Right)이 상석이다. 문화적으로, 종교적으로 왼쪽을 불경 또는 불결하게 여겨온 전통의 소산이 오른 쪽 상석의 원칙으로 발전되게 된 것 같다.

행사를 주최하는 주빈의 경우 손님에게 상석인 오른 쪽을 양보한다. 정상회담 시 방문 국 정상에게 상석인 오른 쪽을 양보하며, 같은 원리로 다자 정상회의 시 정상회담을 자기 숙소에서 주최하는 측은 상대 정상에게 상석을 양보하게 된다.

하지만, 국기의 경우는 그렇지가 않다. 특히, 우리나라를 비롯한, 중국, 일본 등은 국기에 대해서 상석을 절대 양보치 않는 관행이 있다. 자리를 양보하는 정상은 유한한 인간이지만, 국가를 상징하는 국기는 영원하므로 절대 상석을 타 국가의 국기에게 양보해서는 안 된다는 생각의 반영인 듯하다. 이에 반해 미국 등의 경우에는 이러한 논란을 원천 배제하기 위해 양측에 자국과 상대국의 국기를 함께 배치하는 실용성을 보이기도 한다.

여성에 대한 배려 역시 의전, 특히 서양의 경우 불문율처럼 되어 있다. 따라서 여성과 데이트를 할 경우에는 여성을 오른 쪽에 두고 걷는 것이 신사의 도리이다. 다만, 대통령 등 최고위직에 대한 예우 차원에서 대통령이 여성에 앞서 상석을 차지하게 된다.

5. 의전예우(서열)의 기준

행사나 의식을 거행하려면 주요 인사나 내빈에 대한 좌석 배치 등 일정한 의전예우가 따른다. 국가나 기관 등에 따라 다소 차이가 있으나 거의 모든 나라나 기관에서는 주요인사에 대해 법령이나 관행으로 의전기준을 정해놓고 행사나 연회의 좌석배치 등에 활용을 하고 있다. 우리나라의 경우는 법률로써 주요 인사에 대한 의전예우(서열)기준을 정한 명문규정은 없다. 그러나 국경일, 대통령 취임식 등 대통령 관련 행사와 정부의전행사에 있어서 참석인사에 대한 의전예우기준은 헌법 등 법령에 근거한 공식적인 것과 선례에서 비롯된 관행적인 것이 있다.

공식적인 서열은 헌법, 정부조직법, 국회법, 법원조직법 등 법령에서 정한 직위순서를 예우기준으로 하는 것이고, 관행적인 서열은 정부수립 이후부터 시행해온 국가 주요 의전행사를 통하여 확립된 선례와 관행을 예우기준으로 하는 것을 말한다.

공식적인 서열은 미리 정해져 있으므로 이를 그대로 적용하면 무난하지만 행사참가자간의 상호관계가 공식화되어 있지 않는 경우에는 원만한 서열 기준을 마련한다는 것이 매우 어려울 때가 많다.

현재 정부의전행사에서 적용하고 있는 주요 참석인사에 대한 예우 기준은 직위에 의한 서열기준과 공적직위가 없는 인사의 서열기준에 따라 시행하고 있으나, 실제 공식행사의 적용에 있어서는 그 행사의 성격, 경과보고, 기념사 등 행사의 역할과 당해 행사와의 관련성 등을 감안하여 결정하여야 한다(서울특별시, 2006).

1) 서열의 결정기준

(1) 직위에 의한 서열기준

① 직급(계급)순위
② 헌법 및 정부조직법상의 기관 순위
③ 기관장 선순위
④ 상급기관 선 순위
⑤ 국가기관 선 순위 등

(2) 공적지위가 없는 인사의 서열기준

① 전직(前職)
② 연령
③ 행사 관련성
④ 정부산하단체 및 관련민간단체장 등

2) 서열의 조정이 필요한 경우

① 정부의전행사에 있어서 대통령, 국무총리 등 상급자를 대행하는 경우
② 행사를 주관하는 기관의 장(연회에서는 초청자)
③ 행사에 직접관련이 있는 기관장 또는 인사
④ 행사에 역할(경과보고, 식사 등)이 있는 인사 등

3) 서열의 실제

(1) 중앙 부서

대통령, 국회의장, 대법원장, 국무총리, 헌법재판소장, 중앙선거관리위원장, 국회부의장, 감사원장, 재정경제부장관, 교육과학기술부장관, 통일부장관, 외교통상부장관, 자국특명전권대사, 국무위원(법무, 국방, 행정자치, 과학기술, 문화관광, 농림, 산업자원, 정보통신, 보건복지, 환경, 노동, 여성, 건설교통, 해양수산), 국회상임위원장, 대법관, 장관급, 국회의원, 검찰총장, 합참의장, 3군 총장, 차관, 차관급의 순

(2) 지방자치단체(명확한 기준은 없음)

- 서울특별시장(장관급), 기타 광역자치단체장(차관급: 선출직 감안 장·차관 중간예우)
- 교육감(광역시·도, 차관급)
- 의회의장(해당 자치단체장 예우기준)

(3) 서열의 조정

- 대통령 대신 참석하는 각료는 외국대사에 우선한다.
- 외빈방한 시 방문국 주제 우리대사는 아국주재 방문국 대사 다음 서열이다.
- 우리나라의 주최행사 시 서열이 동급일 때는 외국 인사를 우대한다.

(4) 각국의 의전서열

미 국(연방)	캐나다(연방)	일 본	독 일(연방)
1.대통령 2.부통령 3.연방대법원장 4.전직 대통령 미국대사(부임지 행사시) 5.국무장관 6.주미 각국대사 7.전직 대통령 미망인 8.연방 대법원 판사 9.각료 10.각국 주재 미국대사 11.상원의원(재직기간 순) 12.주지사 13.하원의원(재직기간 순) 14.각 부처 차관 *근거: 관행 -대통령 외국순방 시 방문국 주재 미국대사는 국무장관에 우선함	1.총독 2.수상 3.대법원장 4.상원 의장 5.하원 의장 6.주재 외국대사 7.각 부처 장관 8.제1야당 당수 9.기타 추밀원 회원 10.각 주 수상 11.특별지역 지도사 12.특별지역 정부수반 13.연방대법원 판사 14.종교단체 지도자 15.연방대법원 판사 16.연방법원장 17.각주 대법원장 18.연방법원 판사 19.연방 상원의원 20.연방 하원의원 21.주재 총영사 22.합참의장 및 연방경찰청장 *근거: 관행	1.국가원수(천황) 2.황족 3.내각총리대신 4.중의원 의장 5.참의원 의장 6.최고재판소 장관 7.기타각료 (관제순서, 외국관련행사시는 외상이 최우선 위치) 8.주일 각국대사 9.인증관 10.국회의원 11.도도부현 지사 12.각 성·청 차관 13.의전장 14.각 성·청 국장 15.임시대리대사 16.대사관 공사 17.각 성·청 국차장 18.대사관 참사관 *근거: 관행	1.연방대통령 2.연방하원 의장 3.연방수상 4.연방 상원 의장 5.연방헌법재판소장 6.외교단 단장 7.각국 대사 8.연방외무장관 9.연방 각료(장관) 10.연방 상원 부의장 11.주 수상(재직기간 순) 12.연방하원 부의장 13.연방하원 의원 14.연방 각부 차관 15.연방 상원 의원 *근거: 관행

(5) 외교관 및 국제기구의 서열

① 외교관

공관장	• 서열 -특명전권 대사 -특명공사 -대사 대리 • 상호간의 서열기준은 신임장 제정순서에 따름 • 대사 대리는 그의 계급에 상관없이 지명통고가 주재국 외교부에 접수된 순서에 따름 • 천주교 국가의 경우에는 교황청 대사가 여타 특명전권 대사 보다 앞서는 예가 있음.
기타 외교관	• 외교관 계급에 따르며 동일계급의 경우 부임순서에 따름 • 각국은 관례적으로 제외공관에 근무하는 직원(외교관 · 무관 · 주재관)상호간의 서열은 별도 규정으로 함. • 같은 계급에 있어서 외교관은 무관보다 무관은 여타 주재관보다 상위에 있음

② 국제기구

국제기구인사에 대한 예우는 각국별로 상이하며 대부분 간소한 의전을 제공한다.

국제연합(UN)	• 사무총장(Secretary General): A급 총리 • 사무차장(Under Secretary General): 각료급 • 사무차장보(Assistant Secretary General): 대사급 • D-2A(국장): 공사 • D-1: 공사참사관 • P-5(과장): 참사관 • P-4: 1등 서기관 • P-3: 2등 서기관 • P-2: 3등 서기관 • P-L: Attache
기타 국제기구	• EU집행위원장: A급 총리(EU정상회의 시 각국 국가원수들과동급의 예우를 받음) • EU부위원장: 장관급 • WTO사무총장: 장관급 • OECD사무총장: 장관급

6. 행사와 의전

우리말 사전에서는 행사를 '일정한 계획에 의해 어떤 일을 진행하는 것, 또는 그 일' 이라고 정의하고 있다. 이와 같은 사전적 정의에도 불구하고 행사의 개념을 명확히 규정하기란 쉬운 일이 아니다.

일반적으로 행사는 '뜻을 같이하는 다수의 사람들이 한 자리에 모여 특정한 목적이나 이익을 위하여 함께 이루어지는 일'이라 할 수 있으며, 그 행사의 목적과 관련된 특정의 메시지를 전달하고 이를 통해 참석자들 간에 서로 하나의 공감대를 형성하는데 의의가 있다고 볼 수 있다. 이를 위해서는 그 행사가 품위 있는 가운데 아무런 사고 없이 거행되어야 한다. 만약 준비부족 등의 요인으로 인해 행사 도중 실수라도 발생한다면 때에 따라 행사장의 분위기는 엉망이 될 수도 있다. 그만큼 행사 진행 면에서도 이런 실수가 나오지 않도록 세심한 준비가 필요하다. 또한 행사는 행사 주체와 참석자들의 공동의 이익을 위해서 거행된다. 이러한 이익을 정부와 민간부분으로 나누어 보면 정부 행사는 대체로 정부의 정책을 홍보하거나 설명하기 위하여, 민간 행사는 통상적으로 특정집단의 공동의 이익과 관심의 집중을 위하여 이루어진다.

행사는 행사의 성격과 주관기관이 정부기관이냐 민간기관이냐, 또는 행사 장소가 옥외인가 옥내인가 등 그 기준에 따라서 그 종류를 다양하게 분류할 수 있다.

행사를 그 성질별로 나누어 보면 의전행사, 공연행사, 전시행사, 체육행사, 각종연회와 각종회의 및 기타 행사로 나누어 볼 수 있다.

의전행사라는 말은 '의전'과 '행사'가 합쳐진 말로 오늘날 사용되어지고 있다. 일반적으로 행사라고 할 때는 그 범위의 폭이 매우 넓지만, 그 가운데에서도 의전행사는 '의전적인 요소나 절차가 담겨진 행사'로 그 범위를 한정할 수 있다.

의전행사는 특별히 경사스러운 일을 경축하거나 특정한 날을 기념하는 행사, 외교사절과 같은 손님을 영접 환송하는 행사와 같이 특별히 의식과 절차를 갖추어 행사의 의의를 드높이는 행사이다. 의전행사에서는 의전절차와 서열이 중요시되며, 행사의 내용은 전례절차와 연설로 구성되는 것이 일반적이다. 나라의 경사스러운 날을 기념하기 위하여 행하고 있는 4대국경일 행사와 각종 기념일 행사, 각종 시책홍보행사, 촉진대회, 기공식, 준공식, 기관 창설 기념일 행사, 시무식, 종무식, 정기 조회 등이 의전행사에 해당된다.

의전행사의 특징은 모든 행사의 기본이 된다는 것이다, 즉 의식행사가 독자적으로 독립하여 거행되기도 하지만 성질이 다른 공연행사, 전시행사, 기타 어떤 행사를 할 때에도 행사의 전반부에는 의전행사를 거행 하는 것이 일반적인 관례이다(서울특별시, 2006).

공연행사는 주로 문화·예술행사가 대부분이다. 이 행사는 일반 대중을 대상으로 공연물을 연출하는 행사인데 음악회, 영화제, 연극제, 무용 발표회, 각종 쇼 프로그램 등이 여기에 해당된다.

전시행사는 역사적 기록물, 예술작품, 자연물산 및 공업생산품 등의 전시 등과 같이 과거의 발자취는 물론 현재의 정신적 창조활동의 결과 및 물질적 생산활동의 결과물들과 미래에 예상되는 인류 생활의 모습 등을 일반에게 보여주는 행사인데 전람회, 박람회, 품평회, 각종 전시회 등이 이에 해당된다.

각종 연회는 식사를 하는 조찬, 오찬, 만찬행사가 있으며, 간단한 음료와 다과를 들면서 환담에 중점을 두는 리셉션(연회)이 있다. 리셉션은 의식행사의 후반부에 본 행사의 부대행사로써 행하는 것이 보통이다.

각종 회의에는 발표회, 토론회, 심포지엄, 포럼, 세미나 등과 같은 정책, 학술회의와 의식 행사성 회의가 있고 그 외에 기관 내부 또는 외부와의 업무협조를 위한 단순한 회의 등이 있다. 기타 행사로써는 축제행사, 퍼레이드 등이 있다.

의전의 개념

동양적 개념	• 의례와 격식을 갖추어 행사를 거행하는 기준 • 유교문화의 배경, 생활예절이 중심(혼례, 장례식 등)
서양적 개념	• 외교의례절차 • 기독교문화의 배경, 의례절차 중심(공식연회, 외교행사 등)
현대적 개념	• 일반적으로 인정된 국제의례 – 협의: 국가, 정부, 외교기관이 관련된 행사에서 요구되는 국제규범 – 광의: 협의의 개념 + 일상규범생활에서 사회구성원으로서 요구되는 행동규범

*출처: 한국지방자치단체국제화재단(2006).

제2장 국가의 상징과 국기

1. 국가의 상징

국가상징은 '한 나라를 상징하고 국민을 통합하는 구심체 역할을 하는 공식적 표상'이라 할 수 있다. 국가의전이 국가적 행사인 만큼 국가의전에서 국가상징이 갖는 의미는 실로 중요하다.

국가상징은 평상시에도 필요하며, 특히 국민적 공감대를 형성하여 구심점을 마련해야 할 경우와 외국과의 각종 교류 및 교역, 상호 교차방문과 외교관 파견 그리고 조약의 체결 등 국정행위로써 다른 나라의 대표와 공식적으로 회의할 때에 그 나라를 대표하는 표상으로써 차별적이며, 강렬한 상징성을 갖고 국가 이미지를 반영해야 할 때도 반드시 필요하다.

오늘날 국제사회에서 한 국가의 이미지는 아주 복합적인 요소에 따라 좌우된다. 국가의 이미지는 어느 특정한 요소에 따른 것이 아니라 정치, 경제, 문화, 예술, 역사, 스포츠 등 다양한 요소들이 함께 작용한다. 이러한 요소들의 대표성을 지니고 국제사회에서 보편적인 커뮤니케이션의 수단으로 활용되는 것이 바로 국가상징인 것이다.

그리고 공식적 국가상징은 아니지만 오랜 역사적 전통이나 문화적 특수성을 바탕으로 공식적 상징 못지않게 국가상징으로 인식되는 비공식적 상징물도 있다. 이러한 비공식적 상징이나 이미지들도 오늘날 공식적 상징과 함께 그 나라를 인식하는 중요한 잣대로 인식되고 있다(문화관광부, 2006).

1) 나라이름 : 대한민국

1897년 고종황제 즉위식 이후 국호를 조선(朝鮮)에서 대한(大韓)으로 바꾸면서 중국과 동등한 위치의 자주 국가로 선포하고 1899년 오늘날의 헌법의 의미를 가지는 대한국국제(大韓國國制)를 반포함으로써 대한민국은 비로소 법률 체계를 갖추기 시작하였다.

1919년 4월 10일 상해 대한민국임시정부 임시의정원 개원식에서 국호는 대한(大韓)으로, 정체(政體)는 공화제를 의미하는 민국(民國)으로 각각 결의 하였다. 이후, 1948년 8월 15일 대한민국정부수립의 과정에서 국호에 대해 여러 논의가 있었으나 이미 널리 알려진 대한을 국호로 사용하기로 제헌국회에서 결의하여 현재까지 국호로 사용 중이다.

2) 국기 : 태극기

세계 각국이 국기를 제정하여 사용하기 시작한 것은 근대 민족국가가 발달하면서 부터이다. 우리나라의 국기 제정은 1882년(고종 19년)5월 22일에 체결된 조미수호통상조약 조인식이 그 직접적인 계기가 되었다. 그 후 국기 제정의 필요성을 느낀 조선 정부는 종전의 '태극 도형기'에 8괘(卦)를 첨가하여 '태극 · 8괘 도안'의 기(旗)를 만들었다.

1882년 9월 박영효는 고종의 명을 받아 특명전권대신겸 수신사로 이 국기를 지니고 일본으로 가던 중 선상에서 태극문양과 그 둘레에 8괘 대신 건곤감리 4괘만을 그려 넣은 '태극 · 4괘 도안'의 기를 만들어 사용하였으며, 고종은 1883년 3월 6일에 이 '태극 · 4괘 도안'을 국기로 제정 공포하였다. 그러나 제작 방법과 색깔 등이 정확히 명시되지 않아 개인 또는 단체에 따라 통일되지 않은 다소 다른 형태로 도안 된 태극기를 사용하다 1949년 10월 15일 오늘날과 같은 태극기의 도안으로 '국기제작법'을 문교부고시 제2호로 정식 공포하였다. 또한 국기봉도 미군정당시 사용하던 연꽃 봉에서 무궁화 봉으로 변경하였다.

3) 국가 : 애국가

우리나라는 애국가에 달리 이름을 붙이지 않고 이를 국가(國歌)로 사용하고 있다. 애국가라는 이름으로 노래 말과 곡이 붙여져 나타난 것은 조선말 개화기 이후부터이며, 1902년에 '대한제국 애국가'라는 이름의 국가를 만들어 나라의 주요 행사에 사용했다는 기록이 남아 있다. 이후 안익태가 1935년 11월 오늘날에 우리가 부르고 있는 애국가를 작곡하였다.

이후 대한민국 임시정부는 이 곡을 애국가로 채택해 사용하였으나 이는 해외에서만 퍼져 나갔을 뿐 국내에서는 광복 이후 정부수립 무렵까지 여전히 스코틀랜드 민요에 맞춰 부르고 있었다. 그러다가 1948년 대한민국 정부가 수립된 이후 현재의 노랫말과 함께 정부의 공식행사에 사용되었고 학교 교과서에도 실리면서 전국적으로 애창되기 시작하였다.

4) 국화 : 무궁화

무궁화는 우리나라를 상징하는 꽃으로 '영원히 피고 또 피어서 지지 않는 꽃'이라는 뜻을 지니고 있다. 오랜 세월 동안 우리 민족과 함께 해온 무궁화에 대한 사랑은 일제 강점기에도 계속되었고, 광복 후에는 무궁화가 자연스럽게 나라꽃으로 자리 잡게 되었다.

나라꽃 무궁화의 꽃문양이나 이름은 현재 여러 상징물이나 생활주변에서 사용되고 있다. 대표적으로는 국기를 게양하는 깃대의 깃봉이 무궁화의 꽃봉오리로 되어 있고, 국가상징의 하나인 나라문장에도 무궁화 문양이 들어 있다. 또한 대통령의 권위를 상징하는 대통령표장의 중심에도 무궁화 문양이 자리 잡고 있다.

그리고 우리나라 훈장 중 등급이 가장 높은 훈장의 명칭이 '무궁화 대훈장'이며, 각종 훈·포장이나 국회의원과 지방의원, 국무위원의 배지와 군인과 경찰의 계급장 및 모자챙 등에도 상징물로 활용되고 있다.

5) 국장 : 나라문장

우리나라는 1970년에 태극문양을 꽃잎으로 감싸고 있는 '나라문장(紋章)'을 만들어 공표한바 있다.

우리나라 문장은 외국·국제기구 또는 국내의 외국기관에 발신하는 공문서와 1급 이상의 공무원 임명장과 훈장, 훈장증과 대통령 표창, 국가공무원 신분증과 재외공관 건물 그리고 정부소유의 선박과 항공기 등에 사용되고 있다.

6) 연호 : 서기

우리나라의 경우 대한제국 고종황제대의 '건양'과 '광무'를 거쳐 마지막 순종황제대의 '융화'로 이어진다.

일제 강점기 때는 일본의 연호를 사용하다 1948년 대한민국 정부 수립 이후에는 단기(檀紀)를 사용하였고 1961년에는 서기(西紀)로 변경하여 지금까지 사용하고 있다.

7) 인장 : 국새

국새는 정부 수립 이후 세 차례 만들어 졌다.

* 1945. 5 - 1962. 2: 사방 두치(약 6cm)의 정방형 인면에 한자 전서로 '대한민국지새(大 韓民國之璽)'로 제작하여 사용하였다.
* 1963. 1 - 1999. 1: 기존 사용하던 국새를 사방 7cm의 정방형 인명에 한글 전서체로 '대한민국' 넉자를 가로로 각인하여 사용하였다.
* 1993. 2 - 현재: 1998년 정부는 민족의 자긍심을 높이고자 우리 민족의 문화 유산적 가치가 있는 국새를 새로 만들었다. 새 국새는 세종대왕 당시의 어새와 그 크기가 같은 사방 10.1cm의 정방형 인면에 훈민정음체로 '대한민국' 넉자를 가로로 각인하여 사용하고 있다.

2. 국민의례

국민의례는 국가기관이나 행정기관 및 공공단체 등에서 각종 의식이나 행사시에 거행하게 되는데 이를 통해 나라의 상징이며 민족의 전통과 이상이 담겨져 있는 국기에 대한 예절을 지켜 그 존엄성과 나라 사랑하는 마음을 높이기 위한 것이다.

일반적으로 국민의례의 절차는 국기에 대한 경례, 애국가 제창, 순국선열 및 호국영령에 대한 묵념 순으로 진행 되며, 의식은 정식절차에 따른 거행을 원칙으로 하고 있다.

1) 정식절차

① 국기에 대한 경례

개식 선언 후 가장 먼저 '국기에 대한 경례'를 실시한다. 이때 국기에 대한 경례곡을 연주하고 '국기에 대한 맹세문'을 낭송한다.

② 애국가 제창

참석자 전원이 애국가를 제창하며, 의식의 성격, 여건 등으로 인하여 부득이한 경우를 제외하고는 가급적 4절까지 제창하도록 한다.

③ 순국선열 및 호국영령에 대한 묵념

순국선열과 호국영령들의 숭고한 희생정신과 애국애족정신을 기리기 위하여 실시하며, 이때 묵념곡을 연주한다.

2) 약식절차

기관 내부회의 등에 있어서 의식의 규모, 성격이나 여건상 국민의례의 정식절차에 따르는 것이 곤란하다고 판단될 경우에는 약식으로 실시할 수 있다.

3. 국기

1) 태극기에 담긴 뜻

- 태극기의 흰색 바탕은 백의민족의 순결성과 전통적으로 평화를 사랑하는 한민족의 민족성을 표상한다.
- 가운데 태극도형은 음과 양의 상호작용에 의하여 우주만물의 생성과 발전하는 대자연의 영원한 진리를 형상화한 것으로 창조와 발전을 의미한다.
- 건(乾), 곤(坤), 감(坎), 리(離)의 4괘는 태극 도형 속에서 음과 양이 질적 변화와 양적성장의 선회운동을 거치는 과정을 구체적으로 나타낸 것이다.
- 태극기는 우주와 더불어 길이길이 발전하고자 하는 한민족의 이상을 집약, 표상하고 있다.

2) 국기에 대한 예절

(1) 국기에 대한 경례

- 일반인은 오른손을 가지런히 펴서 왼편 가슴에 대고 국기를 주목한다.
- 군인·경찰 등 제복을 입은 사람은 국기를 향하여 거수경례를 한다.
- 제복이 아닌 평상복에 모자를 쓴 사람은 오른손으로 모자를 벗어 왼편가슴에 대고 모자를 벗기 곤란한 경우에는 모자를 쓴 채로 오른손을 펴서 왼편가슴에 대고 국기를 주목한다.

(2) 국기에 대한 맹세

① 맹세문

"나는 자랑스러운 태극기 앞에 자유롭고 정의로운 대한민국의 무궁한 영광을 위하여 충성을 다할 것을 굳게 다짐합니다."

② 맹세를 하여야 할 경우

각종 의식에서 국기에 대한 경례를 할 때 맹세문을 낭송(또는 방송)해야 한다. 다만 애국가를 연주하는 경우에는 맹세문의 낭송은 하지 않는다.

3) 국기를 게양하는 날

국기를 게양해야 하는 날은 정해져 있으나 다른 날에도 국기를 게양할 수 있다.

(1) 국기를 전국적으로 게양하는 날

경축일, 기념일 및 4대 국경일(3 · 1절, 제헌절, 광복절, 개천절)

(2) 조의를 표하는 날(조기게양)

현충일, 국장기간, 국민장 일

(3) 국기를 연중 게양하는 곳

국가기관과 지방자치단체 그리고 기타 공공단체의 청사와 각 급 학교, 공항, 호텔 등 국제적인 교류장소와 대형건물, 공원 등 많은 사람이 드나드는 곳과 주요 정부 청사의 울타리, 기타 많은 게양대가 함께 설치된 곳에서는 연중 국기를 게양해야 한다.

(4) 기타

정부가 따로 지정한 날, 지방자치단체가 조례 또는 지방의회의 의결로 정하는 경사스러운 날(당해 지방자치단체에 한함)

4) 국기의 게양 및 강하시간

① 국기는 24시간 게양할 수 있으며, 야간에는 게양효과를 높이기 위해 가급적 조명시설을 한다.

② 학교 및 군부대의 주된 게양대는 교육적인 목적을 고려하여 낮에만 게양하며, 게양 및 강하 시각은 다음과 같다.

기 간	게양시간	강하시간
3월 ~ 10월	07 : 00	18 : 00
11월 ~ 다음 해 2월	07 : 00	17 : 00

③ 다음과 같은 경우에는 국기의 게양 및 강하시간을 변경할 수 있다.

- 야간행사 등으로 인해 국기를 계속적으로 게양할 필요가 있는 경우
- 국장 및 국민장 등으로 조기를 게양하여야 하는 경우
- 기타 특별한 사유로 인하여 중앙행정기관의 장이 총무처장관과 협의하여 정한 경우

④ 심한 비·바람 같은 악천후 등으로 국기가 훼손되어 그 존엄성이 유지되기 어렵다고 판단되는 경우에는 게양하지 않는다.

⑤ 재외공관의 국기게양 및 강하시간은 주재국의 관례에 따른다.

5) 국기의 게양 및 강하 방법

① 국기의 게양 높이

- 경축일 또는 평일에는 깃봉과 깃면의 사이를 떼지 않고 게양한다.
- 조의를 표하는 날(현충일, 국장기간, 국민장일 등)에는 깃봉과 깃면의 사이를 깃면의 너비(세로)만큼 내려 조기로 게양한다.

② 조기게양 및 강하방법

- 국기를 조기로 게양할 때는 깃면을 깃봉까지 올린 후 다시 내려서 달고, 강하할 때에도 깃면을 깃봉까지 올렸다가 내린다.
- 깃대의 구조상 조기게양이 어렵다고 하여 검은색 천을 달아서는 안 되며, 깃면의 너비 (세로)만큼 내린 완전한 조기를 달 수 없는 경우에는 바닥 등에 닿지 않을 정도로 최대한 내려서 게양한다.
- 국기를 다른 기와 함께 게양할 경우 다른 기도 조기로 게양하여야 하며, 또한 외국기도 조기로 게양하는데 이 경우에는 사전에 해당국과 협의를 거치는 것이 관례로 되어 있다.

③ 경축행사 등의 경우 깃면을 늘여서 게양하는 방법

- 깃면 길이의 흰 부분만을 길게 하여 이괘(離卦)가 왼쪽으로 오도록 한다(시계방향으로 90^0 회전).

6) 국기 게양식과 강하식 방법

- 식은 애국가 연주에 맞추어 진행하고, 자체방송(녹음)시설의 이용도 가능하다.
- 애국가 연주 시간과 게양 및 강하 시간이 일치하여야 한다.
- 애국가 연주는 건물 내·외에서 들을 수 있도록 한다.
- 일기 등의 이유로 정해진 시간 외에 게양과 강하를 할 때에는 식을 생략한다.
- 게양식의 경우에는 애국가 연주를 생략할 수도 있다.
- 게양 및 강하 시 국기가 보이는 곳에 있는 사람은 국기를 향하여 경례를 하고 국기가 보이지 않는 곳에 있는 사람은 애국가 연주가 들리는 방향으로 선채로 차렷 자세를 하여 국기에 대한 경의를 표한다.
- 경내의 차량에 탑승하고 있는 사람은 차량을 정지하고 앉은 채로 차렷 자세를 취한다.
- 국기와 다른 기를 게양할 때는 국기와 다른 기를 동시에 게양하거나 국기를 먼저 게양한 후 다른 기를 게양하여야 한다. 강하할 때는 국기와 다른 기를 동시에 강하하거나 국기 보다 다른 기를 먼저 강하하여야 한다.

7) 기(旗)의 종류 간 우선순위

① 다수의 기를 게양할 때 위치상 우선순위는 기의 수가 홀수일 경우와 짝수일 경우가 다르다.

- 기를 앞에서 바라볼 때, 기의 개수가 홀수인 경우에는 중앙이 가장 윗

자리(1번)이고 그 왼쪽이 차 순위(2번), 중앙의 오른쪽이 차 차 순위(3번)로써 중앙에서 멀어질수록 후 순위가 된다.

- 기의 개수가 짝수인 경우에는 가장 왼쪽이 가장 윗자리이고 오른쪽으로 가면서 차 순 위(2번), 차 차 순위(3번)로, 왼쪽에서 오른쪽으로 갈수록 후 순위이다.

② 국기와 다른 기를 함께 게양할 경우

태극기를 가장 윗자리에 게양한다. 즉 기의 수가 홀수인 경우에는 앞에서 보아 태극기를 중앙에, 짝수인 경우에는 가장 왼쪽에 게양한다.

③ 태극기와 외국기를 함께 게양할 경우

- 외국기는 우리나라를 승인한 나라의 국기에 한하여 게양하는 것이 원칙이다.
- 국제회의 또는 체육대회 등에 있어서는 우리나라를 승인하지 않는 나라의 국기도 게양 할 수 있다.
- 태극기를 게양하지 않은 채 외국기만을 게양해서는 안 되며, 하나의 깃대에 2개의 국기를 게양 하여서도 안 된다.
- 태극기와 외국기를 함께 게양할 경우에는 그 크기 및 높이는 같아야 한다.
- 게양 순위는 게양하는 기의 수가 홀수인 경우와 짝수인 경우에 따라 구분하여 태극기를 가장 윗자리에 게양하고, 그 다음 위치부터 외국기를 게양한다. 외국기의 게양순위 는 국명 머리글자의 알파벳 순서에 따라 게양한다.

④ 태극기와 국제 연합기 또는 외국기의 게양

국제 연합기 규정에 따라 국제 연합기, 태극기, 외국기의 순으로 게양한다.

8) 국기의 게양위치

① 태극기와 외국기를 교차 게양할 경우

앞에서 보아 태극기의 깃면이 왼쪽에 오도록 하고 태극기의 깃대는 외국기의 깃대 앞쪽으로 한다.

② 옥외에 게양할 경우

- 단독 주택

집 밖에서 보아 대문의 중앙이나 왼쪽에 게양한다.

- 공동 주택, 아파트

집 밖에서 보아 앞쪽 베란다의 중앙이나 왼쪽에 게양한다.

- 건물

건물 밖에서 보아 건물의 중앙 또는 왼쪽, 옥상이나 차양시설 위의 중앙과 주된 출입구 위 벽면의 중앙에 게양한다.

- 옥외 행사장

이미 설치되어 있는 주 게양대에 대형 태극기를 게양하는 것을 원칙으로 한다. 대형 행사장의 경우 참가자들이 옥외 게양대의 국기를 볼 수 없거나 국기가 단상 또는 전면의 주요 인사 석에서 멀리 떨어져 있을 때에는 단상 또는 전면을 바라보아 왼쪽에 별도의 임시 국기 게양대를 설치 및 게양하여 참석자들 모두가 국기를 잘 볼 수 있도록 한다.

③ 옥내에 게양할 경우

깃대에 의한 게양을 원칙으로 하되 교육 목적이나 관리목적 또는 옥내여건 등을 감안하여 필요한 경우 깃면만을 게시할 수도 있다.

- 사무실

실내 환경에 맞는 국기의 크기와 게양위치를 정한 후 실내용 깃대에 국기를 달아서 세워 놓는다.

- 회의장 및 강당 등

회의장이나 강당 등에 국기를 깃대에 달아서 세워 놓을 경우에는 단상 등 전면 왼쪽에 위치하도록 하고, 깃면만을 게시할 경우에는 전면 중앙에 위치하도록 한다.

- 옥내 행사장

중·대형 행사장의 경우 대형 태극기 깃면을 단상 뒷면 중앙 벽면에 설치하는 것을 원칙으로 한다. 원형 실내체육관 등은 참석인사 모두가 깃면을 잘 볼 수 있도록 시설 내부구조에 알맞은 위치를 선정하도록 한다.

④ **차량에 국기를 게양할 경우**

차량을 정면에서 바라볼 때 본 네트의 왼쪽이나 왼쪽 창문에 단다.

9) 국기의 올바른 관리

① **국기의 존엄성 유지**

- 국기는 제작·보존·판매·사용 시 그 존엄성이 유지되어야하며, 훼손된 국기를 계속 게양하거나 부러진 깃대 등을 방치하여서는 안 된다.
- 국기가 훼손 되었을 때에는 이를 방치하거나 다른 용도로 사용하지 말고 즉시 소각하여 야 한다.
- 각종 행사나 집회 등에서 수기(手旗)를 사용할 경우에는 행사 후 국기가 함부로 버려지지 않도록 집중관리를 하고 또한 안내 방송 등을 통하여 주의를 부탁한다.

② **국기의 세탁**

국기에 때가 묻거나 구겨진 경우에는 국기의 원형이 손상되지 않는 범위 내에서 이를 세탁하거나 다려서 다시 사용할 수 있다.

③ **영구에 국기를 덮는 방법**

- 영구(靈柩)에 태극기를 덮을 때에는 영구의 덮개를 위에서 바로 내려다 보아 덮개의 윗부분 오른쪽에 건괘(乾卦)부분이, 왼쪽에 이괘(離卦)부분이 오도록 한다.
- 이때 국기의 깃면이 땅에 닿지 않도록 하며, 국기는 영구와 함께 매장하여서는 안 된다.
- 국기는 유가족에게 전달하는 것이 관례이다.

제3장 국가 원수에 대한 의전

1. 국가원수에 대한 예의

대통령은 헌법에 규정되어 있는 바와 같이 국가의 원수로서 외국에 대해서는 국가를 대표하고 국가의 독립, 영토의 보전, 국가의 계속성과 헌법을 수호할 책임을 짐과 동시에 정부의 수반으로서 전반적인 국가행정에 관한 권한과 책임을 지는 지위에 있다.

이와 같이 국가를 대표하는 상징성에 따라 국민이 대통령에 대하여 경의를 표하는 것은 일반적인 관례이며, 세계 각국도 방법상의 차이는 있어도 국가원수에 대하여 일정한 경의표시를 하고 있다. 또한 그 나라를 방문한 외국원수에 대해서도 동일한 예우를 행하는 것이 일반적인 국제관례로 되어 있다.

1) 대통령의 권한과 의무

대통령은 직접선거에 의하여 선출되며, 임기는 5년 단임제이다. 대선 후보 등록 조건은 선거일 현재 5년 이상 국내에 거주하고 있는 40세 이상의 국민으로 피선거권이 있어야 한다.

대통령의 권한은 크게 국가원수로서의 권한과 행정부 수반으로서의 권한으로 나눌 수 있다.

(1) 국가원수로서의 권한

① 국가를 대표 하는 권한

대외적으로 국가를 대표하여 국제협상 등의 특권을 누리는 권한으로서 조약체결과 비준권, 외교사절의 신임 접수 및 파견권, 선전포고와 강화권, 외국승인권 등이 있다.

② 국가와 헌법수호의 권한

국가의 독립과 영토보존, 국가의 계속성을 수호해야 하는 국헌수호자로서의 권한으로 긴급재정 경제처분 및 명령권, 긴급명령권, 계엄선포권, 위헌정당 해산 제소권 등이 있다.

③ 국정을 조정하는 권한

국회임시회 국민투표 부의권 등을 통해 국가기능의 효율성을 유지하고 국론을 통일할 의무를 가지는 국정통합조정자로서의 권한으로 헌법개정안 제안권, 국민투표 부의권, 임시국회 소집 요구권, 국회출석 발언 의견 표시권, 사면권, 영전 수여권 등이 있다.

④ 헌법기관의 구성 권한

대법원장, 헌법재판소장을 임명하는 등 헌법기관 구성권자로서의 권한으로 대법원장, 국무총리, 감사원장, 헌법재판소장의 임명권과 헌법재판소 재판관 3인의 임명권 및 중앙선거관리위원회 위원 3인의 임명권 등이 있다.

(2) 행정부 수반으로서의 권한

대통령의 행정부 수반으로서의 권한은 행정부의 최고 지휘 감독권, 법령 집행권, 국군통수권, 공무원 임명권, 대통령령 발포권, 재정에 관한 권한 등이 있다.

① 행정부 수반으로서 권한 행사 방식

국무회의 심의, 국회의 동의 또는 승인, 문서 형식과 부서, 자문기관의 자문 등을 거쳐 권한을 행사 한다.

*국회동의(事前)가 필요한 경우 - 대법원장, 국무총리, 감사원장의 임명, 조약의 체결, 비준, 선전포고, 강화, 일반사면, 예비비 설치, 예산 외에 국가의 부담이 될 계약의 체결, 국군의 해외 파견, 외국 군대의 국내 주둔

*국회의 승인(事後)이 필요한 경우- 예비비의 지출, 긴급제정 경제처분명령권, 긴급명령권

*국회의 통고(事後) - 계엄 선포

② 대통령의 권한 대행

국무총리가 일 순위이며 법률이 정한 국무위원의 순서대로 대행한다.

(3) 대통령의 의무

국가와 헌법을 수호할 의무, 평화통일에 대한 성실한 노력의 의무, 겸직 금지의 의무, 취임선서문상의 직책 수행의 의무가 있다.

2) 대통령에 대한 호칭

대통령에 대해서는 반드시 "대통령"이라는 존칭을 붙인다. 과거에는 대통령에 대한 존칭으로서 '대통령 각하'라고 호칭하였으나 근래에는 권위주의 이미지가 연상된다는 이유 등으로 '각하'라는 표현은 피하고, 일반적으로 '대통령께서', 또는 직접 호칭 시에는 '대통령님'을 사용한다.

대통령과 부인을 함께 겸칭하는 경우에는 "대통령 내외분"이라고 하며, 부인과 자녀에 대해서는 "대통령 부인" 또는 "대통령 부인 000여사", "대통령 장남 000씨"(미혼인 경우는 군), "대통령 장녀 000양"(미혼인 경우)등으로 호칭한다.

영어로 표기하는 경우에는 "His Excellency the President of Korea"로 하며 "His Excellency"는 "H. E."로 줄여 쓸 수도 있다. 또 대통령 내외분은 "H. E. the President of Korea and Mrs. 000"으로 쓴다(국회사무처 국제국, 1996).

3) 대통령에 대한 의식에서의 예의

(1) 일반 의식에서의 예의

대통령이 참석하는 공식행사에서 대통령이 도착하기 전 단상에 초청인사가 있을 경우에는 미리 참석토록 하는 등의 식장정리를 마치고, 대통령이 식장에 도착할 때는 행사 주관자 2~3명이 식장입구에서 영접하여 식장까지 수행토록 한다.

대통령이 식장에 입장할 때는 사회자가 "지금 대통령께서 입장 하십니다." 라는 안내방송을 하고, 단상이나 단하의 참석자는 모두 일어나 자연스럽게 대통령을 향하여 박수를 치며 대통령이 자리에 앉은 후에 앉도록 한다. 이때 교향악단 등이 있을 때는 음악을 연주하도록 한다. 대통령이 훈장 또는 상장을 수여하면 참석자는 박수를 쳐서 축하하고, 연대에서 연설을 하는 경우에도 참석자는 의미 깊은 대목이 있을 때와 끝날 때는 박수를 치는 것이 예의이다. 대통령이 폐식 후 퇴장할 때는 특별한 안내가 없어도 참석자는 모두 일어서서 박수를 쳐서 환송하고 영접했던 인사는 출구까지 전송하도록 한다. 의식에 있어서 대통령보다 늦게 참석하거나 먼저 식장을 나가는 것은 결례가 된다(국회사무처 국제국, 1996).

(2) 특수 의식에서의 예의

제복을 착용하는 군인과 경찰 등이 주관하여 대통령이 참석하는 특수의식에서는 군 예식령과 경찰의식규칙 등에서 규정하는 바에 따라 경의를 표한다. 다만, 대통령에 대한 경례 시 일반 참석자는 기립하여 차렷 자세만 취한다.

(3) 개별 접견 시 예의

개별 접견 시는 대통령이 자기 앞에 오면 공손하게 경례를 하고 자기를 소개하며 악수를 청하면 목례와 함께 악수를 한다. 이 경우 두 손으로 잡거나 먼저 손을 내미는 것은 결례가 된다. 또한 공연장, 경기장 또는 거리에서 대통령을 보았거나 만났을 때는 걸음을 멈추고 예의를 표하며, 악수를 청하면 가볍게 악수를 한다. 대통령이 탑승한 승용차가 지나갈 때도 손을 흔들어 환영하는 것이 예의이다.

4) 정부행사 시 좌석배치의 기준

(1) 좌석배치의 기준

국가의 각종 행사에 있어서 단상과 단하의 배치는 옥내와 옥외 또는 행사장의 형태에 따라 약간씩 다를 수 있다. 단상의 좌석배치는 행사에 참가한 최 상위자를 중앙으로 하고, 최상위자가 부인을 동반하였을 때에는 단 위에서 아래를 향하여 중앙에서 우측에 최 상위자를 좌측에 부인을 각각 배치한다. 그 다음 인사는 최상위자의 자리를 중심으로 단 아래를 향하여 우좌의 순으로 교차 배치하는 것이 원칙이다.

각종 행사에 있어서 주요인사에 대한 좌석 배치기준은 의전예우기준을 토대로 행사의 성격, 주관기능 등에 따라 다음과 같은 요령으로 좌석을 배치할 수 있다(철도청, 2002).

- 단상좌석은 주빈석을 제외하고는 각 집단별로 초청 인원수와 좌석의 배열 형태를 고려하여 횡열 또는 종열로 배치한다.
- 주요 정당의 대표를 초청하여 단상에 배치하는 경우에는 원내 의석수가 많은 정당 순으로 배치하는 것이 일반적 관행이나, 현재 정부의 주요행사에서는 여당, 제1야당의 순으로 배치한다.
- 3부(府) 초청인사의 집단별 좌석배치는 관행상의 서열, 즉 행정, 입법, 사법부의 순서대로하며 각 부처내의 요인 간 좌석배치는 각 부(府)내의 서열 또는 관행을 존중하여 배치한다.
- 행정부 내 동급 인사 간의 경우는 정부조직법 제29조에 의한 행정각부의 순서 및 국무회의 좌석배치순서 등에 의거하여 좌석을 정하며, 입법부 내 요인간의 경우는 국회에서 관례적으로 사용하는 서열, 즉 국회의장, 부의장, 원내총무, 각 상임위원장, 국회의원, 사무총장, 국회사무처 차관급 순으로 좌석을 정한다.
- 각종 사회단체 대표자간 또는 기타 일반 인사 간의 좌석배치 순서는 그 자체에서 정해진 서열이 있는 경우 외에는 조직별 또는 집단별로 배치한다.

- 전직자는 전직당시 직위로 대우하되 현직자 다음 순으로 한다.
- 직위가 비슷한 경우에는 여자는 남자보다 연장자는 연소자보다 상위로 하며, 여성들 간의서열은 기혼부인, 미망인, 미혼자 순으로 한다.
- 한 사람이 2개 이상의 지위를 가질 때는 원칙적으로 상위직을 기준으로 하나, 행사의 성격에 따라 행사와 관련된 직위의 적용이 가능하다.

① 대통령 단독 참석 시

5	3	1	대통령	2	4	6
			(전 면)			

② 대통령 내외분 참석 시

5	3	1	대통령 영부인	2	4	6
			(전 면)			

③ 대통령 불참 시

대통령이 참석하지 않은 행사에 있어서의 단상 앞 열 좌석 배치는 단상의 중앙에 최 상위자를, 단하를 향하여 최상위자의 우측에 차 순위 자를 배치하고 그 좌측에 다음 순위 자를 우측과 좌측의 순으로 번갈아 배치한다. 또한 중앙을 기준으로 좌우로 나눌 경우에는 오른쪽에 최 상위자를 왼쪽에 차 순위 자를 그리고 최상위자의 오른쪽에 다음 순위 자를 우측과 좌측으로 번갈아 배치한다.

예 1)	⑥	④	②	①	③	⑤	⑦
예 2)	⑤	③	①	②	④	⑥	
			(전 면)				

④ 일반 참석자의 좌석배치

- 단하의 일반참석자는 각 분야별로 좌석군(座席群: 개인별 좌석을 지정하지 않음)을 정하는 것이 무난하며, 본 행사와의 관계와 사회적 비중 등을 감안하여 단상을 중심으로 가까운 위치부터 배치토록 한다.

- 주관기관의 소속직원은 뒤쪽에 초청인사와 행사진행과 직접 관련이 있는 참여자는 앞쪽으로 배치하며, 사회단체 및 일반인은 성명의 가, 나, 다 순으로 배치한다.

(2) 예외적인 좌석배치

- 정부 의전행사에서는 정부요인의 서열에 의하여 좌석을 배치하는 것이 원칙이나 의식 또는 행사를 주관하는 요인이나 기관의 장 등은 단상의 끝자리에 위치하거나 행사진행에 있어 주변의 안내가 필요한 경우에는 주빈에 근접된 위치(앞 옆 또는 뒷열의 직근 위치)에 배치할 수도 있다.
- 주빈을 수행하는 주요 수행원(예: 의전비서관, 경호원)과 의식 또는 행사의 진행에 주된 역할을 담당하는 정부요인 또는 일반인사는 정부요인의 좌석배치 서열에도 불구하고 주빈의 보좌에 용이한 위치에 배치하는 것이 관례로 되어 있다.

(3) 우방국의 원수가 참석할 때

우방국의 원수가 우리나라를 방문하여 의식 또는 행사에 참여할 때는 외국원수를 최우선의 위치로 모시는 것이 국가 간의 공통된 관례이다.

단상 아래를 향하여 중앙우측에 외국원수를, 그 좌측에 우리나라 국가원수를, 외국원수의 우측에 우리나라 국가원수의 영부인을, 우리나라 국가원수의 좌측에 외국원수의 부인을 모시고 그 밖의 요인들은 서열순서에 의거 단상 아래를 향하여 우좌의 순으로 배치한다.

우방국 원수의 공식수행원은 대등한 우리나라 인사와의 좌석순위보다 우선의 위치에 배치하는 것이 국제간의 관례이다(국회사무처 국제국, 1996).

⑤, ③, ① 대통령영부인, 외국원수, 대통령, 외국원수의 부인, ②, ④, ⑥ (전 면)

(4) 외국인사가 참석할 때

- 우리나라 정부와 외국정부의 대등한 직위는 같은 서열로 대우한다.
- 우리나라 장관급 인사가 장관급 외국인을 초청하였을 때는 장관급 외국인이 우선한다.
- 대통령을 대행해서 참석하는 각료는 모든 외국 대사를 우선하는 서열을 갖는다.
- 외국 특명대사 또는 공사의 서열은 대통령에게 신임장을 제정한 일자 순으로 한다.
- 대리대사 또는 대리공사의 서열은 외교통상부 장관에게 임명장을 제정한 일자 순으로 한다.
- 외교관과 군·경간의 동급서열은 외교관이 우선한다.

서열의 중요성

개 념	• 사람의 지위, 연령 등 기준에 따라 정한 순서 • 가정, 사회, 국제사회 등에서 질서유지의 근간
중요성	• 의전의 가장 중요한 원칙 • 의전서열의 무시-개인에 대한 결례 및 그가 대표하는 기관 또는 국가에 대한 모독으로 간주
목 적	• 각종 행사에서 참석자들이 서로 유익한 교제를 가질 수 있도록 지위에 상응하는 예우필요 • 서열준수로 서열문제로 야기될 수 있는 복잡한 상황 해결, 행사의 원만한 진행유도

2. 국가원수에 대한 행사

1) 행사의 준비 및 진행절차(서울특별시, 2006)

(1) 행사계획(안)의 수립과 협의

- 행사계획은 행사 본연의 의의와 명확한 목표를 설정하고 행사의 규모, 장소, 초청인사, 진행 등에 관한 기본적인 사항이 수립되어야 한다.
- 행사 결정전 개괄적 행사계획서를 작성한다.
- 대통령 비서실(행사관련 비서실)과 사전협의를 하며, 사전협의 시 개괄적인 행사계획과 행사관련에 대한 현황보고서를 제출한다.

(2) 주빈의 행사참석 결정

- 행사기획비서실에서는 청와대 관계 부서와 협의를 한다.
- 관련부서 합동으로 현장 확인을 한다.
- 대통령비서실: 행사기획, 의전, 행정, 행사관련 비서실
- 대통령 경호처: 경호 계획부
- 최종검토 결과에 대하여 참석여부를 결정한다.

(3) 기본계획 수립

- 행사 주빈(대통령, 국무총리, 장관)및 3부요인 등이 참석하는 경우에는 행사 주관부서와 경호처 경호 계획부, 비서실 행사기획, 의전, 행정 등 관련비서실 및 관련기관과 사전에 충분히 협의한다.
- 행사계획서 수립 시 작성 내용은 다음과 같다.
- 행사일시, 장소, 내용, 참석범위, 주요참석인사, 예산대책, 행사 진행 순서, 행사에 따른 개요(공사 개요 등), 관련 부대 행사(D-2일부터 D+1일까지), 행사장 안내도(전체 동선 도), 단상 좌석배치도, 단상 참석인사 명단, 입장 및 안내계획, 주차장 관리계획, 시설물 설치 시 반

입 시간대 계획, 초청장(안), 비표 견본 모양도(안), 시민안내계획, 홍보대책 등

- 행사에 참석하는 초청인사의 편의를 도모하기 위해 특히 옥외행사인 경우에는 행사 실무책임자는 사전에 현지를 답사하여 행사장소의 위치, 규모, 탑승차량의 진입·퇴장도로, 초청인사 입·퇴장 동선, 주차장 사용 확보 등에 대한 사전 검토가 필요하다.

- 협조 및 기타 준비사항은 다음과 같다.

주빈 도착 장소, 행사장 교통정리, 경호CP, 검측CP, 경찰CP장소준비(D-1일부터 D일 행사 종료 시 까지), 통신 및 비상전력 공급, 음향 시설, 단상의자 배치, 휴게실 운영, 무전기 사용 승인요청(경호처 통신팀), 안전점검 및 대책 등이 있으며, 행사내용 변경 시수시로 비서실 및 경호처와 협의 한다.

(4) 신원조회용 명단작성 제출

- 대상: 초청인사, 의전요원, 음향, 통신, 기획사 등 행사장내에 입장하는 모든 직원이 해당 된다.
- 범위: 초청인사는 행사의 성격에 따라 결정하되 행사와 무관한 인사 및 과다한 인원을 초청하는 일이 없도록 한다.
- 명단작성: 초청범위가 결정되면 초청인사 명부를 작성하는데, 원칙적으로는 D-30일부터 준비해야 하나 행사일정 확정에 따라 다소 변동이 있을 수도 있다. 이때 안내사항을 염두에 두고 행사장 좌석배치에 따라 분야별로 작성하면 편리하다.

  특히 대통령이 참석하는 행사의 경우에는 초청인사, 행사요원, 취재기자단 명부를 각각 따로 작성하여 경호업무관련 비표대장으로 활용할 수 있도록 한다.
- 제출: 경호처 정보3과로 제출한다.
- 신원조회 제외 대상자: 장·차관, 국회의원, 기관장, 3급 이상의 간부

(5) 비표 견본모양도 확정

- 행사시작 최소 15일전에 경호 계획부 담당사무관과 협의하여 비표모양을 확정하여 인쇄를 의뢰한다. 종류에는 명찰, 명찰리본, 쌍리본, 단리본, 입장카드, 보도완장, 주차증 등이 있다.

(6) 교부대장 작성

- 비표번호 기입과 비고란에 주요임무를 별도기재(단상인사, 음료보조, 엘리베이터 조작, 근접보도, 보고자 등)한다.

(7) 초청장, 입장카드, 주차증 등의 발송

- 초청장은 행사 10~7일전에 입장카드와 주차증을 동봉하여 경호 계획부에서 검인을 받아 초청인사 및 행사요원에게 발송한다. 입장카드의 번호와 비표 교부대장 상의 번호가 일치하여야 하며, 청와대용 주차증은 30매를 별도 제출한다.
- 입장카드에는 행사장 입장에 따른 안내사항을 주차증에는 주차장 도면을 후면에 기입해 주는 것이 좋다.
- 단상인사의 경우에는 주차장과 출입문을 별도로 하면 안내하기에 편리하다.
- 초청장 봉투에는 주소, 이름, 직위를 기입하도록 하며, 직위를 약자로 해서는 안 된다.

(8) 비표검인

- 행사 4일전에 명찰, 리본 등을 경호 계획부에서 검인을 받은 다음 비표를 여행용 가방등에 넣고 열쇠로 봉인한 후 경호 계획부 담당 사무관에게 인계한다.
- 이때 예비용 비표도 함께 인계하도록 하며, 검인 시 보통행사의 규모

에 따라 4~5명의인원이 필요하며 이때 경호처와 비표운영에 대하여 논의한다.

- 명찰과 리본 등의 일련번호와 비표 교부대장의 번호가 일치하여야 한다.

(9) 행사전일(D-1일)

- 행사장에 도착한 경호처 선발요원, 검측부 요원, 그리고 경찰과 함께 행사 전반에 대한 경호 대책 회의를 한다.
- 검측이 끝난 후 행사장내에 출입하는 행사요원들에게 D-1일 행사리본을 발급한다.

(10) 행사당일(D일)

- 행사시작 3시간 전: 비표 교부 대 설치 및 교부요원 교부대 앞 대기
  행사시작 2시간 30분 전: 비표 수령(경호 CP비표담당 경호관)
  행사시작 2시간 전: 의전요원, 행사요원 비표교부
- 행사 종료 후: 비표 교부 대 잔여 비표 수거 후 분쇄

*** 국가원수 행사의 준비 절차***

준비절차	업무내용
행사계획(안) 수립 협의	행사주관부서 ↔ 행사관련비서실
주빈행사 참석 결정	대통령 행사기획 비서실
기본계획수립	행사 주관부서 ↔ 경호처-경호계획부, 비서실-행사기획, 의전, 행정 등 관련비서실과 협의
신원조회용 명단 작성제출	행사주관부서 → 경호처 정보과
비표견본모양도 확정	행사주관부서 → 경호처 경호 계획부
초청장, 입장카드, 주차증 발송	행사주관부서 ← 경호실 경호처 경호 계획부(검인 후)
비표검인	행사주관부서 → 경호처 경호 계획부
행사장 준비	행사주관부서 ↔ 비서실, 경호처

2) 행사 시작 전 최종점검(철도청, 2002)

(1) 시나리오의 작성

모든 행사계획이 확정되면 행사진행 시나리오를 작성한다. 행사진행 시나리오는 행사를 진행하는 사회자가 행사진행 내용과 행사 역할자의 행동 등을 미리 작성한 것으로써 다음과 같이 작성한다.

- 문맥은 부드럽고 자연스럽게 말하듯이 작성하며, 적당한 경어를 사용한다.
- 모든 직위는 공식명칭을 사용한다.

- 훈장을 수여 할 때는 훈격과 수상자를 미리 호명하고, 수여자에게 경례한 뒤 훈격이 가장 높은 수상자의 훈장증만을 낭독한다(표창장의 수여도 같은 요령으로 한다).

(2) 초청인사의 안내

- 초청인사가 행사장에 도착하면 우선 입장카드와 초청자 명단을 확인 한 다음 식장의 좌석이 지정되어 있는 행사에서는 지정된 좌석까지, 지정되어 있지 않은 행사에서는 적당 한 위치의 좌석까지 안내한다.
- 행사장 입구에 방명록을 비치하면 초청인사가 방명록 기재 시 성명을 확인 할 수 있어 안내에 도움이 된다.
- 행사장 입구에는 지역별, 그룹별로 초청 인사를 식별할 수 있도록 안내원을 배치하여 명단 확인을 돕도록 하고 도착시간을 조정하여 너무 혼잡하지 않도록 한다.
- 다른 행사장으로 이동을 해야 할 경우에는 각 그룹별로 집단 이동할 수 있도록 안내원과 차량을 사전에 배치한다.
- 대통령 참석으로 인하여 경호 상 불가피한 경우에는 분야별, 좌석별로 비표(명찰 또는 리본)의 색상을 구분하면 좌석을 안내하는데 편리하다.

(3) 식순 등 식전 안내

사회자는 행사시작 전에 그 행사의 전체적인 진행순서와 주빈의 환영방법 등을 자세히 알려줌으로써 참석인사들이 행사 중의 행동요령과 행사흐름을 미리 인식할 수 있도록 한다.

또한 음악연주단이 참여한 경우에는 일반 초청인사의 대기 시간 중에 무료함을 해소하기 위하여 친숙한 민요, 가곡 등을 연주할 수 있도록 한다.

(4) 예행연습

행사 준비를 모두 끝낸 뒤 행사시작 1시간 전 쯤에 행사 시나리오에 따라 수상자, 사회자, 음악연주단의 지휘자, 행사 진행 스텝 등 행사 진행요원 전원이 참석하여 각자의 업무와 행사 진행 중의 행동요령을 익히도록 최종 예행연습을 하도록 한다.

예행연습은 미리 참석한 초청인사에게 불편을 주지 않도록 간략히 실시하도록 한다.

3) 행사 진행요원의 자세

(1) 기본자세

- 행사진행요원 개개인은 소속 기관을 대표한다는 인식을 가지고 행사 시작부터 끝날 때 까지 행사진행에 소홀함이 없도록 세심한 배려를 함으로써 좋은 인상을 남기려는 노력이 필요하다.
- 이를 위해서는 행사의 성격, 진행절차와 소요시간, 입·퇴장로, 행사장 및 주차장 출입구 등 행사전반에 대한 사항을 숙지하여야 한다.

(2) 옷차림

- 남자
  - 상하 흑·감색 계통의 단색 정장과 흰색계통의 와이셔츠에 넥타이를 착용한다.
  - 단정하게 머리와 구두 손질을 한다.
- 여자
  - 상의와 하의가 가급적 같은 색 계통의 투피스를 착용한다.
  - 재킷의 앞여밈을 열지 않은 정장을 착용한다.
  - 단정하고 수수한 느낌을 주는 화장을 한다.

(3) 마음가짐

- 행사참여에 대한 높은 긍지와 자부심을 가지고 밝고 정중한 인상을 주도록 한다.
- 개별적인 업무를 숙지한 후 행사 전체가 원활히 진행될 수 있도록 협조한다.
- 절도 있는 몸가짐과 공손한 말씨로 격조 있는 행사진행이 되도록 노력한다.

(4) 말씨

- 명령형이 아닌 설명형, 권유형 어법을 사용한다(예: "오른쪽으로 가십시오." → "오른쪽으로 가시면 됩니다.")
- 질문을 받았을 경우에는 불분명한 태도를 취하지 말고 정확한 사실로 응대 한다.

4) 행사당일 최종점검 및 확인사항

① 행사장 집기 및 시설물

◇ 국기의 게양
- 국기의 게양 위치 및 상태

◇ 음향시설 설치
- 단상의 주빈 연설대와 사회자 마이크 설치 및 성능(음질)점검
- 합창단석 및 악단석 마이크 등

◇ 단상 탁자 및 의자 배열
- 주빈용 탁자 및 의자, 식순, 음료수(필요시 메모지, 필기구 등 비치)
- 단상요인의 의자에 이름표 부착, 식순배포

◇ 단상 화분의 위치조정

◇ 현판설치 상태와 실내온도 및 조명상태(실내의 경우)

◇ 간이화장실 설치, 음료수 비치, 우천 대비 우의, 대형우산 등

② 행사 준비물

◇ 기념사, 경축사, 경과보고 등 연설문 2부 준비(1부는 예비)
◇ 훈장증 및 표창장, 부상 등 표창수여와 관련된 사항
◇ 행사진행 시나리오, 접견카드, 명패, 명찰, 의자부착용 이름표 등
◇ 단상요인 휴게실의 의자 배열, 음료수 준비
◇ 행사에 대한 보도자료 및 안내에 관련된 준비사항

③ 행사 진행요원

◇ 영접 및 환송인사, 위치, 출입코스
◇ 초청인사의 참석여부 신속 확인(불참자 좌석 조정과 사회카드 정정 조치)
◇ 기념사, 축사, 경과보고 등을 낭독할 인사의 참석확인
◇ 수상자 참석확인
- 표창순서의 사전 고지 및 예행연습
- 수상 시 진행보조와 수상자 가슴명찰 준비

◇ 합창단, 교향악단 또는 국악단 등의 참석 확인
- 행사진행에 관련된 연주곡목 및 합창곡목 선정과 연습실시

◇ 국민의례 관련 녹음 반주 준비 확인
- 국기에 대한 경례곡(국기에 대한 맹세), 애국가, 묵념곡 등

◇ 음향, 조명, 전기, 사진촬영요원 등 진행요원들의 정위치 여부

3. 국가원수의 외국방문

1) 정상외교의 필요성

① 국제관계에서 정상외교의 비중 증가추세

현대에 들어와 지역주의 경향이 심화되고 그에 따른 정상급 다자포럼이 증가하여, 종래 의 UN위주에서 APEC, ASEM, EU 등으로 다양화 되었으며, 교통수단의 발달로 정상들의 기동성도 향상되었다.

또한, 이해관계가 복잡한 국제사회에서 정치와 안보 및 경제통상을 결합한 통합외교 추진의 필요성을 느껴 각국 정상들이 외교일선의 전면에 등장하고 있으며, 세계화시대에 국가생존과 번영을 능동적으로 추구하기 위하여 각국의 정상들은 외교에 총력을 기울이고 있다.

② 경제 실리추구를 위한 정상외교의 증대

냉전체제의 붕괴 이후 무엇보다 경제면에서 국가 간 경쟁이 더욱 치열해져 정상외교의 핵심이 자국 경제의 활성과 이익 확보 쪽으로 대폭 변화 되었다. 이에 각국 정상들은 직접 세일즈 외교에 열을 올리고 있으며 해외순방 시 대규모 경제인단을 대동하기도 한다.

2) 방문 준비절차

(1) 방문일정의 수립(http://www.mofat.go.kr, 2009)

① 방문시기 조정

방문행사 준비는 최소 2개월 이상의 준비기간을 필요로 하므로 검토 초기단계부터 익년도 주요 외교일정 및 주기적인 다자정상회담의 개최 시기를 고려해 해외방문이 특정시기에 집중되지 않도록 조정한다.

② 방문대상국 확정

익년도 해외방문계획 수립 시 주요 방문국이 결정되면, 이와 연계하여 인근국 방문을 추진하는 경우가 있다. 연계 방문국 결정 시 동 국가에서 우리 대통령에 대한 초청여부, 방문의 필요성, 기대성과, 방문 시 순로 여부, 비행시간 등과 같은 관련 제반 사항을 검토한다.

③ 방문시기 확정

해외방문 시 1개국 방문기간은 통상 2박 3일로 추진하며, 지방도시 방문이나 방문기간에 주말이나 공휴일이 포함되어 있는 경우에는 3박4일 이상의 일정이 진행되는 경우도 있다.

방문 시기 결정 시 접수국의 예상 기후 및 공휴일도 고려한다.

④ 방문의 격(格) 확정

방문의 격(格)(국빈, 공식, 실무방문)은 방문 시 우리 대표단에 대한 접수국 측의 의전 상 예우범위와 직결된다. 즉, 숙소, 차량, 일정 등 제반 방문준비에 중요한 고려 요인이 되므로 방문 대상국이 확정 될 때에는 방문의 격을 조기에 합의하는 것이 필요하다.

⑤ 방문일정(안) 수립 및 협의

방문일정(안) 수립 시에는 접수국의 외빈접수 기준 및 과거 방문기록을 참조하여 초안을 작성한 후 청와대 등 관계기관과의 협의를 거쳐 결정한다.

우리 측 자체 일정은 공관의 건의, 지역국의 의견, 청와대 의견 등을 종합적으로 감안하여 수립하되, 방문 성과를 부각시킬 수 있는 일정도 포함한다.

⑥ 여사님 별도 일정(안)

여사님의 별도일정(안)은 전체 일정의 윤곽이 잡힌 후 수립하며, 여사님의 관심사항이 반영될 수 있도록 수립한다.

(2) 방문국 공관의 보고사항(외교통상부, 2002)

① 방문국의 외빈영접관례

② 타국 국가원수의 주재국 방문 시 일정사례

- 필수일정 및 선택일정, 각 행사의 일시, 소요시간 및 장소
- 각 행사의 참석범위, 각 행사장별 복장
- 성명서 및 연설 등의 필요 여부, 각 행사의 세부진행 절차
- 행사별 통역방식과 사용언어, 대통령 영부인 별도일정
- 우천 시 일정, 각 행사장 도면, 각 행사장간 거리 및 소요시간

③ 체재비 부담 조건과 훈장 교환 여부
④ 선물교환 여부 및 교환 시 품목(방문국 관계관 선물도 포함)
⑤ 방문국 출입국 수속 절차와 주요인사 명단과 약력
⑥ 경호용 총기류 및 통신장비 반·출입 절차
⑦ 숙소관련 자료(호텔객실 현황, 외빈접수 경험 여부 등 장단점 비교)
⑧ 방문국 기후(방문기간 중 최저, 최고 기온 및 일출 일몰 시각, 기온에 적절한 복장)
⑨ 방문국내 동포현황(각종단체 및 회장 등 포함) 및 주요 연락처 전화번호
⑩ 통신장비 임대 가능여부 및 사용관련 규정과 기타 필요한 안내서

(3) 본부의 통보사항

① 도착과 출발일시 및 대통령과 영부인 관련사항
② 국기와 국가 및 수행원 명단
③ 일정관련 희망사항과 훈장교환 여부
④ 선물 교환 여부와 숙소관련 희망사항
⑤ 특별기 관련사항과 정부합동 선발대 파견 관련사항

3) 의전관계 준비사항(외교통상부, 2002)

(1) 일정 안 작성

외교통상부 의전행사 담당관실은 관계기관과 실무협의를 거친 후 방문 예정국의 영접 일정 안에 우리 측 희망사항이 포함되도록 교섭한다.

① 필수일정

공항도착, 행사장 출발, 공식 환영식(국빈방문), 정상회담, 협정 서명식, 국빈(공식)연회, 동포간담회 등

② 선택일정

공동기자회견, 국회방문 및 연설, 명예학위 수여식, 주요인사 접견, 산업시설 또는 문화유적지 시찰 등

③ 여사님 별도일정

양자 방문 시는 주로 접수국 영부인과 면담이나 교육, 사회복지 시설 등을 방문하고 다자회의 참가 시는 접수국측이 준비한 배우자 참가 일정 및 자체 일정에 따라 진행한다.

(2) 일정 안 작성 시 포함사항

① 여정(도착지, 도착일시, 비행시간, 시차표시) 및 지도

② 일정

- 각 행사의 일시, 장소, 참석범위, 복장, 세부절차, 성명, 연설 등의 필요 여부와 대통령 영부인의 별도 일정

③ 방문국내 주요 인사 명단 및 약력과 방문국내 동포 현황

④ 방문국내 기후, 지세, 정치, 경제사항과 기타 필요한 안내사항

(3) 선물 및 훈장의 준비

① 방문 예정국 정부 관계당국과의 협의 결과에 따라 필요한 경우 훈장을 제작한다.

훈장은 원칙적으로 국가원수에게만 교환하는 것이 우리 측의 관례이다.

② 선물교환은 방문국의 관행을 존중하여 공관장의 건의에 따라 대상자 및 품목을 선정한다.

(4) 복장 및 방문국 개황

① 방문 예정국과의 합의에 따라 필요한 복장(훈장 패용 등)을 준비하고 수행원에게도 이를 통보한다.

② 방문국의 개황 및 특수한 사정 등을 기술한 책자를 제작한다.

4) 정부합동조사단의 구성(외교통상부, 2002)

(1) 선발대의 파견과 구성

① 선발대의 파견

대통령의 외국 방문 시에는 반드시 선발대를 방문 예정국에 파견하여 방문국 정부 당국과 일정에 관하여 협의하고 현장을 직접 답사 하도록 한다.

선발대 귀국 후에는 대통령 보고일정 등을 감안하여 선발대는 본대 출국 3주일 전에 귀국할 수 있도록 일정을 작성한다.

② 선발대의 구성

단장은 외교통상부 의전장으로 하며, 단원은 외교통상부 의전장실 직원, 대통령비서실(의전, 공보) 및 대통령 경호처 관계관으로 단원을 구성한다.

(2) 선발대의 지참자료

① 일정 안(세부설명서 포함) 및 점검표(Check List)

② 행사별, 기능별로 현지담당관의 지정 및 대통령과 영부인의 국·영문 이력서와 존영(보도용 또는 비치용)

③ 공식수행원의 국·영문 명단(결정된 경우) 및 기자단 포함 비공식 수행원의 명단(숙소 및 차량배치)

④ 애국가와 민요의 악보 및 대통령 주최 연회 초청장, 명찰, 좌석표, 명찰케이스

⑤ 특별기 이·착륙허가, 무전기 주파수 사용허가, 경호용 무기 반·출입 및 간이통관 요청을 위한 자료

⑥ 각 행사장 답사 시 공관원의 지원 및 제반문제 협의자료

(3) 선발대의 현지 확인사항

① 일반사항

- 정상회담 형식, 테이블 형태, 좌석배치, 탁상기 또는 의장기 설치, 통역방법(사용언어)
- 각 행사담당 공관원의 분장업무 현황과 방문지별 방명록 서명 여부
- 경유지별 기온 확인과 복장준비 및 기자단의 취재 범위
- 각 행사장간의 거리와 소요시간
- 방문지별 특별행사의 내용과 절차 확인
- 각 행사장의 도면과 테이블 형태, 좌석배치, 수행원의 위치

② 환영, 환송, 영예수행

- 각 방문지별 환영과 환송절차(공항 국기 게양, 군 의장대, 화환, 행운의 열쇠 증정 등)
- 각 방문지별 영접인사와 인사교환 범위
- 도착 시 환영사와 답사, 출발 시 환송사와 답사여부
- 대통령과 영부인의 영예수행원 유무
- 방문국 의전장(관)의 일정 수행 여부

③ 차량

- 차량 소요 판단(방문국의 제공 대수, 임대차량 대수)
- 방문지별 도착 시와 체재기간 중 차량 배치와 차량기(국기 또는 대통령기)게양 여부
- 의전용 차량과 보도용 차량의 특별배정 여부

④ 연회

- 연회장 도면, 식탁 형태, 식탁 배치, 메뉴(대통령내외의 기호 또는 기피음식 고려), 복장, 실내기온, 취재범위 확인
- 대통령과 영부인의 기호, 기피 음식 및 선호 음악 통보
- 만찬사 여부와 통역 방식
- 각종 연회(방문국 주최, 아국 주최)시 방문국 의전장(관)의 수행여부
- 조찬 또는 자유 오찬, 만찬계획의 수립과 참석범위

⑤ 숙소

- 각 숙소별 도면 입수와 수행원의 숙소 배치
- 각 숙소별 전화번호, FAX번호, 직통전화의 확인과 프레스센터 가설 확인
- 숙소에 태극기 게양과 숙박비 부담한계 확인
- 대통령 기호음식 및 기피음식 통보
- Guest House 관련 확인사항

- 구조와 수용능력 및 통신시설 확인
- 투숙 수행원 결정과 기타 수행원의 투숙 호텔 점검

⑥ 화물

- 화물통관과 운송절차 확인
- 화물 운송차량(차종 및 대수)의 지원확인과 싸이드 카 지원 요청
- 화물담당 공관원의 지정과 주재국 측 담당관 확인
- 공항과 숙소 간 화물운송 시 소요시간 확인
- 화물 집결시간 지정 및 장소 확보

- 5시간 전 수집, 3시간 30분전 공항 이송을 원칙으로 한다.

⑦ 기타

- 주재공관장의 행사 개요 브리핑(안) 점검 및 대통령 휘장 준비
- 각종 국기(차량기, 의장기, 탁상기, 호텔 게양기 등)의 제작 및 게양법 확인과 동포환영용 수기 준비
- 구급차 및 대통령 내외분 혈액형에 따른 혈액 준비 확인
- 선물증정 대상자 판단

국가원수의 외국방문 시 준비사항 및 절차

준비절차	업무내용
해외방문 기본계획 수립	청와대와 협의, 연초에 대통령 보고 후 확정
행사가제 선정	대외보안 유지, 업무 협조 상 편의 도모
방문일자 교섭	방문 접수국과 협의, 방문일자 확정
숙소 예약	방문일자 확정 시 해당 공관에 숙소예약 지시
구체적 방문일정 수립	방문 접수국과 협의, 일정(안) 수립
정부합동선발대 파견	VIP이동 동선 및 관련 준비사항 협의
특별기 임차	항공사간 입찰을 통해 늦어도 D-30일까지 선정
지원요원 파견	지원요원 간 팀웍 및 적정 파견 기간 고려
수행원 결정	공식 및 실무수행원 결정, 접수국에 통보
행사별 세부설명서 작성/배포	행사별 세부 설명서 인쇄, 배포
대통령 해외방문행사 시행	

* 출처: http://www.mofat.go.kr(2009).

제4장 외빈 영접

1. 방문의 종류(http://www.mofat.go.kr, 2009)

1) 국빈 방문(State Visit)

우리 대통령의 임기 중 대통령 명의 공식 초청에 의한 외국 국가원수의 방한이 해당된다.

우리 대통령의 임기 중 국별로 1회에 한함을 원칙으로 하되, 해당 국가 원수가 재선 또는 바뀐 경우에는 예외로 재차 국빈방문이 가능하다.

2) 공식 방문(Official Visit)

우리 대통령의 임기 중 대통령 명의 공식 초청에 의해 방한하는 외국 행정수반인 총리(A급 총리) 및 이에 준하는 외빈의 방한이 해당된다. 우리 대통령의 임기 중 국별로 1회에 한함을 원칙으로 하되 해당 A급 총리가 재선 또는 바뀔 경우에는 예외로 재차 공식방문이 가능하다.

또한 국무총리 명의 등 정부의 공식초청에 의한 외국의 행정수반이 아닌 총리(B급 총리), 부통령, 왕세자 및 이에 준하는 외빈의 방한도 해당된다.

3) 공식 실무방문(Official Working Visit)

국빈방문 및 공식방문에는 해당하지 않으나 우리 정부의 공식 초청에 의해 방한하는 B급 총리 이상 외빈의 방한이다.

4) 실무 방문(Working Visit)

공식 초청장을 발송하지 않으나, 공무 목적으로 방한하는 B급 총리 이상

외빈의 방한이다. 통상 현지 우리 공관의 방한접수 통보 공한을 통해 추진하며 체재비용은 방한하는 외빈이 부담한다.

5) 사적 방문(Private Visit)

국제회의 참가 또는 사적 목적의 방한이다.

2. 주요일정

1) 필수일정

우리 정부에서 주최하는 공식행사로써 국립현충탑 헌화, 공식 환영식, 정상회담, 국빈 또는 공식 연회, 경제4단체장 주최 오찬 등이 있다.

경제4단체장 주최 오찬은 접수 대상국 측의 요청에 따라 생략하기도 하며, 공식 환영식, 국빈 연회, 국립현충탑 헌화는 국빈방한의 경우에만 해당 한다.

2) 선택일정

외빈 방한 시 접수 대상국의 주선 요청에 따라 선택적으로 방한 일정에 포함되는 행사는 다음과 같다.

- 공동기자회견, 국회방문 및 연설, 서울시청 방문, 명예학위 수여식, 주요인사 접견, 판문점 시찰, 산업시설 또는 문화유적지 시찰 등이다.

3. 외빈 영접의 기준

1) 국빈 및 공식방문

구 분	국빈 방문	공식 방문		
		A급 총리	B급 총리	외교부 장관
1. 외빈의 지위	국가원수	행정수반인 총리	행정수반이 아닌 총리, 부통령, 왕세자 등	외교부 장관
2. 초청 명의	대통령	대통령	국무총리	외교통상부 장관
3 .영예수행	의전장, 주재대사	의전장, 주재대사	의전심의관 (주재대사)	의전과장 (지역국 과장)
4. 공항도착 행사	인천공항은 옥내 / 서울공항은 옥외(단, 일몰 후, 우천 시, 혹서·혹한 시는 옥내)			
1) 출영인사	외교통상부 장관	외교통상부 장관	외교통상부 차관	지역국장
2) 기상영접	의전장	의전장	의전심의관	의전과장
3) 도열병	1/20	1/18	1/18	없음
4) 군악대/의장대	없음 (별도 환영식)	없음 (별도 환영식)	있음	없음
5) 예포	21발	19발	없음	없음
6) 레드카펫	있음	있음	있음	있음

5.공식 환영식	청와대	청와대	없음	없음
6.공항출발행사	인천공항은 옥내 / 서울공항은 옥외(단, 일몰 후, 우천 시, 혹서·혹한 시는 옥내)			
1) 전송인사	외교통상부 장관	외교통상부 장관	외교통상부 차관	지역 국장
2) 기내전송	의전장	의전장	의전 심의관	의전 과장
3) 도열병	1/20	1/18	1/18	없음
4) 군악대/의장대	없음	없음	없음	없음
5) 예포	없음	없음	없음	없음
6) 레드카펫	있음	있음	있음	있음
7.회담 또는 환담				
1) 회담/환담형식	대통령 환담 또는 정상회담	정상회담	대통령 예방 국무총리 회담	대통령 예방 외교부장관 회담
2) 서훈	선택적 : 국가원수간 교환	선택적	선택적	선택적
3) 선물	간접교환	간접교환	간접교환 (총리명의)	간접교환 (장관명의)
8.공식연회	대통령내외 주최 만찬(및 민속공연) (국무총리 주최 오찬)	대통령내외 주최 만찬(및 민속공연) (국무총리 주최 오찬)	대통령주최 오찬, 국무총리 주최 만찬(민속 공연없음)	외교부장관 주최 만찬 (민속공연 없음)

9. 경제4단체장 주최 오찬	있음	있음	선택적	없음
10. 국립현충탑헌화	있음	있음	있음	있음
11. 경호주관부서	대통령 경호처	대통령 경호처	경찰청	경찰청
12. 싸이드카	17대 (화물용 2대 별도)	13대 (화물용 2대 별도)	7대(화물용 2대 별도)	2대
13. 가로기	세종로, 효자동 -삼청동, 청와대, 공항구내	청와대-종합청사, 공항구내	없음	없음
14. 게양기	청와대, 공항, 종합청사, 숙소, 행사장	청와대, 공항, 종합청사, 숙소, 행사장	청와대, 종합청사, 숙소, 행사장	숙소
15. 체재비부담범위	VIP+공식10명	VIP +공식8명	VIP +공식4명	VIP +공식2명
16. 차량제공범위	VIP +5대	VIP +5대	VIP +3대	VIP +2대

*출처: 외교통상부(2002). 의전실무편람.

*공항 행사는 서울공항 이용의 경우를 기준

2) 공식 실무방문(Official Working Visit)

구분	국가원수	A급 총리	B급 총리	외교부장관
1. 영예수행	의전장, 주재대사	의전장, 주재대사	의전심의관 (주재대사)	의전과장 (지역국 과장)
2. 공항도착 행사	인천공항은 옥내 / 서울공항은 옥외(단, 일몰 후, 우천 시, 혹서·혹한 시는 옥내)			
1) 출영인사	외교통상부장관	외교통상부장관	외교통상부차관	지역국장
2) 기상영접	의전장	의전장	의전심의관	의전과장 (지역국 과장)
3) 도열병	1/20 (인천공항:없음)	1/18 (인천공항:없음)	1/18 (인천공항:없음)	없음
4) 군악대/의장대	없음	없음	없음	없음
5) 예포	없음	없음	없음	없음
6) 레드카펫	있음 (인천공항:없음)	있음 (인천공항:없음)	없음	없음
3. 공식 환영식	없음	없음	없음	없음
4. 공항출발행사	인천공항은 옥내 / 서울공항은 옥외(단, 일몰 후, 우천 시, 혹서·혹한 시는 옥내)			
1) 전송인사	외교통상부장관	외교통상부장관	외교통상부차관	지역 국장
2) 기내전송	의전장	의전장	의전심의관	의전과장 (지역국 과장)
3) 도열병	1/20 (인천공항:없음)	1/18 (인천공항:없음)	1/18 (인천공항:없음)	없음
4) 군악대/의장대	없음	없음	없음	없음
5) 예포	없음	없음	없음	없음
6) 레드카펫	있음 (인천공항:없음)	있음 (인천공항:없음)	없음	없음
5. 회담 또는 환담				
1) 의장례	없음	없음	없음	없음
2) 회담/환담형식	대통령 환담 또는 정상회담	정상회담	(대통령 예방) 국무총리 회담	(대통령 예방) 외교부장관회담
3) 서훈	없음	없음	없음	없음
4) 선물	없음	없음	없음	없음

6.공식연회	대통령 주최 오(만)찬	대통령 주최 오(만)찬	국무총리 주최 오(만)찬	외교부장과 주최 오(만)찬
7.경제4단체장 주최 오찬	선택적	선택적	선택적	없음
8.국립현충탑헌화	없음	없음	없음	없음
9.경호주관부서	대통령 경호처	대통령 경호처	경찰청	경찰청
10.싸이드카	13대(화물용 2대 별도)	7대(화물용 2대 별도)	5대(화물용 2대 별도)	2대
11.가로기	없음	없음	없음	없음
12.게양기	공항, 숙소, 행사장	공항, 숙소, 행사장	숙소	숙소
13.체재비부담범위	VIP +공식5명	VIP +공식4명	VIP +공식2명	VIP only
14.차량제공범위	VIP +3대	VIP +3대	VIP +2대	VIP +1대

*출처: 외교통상부(2002). 의전실무편람.

3) 실무 방문(Working Visit)

구분	국가원수	A급 총리	B급 총리	외교부장관
1.영예수행	지역국 심의관, (주재대사)	지역국 심의관, (주재대사)	지역국 과장	(지역국 과장)
2.공항도착 행사	인천공항은 옥내 / 서울공항은 옥외(단, 일몰 후, 우천 시, 혹서·혹한 시는 옥내)			
1) 출영인사	외교통상부차관	외교통상부차관	지역국장	지역국 심의관
2) 기상영접	없음	없음	없음	없음
3) 도열병	없음	없음	없음	없음
4) 군악대/의장대	없음	없음	없음	없음
5) 예포	없음	없음	없음	없음
6) 레드카펫	없음	없음	없음	없음
3.공식 환영식	없음	없음	없음	없음

4.공항출발행사	인천공항은 옥내 / 서울공항은 옥외(단, 일몰 후, 우천 시, 혹서·혹한 시는 옥내)			
1) 전송인사	외교통상부차관	외교통상부차관	지역국장	지역국 심의관
2) 기내전송	없음	없음	없음	없음
3) 도열병	없음	없음	없음	없음
4) 군악대/의장대	없음	없음	없음	없음
5) 예포	없음	없음	없음	없음
6) 레드카펫	없음	없음	없음	없음
5.회담 또는 환담				
1) 의장례	없음	없음	없음	없음
2) 회담/환담형식	대통령 환담 또는 정상회담	대통령 환담 또는 정상회담	(대통령 예방) 국무총리 회담	(대통령 예방) 외교부장관회담
3) 서훈	없음	없음	없음	없음
4) 선물	없음	없음	없음	없음
6.연회(선택적)	(대통령 주최 오찬)	(대통령 주최 오찬)	(국무총리 주최 오찬)	(외교부장관 주최 오찬)
7.경제4단체장 주최 오찬	선택적	선택적	선택적	없음
8.국립현충탑헌화	없음	없음	없음	없음
9.경호주관부서	대통령 경호처	대통령 경호처	경찰청	경찰청
10.싸이드카	13대(화물용 2대 별도)	7대(화물용 2대 별도)	5대(화물용 2대 별도)	2대
11.가로기	없음	없음	없음	없음
12.게양기	숙소	숙소	숙소	숙소
13.체재비부담범위	없음	없음	없음	없음

*출처: 외교통상부(2002). 의전실무편람.

4) 사적 방문(Private Visit)

구분	국가원수	A급 총리	B급 총리	외교부장관
1. 영예수행	없음	없음	없음	없음
2. 공항도착 행사	인천공항은 옥내 / 서울공항은 옥외(단, 일몰 후, 우천 시, 혹서·혹한 시는 옥내)			
1) 출영인사	(지역국장)	(지역국장)	(지역국심의관)	(지역국 과장)
2) 기상영접	없음	없음	없음	없음
3) 도열병	없음	없음	없음	없음
4) 군악대/의장대	없음	없음	없음	없음
5) 예포	없음	없음	없음	없음
6) 레드카펫	없음	없음	없음	없음
3. 공식 환영식	없음	없음	없음	없음
4. 공항출발행사	인천공항은 옥내 / 서울공항은 옥외(단, 일몰 후, 우천 시, 혹서·혹한 시는 옥내)			
1) 전송인사	(지역국장)	(지역국장)	(지역국심의관)	(지역국 과장)
2) 기내전송	없음	없음	없음	없음
3) 도열병	없음	없음	없음	없음
4) 군악대/의장대	없음	없음	없음	없음
5) 예포	없음	없음	없음	없음
6) 레드카펫	없음	없음	없음	없음
5. 회담 또는 환담				
1) 의장례	없음	없음	없음	없음
2) 회담/환담형식	(대통령 환담)	(대통령 환담)	(대통령 예방) (국무총리 예방)	(외교부장관회담)
3) 서훈	없음	없음	없음	없음
4) 선물	없음	없음	없음	없음
6. 연회(선택적)	(대통령 주최 오찬)	(대통령 주최 오찬)	(국무총리 주최 오찬)	(외교부장관 주최 오찬)

7.경제4단체장 주최 오찬	없음	없음	없음	없음
8.국립현충탑헌화	없음	없음	없음	없음
9.경호주관부서	(대통령 경호처)	(대통령 경호처)	(경찰청)	(경찰청)
10.싸이드카	요청 시 지원	요청 시 지원	요청 시 지원	요청 시 지원
11.가로기	없음	없음	없음	없음
12.게양기	(숙소)	(숙소)	(숙소)	(숙소)
13.체재비부담범위	없음	없음	없음	없음

*출처: 외교통상부(2002). 의전실무편람.

5) 기타 주요 외빈 영접

구분	영접 기준
대통령/총리 당선자, 왕세자 등 왕족	○ 방한 경위 및 우리나라와의 관계 등 제반사항을 고려하여 사안별로 결정
전직 국가원수 등 주요 외빈	○ 확립된 영접기준은 없으나 대체로 다음과 같은 예우 제공 – 경호 및 싸이드카 제공 – 도착 및 출발 시 공항에 레드카펫 설치 – 외빈 차량 제공

*출처: 외교통상부(2002). 의전실무편람.

4. 외빈 영접(국빈) 시 준비사항

1) 일반 환영 준비사항

준비 구분	준비 주관부처	세부 준비사항	협조처
1. 영접계획안	외교통상부	1. 결재 및 통보 2. 회의소집 및 회의자료 준비	
2. 일정 작성	외교통상부	1. 일정확정, 일정 및 영접계획서 인쇄 2. 세부의전 설명서(해당국어)작성, 인쇄	청와대
3. 자료 준비	외교통상부	1. 국빈 사진 준비 및 배부 2. 국기의 표준 규격 확인 3. 국가 악보 입수 및 배부 4. 기타 참고자료 준비	
4. 숙소	외교통상부	1. 숙소 결정 및 방 배치 2. 숙소 정비, 시설 보완 3. 종업원 배치, 신원 확인 4. 꽃, 과일 준비 5. 일정표 등 인쇄물, 초청장 사전 배부 6. 호텔 도착 시 영접 인사 결정	경호처
	한국통신	연락용 특별 전화기 설치 (직통전화, 의전 연락실 추가 전화 등)	
	경 찰 청	숙소 내외 경비	
5. 차량	외교통상부	1. 외빈 차량 및 동원 차량 준비 2. 배치 계획 작성 3. 차량 표시 4. 화물차 동원(도착 및 이한 시)	경호처
	경 찰 청	화물차 선도(싸이드카 2대)	

*출처: 외교통상부(2002). 의전실무편람.

2) 행사별 준비사항

준비 구분	준비 주관부처	세부 준비사항	협조처
1.환영 · 환송 행사(우천시 행사계획 포함)	외교통상부	1.환영 · 환송 인사 결정 2,주차 비표 및 행사인원 출입 비표 3.행사 시설 준비 4.도열병, 의장대 및 군악대 5.예포(도착시만 준비)	경호처 국방부
	국방부 (공항관리 공단)	1.국기게양 2.시설준비(사열대, 카펫트) 3.탑승기 계류장소 결정 4.국빈실 준비	외교통상부 경호처
	국정 홍보처	1.취재대 설치 2.기자단 안내	외교통상부
	국 방 부	1.공항 내 경비 2.도열병, 의장대, 군악대, 예포대, 사열대 3.양국기 4.예포(도착시만 준비)	경호처
	경 찰 청	1.교통정리 및 주차안내 2.외곽 경비	
	외교통상부	1.통역 준비 2.출입국 수속, 화물 통관 및 수송 계획 3.일정 세부설명서 서전 배포	
2.공식환영식	행정안전부	1.의장대, 군악대 배치 2.우리 측 초청인사 결정 및 초청장 발송 3.차량비표 배부	국방부 청와대
3.정상회담	외교통상부	1.예방, 훈장 및 선물교환 절차 결정 2.영부인 예방절차 결정 3.양측 배석인사 결정 4.통역 준비 5.출입 차량 및 탑승자 통보 (경호관 출입 문제 협의 포함) 6.배석 않는 수행원을 위한 별도계획	청와대
	국 방 부	도열병 배치	외교통상부

4. 대통령 주최 만찬	외교통상부	1. 시간, 장소, 복장 및 초청 대상자 결정 2. 초청장 및 출입비표 발송 3. 메뉴 및 연회 담당업체 결정, 좌석 및 메뉴표 인쇄 4. 리셉션 빈객 위치 및 만찬 좌석 배치 (좌석번호표 및 명패 준비) 5. 리셉션 및 만찬 절차 결정 (리시빙 라인 구성 등) 6. 외투 보관소 준비 7. 실내악단 및 연주곡 선정 (양국 국가 포함) 8. 대통령 만찬사 준비 9. 통역 준비 10. 승차 및 주차계획, 차량주차비표 제작 11. 의장기 등 양국기 장식 12. 여송연, 식후 주, 꽃 장식 등	청와대 경호처 문화체육관광부 청와대
	국 방 부	1. 3군 도열병 배치 2. 팡파레단 배치 3. 기수, 도어맨 배치	경호처
5. 현충탑헌화	국 방 부	1. 영접인사 통보 2. 도열병 및 나팔수	외교통상부
	외교통상부	1. 국기 준비 2. 방명록 문안 준비	
6. 경제4단체장 주최 오찬	외교통상부	1. 시간, 장소 등 결정 2. 관련자료 제공	
	경제단체	1. 오찬 절차 결정 2. 초청대상 결정 및 통고 3. 좌석배치 4. 메뉴 결정 5. 통역 준비	외교통상부
	경 찰 청	식장 내·외곽 경비	경호처
7. 민속공연	문화체육관광부	1. 공연 프로그램 작성, 인쇄 2. 양국 원수, 주요 수행원 및 3부 요인 3. 사회자 선정 4. 통역 준비	외교통상부 청와대

*출처: 외교통상부(2002). 의전실무편람.

5. 공항에서의 의전

1) 공항 의전의 중요성

국가차원에서 실시하는 국가의전은 해외 귀빈의 방문과 영접에서 행하는 국제적인 예의를 의미하며, 이러한 국가의전은 철저한 사전 준비를 통하여 실행된다.

성공적인 의전은 국가에 대한 이미지의 개선 효과뿐만 아니라 중요한 인사를 우리나라에 우호적으로 만들 수 있는 기회이기도 하지만, 사소한 실수가 추후 국가에 막대한 손실로 이어질 수도 있음을 깊이 인식하여야 한다.

특히 한국 방문의 첫 관문이라 할 수 있는 공항에서 외국 귀빈들이 가장 먼저 접하는 내국인은 바로 의전요원이며, 가장 먼저 사용하는 시설물은 공항 귀빈실일 것이다.

따라서 공항에서의 의전은 대한민국의 첫 인상을 심어주는 외교무대 이기도 하며, 첫 이미지를 좌우하는데 결정적인 역할을 한다. 그러므로 공항에서 이루어지는 예절과 의전 절차는 장차 국익에 막대한 영향을 끼칠 수 있음을 잊어서는 안 된다.

국가귀빈에 대한 공항에서의 의전활동은 단순한 공항행사 차원이 아니라 국가적으로도 매우 중요한 문제이기 때문에 인천공항에서는 귀빈실이라는 별도의 의전공간을 마련하여 운영하고 있으며, 정부에서는 '공항에서의 귀빈예우에 관한 규칙'에 의거하여 엄격하게 관리하고 있다.

공항 귀빈실은 국가적으로 매우 중요한 인물들이 이용하는 곳인 만큼 의전에 있어서 작은 실수도 있어서는 안 되며, 귀빈실은 항상 완벽하게 준비되어 있어야 하며, 의전요원들의 근무 자세 또한 한 치의 흐트러짐도 없어야 한다.

2) 공항에서의 귀빈 의전절차(인천국제공항을 중심으로)

귀빈들의 입·출국절차는 전 세계적으로 해당 국가의 방침이나 공항여건에 따라 조금씩 차이가 있으나 해당국가에 입·출국을 하기 위해서는 필수적으로 거쳐야 할 여러 가지 절차가 있다. 인천국제공항 귀빈실을 사용하는 귀빈의 구분은 '공항에서 귀빈예우에 관한 규칙'에 의한 귀빈과 '인천국제공항공사 귀빈실 운영규정'에 의한 귀빈 두 가지로 구분할 수 있다.

규칙에 의한 귀빈은 사전 수속을 받은 후 전용문을 이용하여 입·출국을 할 수 있고, 규정에 의한 귀빈은 사전 수속을 받은 후 일반인과 같은 입·출국장을 이용할 수 있다.

또한 경호처에서는 경호업무를 담당하는 현직 대통령 또는 전용기를 이용하는 외국 대통령 및 수상의 공식적인 출국과 방문의 경우에는 정부의 행사 주관 부처를 중심으로 관계부처 들과 상호 협조하여 경호업무 준비를 한다.

행사 장소는 통상적으로 경기도 성남시 소재인 서울공항에서 그 준비가 이루어지고 있으나, 특별한 경우에는 다른 공항에서도 이루어진다. 귀빈이 민간항공기(민항기)를 이용하는 경우에는 인천국제공항을 이용하며, 이때는 주관부처와 인천공항 보안관련 기관과 사전에 상호 협조하여 행사를 치른다(김용욱, 2006).

(1) 귀빈 입국절차

① 규칙에 의한 입국절차

행사 공문이 외교통상부로부터 접수되면 관련정부기관과 협의 하에 귀빈실을 배정하고 귀빈 탑승기가 귀빈실과 가까운 거리에 위치한 로딩브릿지에 주기할 수 있도록 관계 부서에 요청한다.

귀빈실을 사용하고자 하는 경우는 귀빈실 사용 24시간 전에 사용자의 직위, 성명, 사용일시, 항공기편명, 출입국 목적 등이 명기된 외교통상부장관명의의 추천 공문을 통해 공사 사장에게 귀빈실 사용을 신청해야 한다. 사용신청서를 받은 공사 사장은 귀빈실 사용을 승인하고 귀빈실을 배정한다. 이때 사장은 귀빈실 사용 및 대리수속승인서의 대리수속승인서상에 세관장 및 출입국관리소장의 승인을 동시에 받아야 한다.

공사 의전팀은 의전준비를 효율적이며 원활히 추진하기 위해 행사주관 부처와 보안 관련기관 그리고 항공사 및 지상조업 대행업체와 행사지원 문제에 대해 긴밀히 협조해 의전에 만전을 기해야 한다. 또한 공항에 도착한 환영객 및 대리 수속자가 일단 공항귀빈실에 도착하면 의전 담당자는 배정된 귀빈실로 안내하고 지정된 대리수속자와 입국수속에 관한 제반사항 등 필요한 사항을 알려주며, 경호가 필요한 경우에는 귀빈실 지역에 경호CP를 설치할 수 있도록 협조한다.

귀빈실 사용은 해당 항공기 도착 30분 전부터 도착 후 1시간 30분 경과까지를 원칙으로 하며, 귀빈을 영접하기 위해 임시 출입증을 교부받고자 할 때는 신분증을 예치하여야 하며, 이 경우 의전근무자의 최종적인 판단에 따라 최소한의 인원에게만 출입증을 교부한다.

귀빈이 탑승한 항공기가 도착하면 의전요원은 귀빈초청 주관 부서 대표 또는 수속 대리인과 함께 귀빈 전용 출입문을 통해 로딩브릿지로 나가 귀빈을 영접한다.

국빈행사 및 규모가 큰 행사시에는 인원과 화물에 대해서 신속한 출입국수속 및 통관업무가 이루어질 수 있도록 24시간 전에 관계기관에 통보하여야 하며, 의전팀에서 수속 및 통관을 적극 지원한다.

규칙에 의한 귀빈입국 절차는 다음과 같다. (a) 귀빈이 탑승한 항공기가 도착하면 의전담당자는 브릿지를 재확인하고 대리수속자 및 환영객과 함께 브릿지에서 귀빈 영접을 안내한다. (b)이때 입국수속 대행자(대리수속자)는 로딩브릿지 입구에서 귀빈의 여권과 휴대물품, 수하물표, 세관신고서 및 가방열쇠를 인계 받는다. 수행원이 없을 경우에는 수하물의 형태, 색깔 등을 확인하여 원활한 통관이 이루어질 수 있도록 한다. (c) 의전요원은 귀빈을 바로 전용문을 통하여 귀빈실로 안내한다. (d) 대리수속자는 법무부 출입국관리소의 승무원과 외교관 전용 입국심사대에서 대리수속승인서와 여권을 제시하여 입국심사를 받는다. (e) 컨베이어 벨트에서 수화물을 찾은 후, 필요에 따라 세관의 통관심사를 받는다. (f) 위탁수화물을 찾은 다음 귀빈실로 이동하여 환영객 및 해당 수행원에게 짐을 인계한다. (g) 상황에 맞춰 귀빈이 의전실을 떠나게 되면 이때부터 귀빈은 한국에서의 일정이 시작된다.

전용기를 이용한 귀빈은 의전요원이 해당 게이트 또는 항공기 계류장으로부터 귀빈실로 안내하고 귀빈의 휴대품 외에는 귀빈실로 반입할 수 없으며 입국 승객 수화물 처리절차에 따라 세관 입국검사장을 통과해야 한다. 전용기 승무원과 귀빈이외의 사람은 지상조업 대행업체에서 안내하여 입국절차를 이행하도록 해야 한다.

또한 귀빈일행이 경호상의 목적으로 총기를 휴대할 경우에는 사전에 관계기관에서 반입을 허락한 경우에만 휴대 반입하고 사전에 예고가 없었거나 휴대반입이 불허된 경우에는 유치하여야 한다(김용욱, 2006).

② 규정에 의한 입국절차

규정에 의한 대상자는 ⓐ 장관급이상 고위공직자, ⓑ 국회의원, ⓒ 국립대총장, ⓓ 언론사 사장, ⓔ 종교지도자, ⓕ IOC위원, ⓖ 경제 5단체장(경총회장, 전경련회장, 상공회의소장, 무역협회장, 중소기업중앙협동회장), ⓗ 기타 공사사장이 필요하다고 인정하는 자 등이며, 규정에 의한 의전절차는 규칙에 의한 입국절차와는 달리 전용문을 사용하지 않고 일반인과 동일한 절차에 의해 입국을 한다.

입국에 대한 우대로써는 의전요원이 사전에 인수한 여권 및 입국신고서와 세관신고서 등을 받아 입국심사를 의전요원으로 하여금 귀빈 통과 전에 받거나 또는 통과 후에 받는다. 또한 필요에 따라 위탁 수화물 수취도 의전요원 또는 수행원이 대리하는 경우도 있는데 이때는 귀빈의 수화물표를 받아 수하물 수취 때 이용한다.

규정에 의한 귀빈입국 절차는 다음과 같다. (a) 귀빈이 탑승한 항공기가 도착하면 의전담당자는 브릿지를 재확인하고 필요 및 요청에 따라 대리수속자 및 환영객과 함께 브릿지에서 귀빈 영접을 안내한다. (b) 일반인의 입국절차와 동일한 통로로 안내한다. (c) 필요 및 요청에 따라 입국수속에 필요한 여권, 입국신고서, 세관신고서를 인계 받는다. (d) 입국심사대를 통과한 다음 해당 위탁수화물 수취대에 안내하여 대기한다. (e) 의전요원은 대리입국심사를 마친 다음 여권 등을 해당 귀빈 또는 수행원에게 인계를 한다. (f) 컨베이어 밸트에서 수하물을 찾은 후, 필요에 따라 세관의 통관심사를 받는다. (g) 귀빈의 요청에 따라 입국장을 통하여 귀빈실로 안내한다. (h) 휴식 및 업무 종료 후 귀빈은 의전실을 떠나게 되며, 이때부터 귀빈은 한국에서의 일정이 시작된다(김용욱, 2006).

(2) 귀빈 출국절차

출국절차도 입국절차와 같이 전 세계적으로 해당 국가의 방침이나 공항 여건에 따라 조금씩 차이가 있으나, 해외 출국을 위한 항공기 탑승 전에 필수적으로 거쳐야 할 여러 가지 절차가 있다.

① 규칙에 의한 출국절차

예정된 귀빈이 사전에 통보된 차량에 의해 귀빈 주차장에 도착하면 (a)귀빈 주차장 입구 또는 3층 의전실 로비에서 귀빈을 영접한다. (b)출국소속 대행자는 수하물 탁송과 세관통관을 위한 관련서류를 받아 출국수속을 한다. (c)모든 수속을 마친 후 출국소속 대행자는 탑승권 등 관련서류 등을 귀빈에게 되돌려 준다. (d)의전요원은 해당 항공사에 실제 탑승시간을 확인한다. (e)귀빈 및 가족에 대한 검색은 보안 규정 및 절차에 따라 전용문을 통과하기 전 보안검색을 받는다. (f)시간에 맞춰 전용문을 통과하여 해당 게이트로 귀빈을 안내한다.

전용기에 의한 귀빈 출국절차는 여객기 탑승 귀빈의 절차와 동일하며, 원격 주기장을 사용할 경우에는 항공사 버스나 별도의 미니버스를 타고 이동한다.

총기류 휴대 출국절차는 소지자가 탑승수속 시 항공사에 신고하면 항공사는 이를 세관에 통보하며, 총기 소지가가 휴대 반입증과 총기를 제시하면 세관직원은 입국 시의 상태 그대인가를 확인한 후 반출을 허용한다(김용욱, 2006).

② 규정에 의한 출국절차

규정에 의한 대상은 입국 시와 동일(ⓐ 장관급이상 고위공직자, ⓑ 국회의

원, ⓒ 국립대 총장, ⓓ 언론사 사장, ⓔ 종교지도자, ⓕ IOC위원, ⓖ 경제 5 단체장(경총회장, 전경련회장, 상공회의소장, 무역협회장, 중소기업중앙협동회장), ⓗ 기타 공사사장이 필요하다고 인정하는 자)하며,

이들에 대한 의전 절차는 규칙에 의한 전용문을 사용하지 않고 일반인과 동일한 방법으로 출국을 한다.

출국에 대한 우대로써는 사전에 비서관을 통하여 체크인 실시 및 위탁 수하물의 탁송과 의전요원에 의한 사전 출국소속 등이다. 또한 출국심사는 일반인처럼 대기하지 않고 근무자에 의해 재확인만 하고 바로 통과하나보안검색은 일반인과 동일하다.

규정에 의한 귀빈 출국절차는 다음과 같다. (a) 귀빈 또는 환송인사측이 귀빈실에 도착하면 의전요원은 배정된 귀빈실로 안내한다. (b) 귀빈 또는 대리인이 출발 1시간 전까지 담당 항공사의 탑승수속을 끝낸 후 의전실에서 귀빈의 여권을 인계 받는다. (c) 의전요원은 대리수속 승인서의 성명, 편명, 수행원 등을 재확인한 후 출국심사 등 제반 출국절차를 대행한다. (d) 환송인사가 면세구역을 출입하고자 할 때는 사전에 신분증을 예치한 후 임시출입증을 교부받아야 한다. (e) 의전요원은 항공기 편명, 로딩브릿지, 좌석번호, 출발시간을 재확인하여 일반승객이 거의 탑승 완료 후(출발 10~20분 전) 귀빈을 안내하며, 귀빈실을 사용하지 않는 수행원들은 탑승에 늦지 않도록 일반승객 출국 통로로 출국 수속 절차를 밟을 수 있도록 안내 한다. (f) 귀빈이 CIQ(Customs, Immigration and Quarantine)내에서 개인용무 및 쇼핑 등으로 사전에 들어가고자 할 때는 출국심사 대행절차가 끝난 후 안내하도록 한다(김용욱, 2006).

(3) 의전 행사 시 주요 확인사항

- 귀빈의 편명 및 시간과 탑승여부를 확인한다.
- 의전계획을 확인한다(인식여부, 여권, 수하물 등 담당자별 역할, 동선 등).

- 귀빈 차량의 위치와 연락망(운전자 및 비서관 등의 연락처)을 확인한다.
- 대상의 정확한 호칭 및 직책을 확인한다.
- 의전 대상의 건강상태 및 기호식을 확인하고 필요한 조치를 취한다.
- 전동차량이 필요하면 차량 준비 및 이동 코스를 점검한다.
- 수하물 수량을 파악하고 필요시 담당자를 선정한다.
- 수행비서 또는 현지 담당자와 협조체제를 구축한다.

의전 행사 준비는 입·출국 모두 주의 깊게 준비하여야 하며, 특히 입국 때에는 한국에 대한 관심과 호기심을 가지고 방한하기 때문에 날씨, 각종시설물 등 귀빈이 궁금해 하는 질문사항을 사전에 요약 또는 기억하여 질문에 대비한다.

또한 외부의 초청인사에 대해서는 의전요원 개개인이 소속기관을 대표한다는 인식아래 행사장 도착 시부터 떠날 때까지 소홀함이 없도록 세심한 배려를 함으로써 좋은 인상을 남기도록 하며 이를 위하여 행사의 성격, 진행절차 및 소요시간, 입·퇴장로, 주차장 출입구 등 행사 전반에 관한 사항을 숙지한 후 의전에 임하도록 한다.

아울러 과도한 인원을 동원한 의전은 삼가하고 지나친 예우 등으로 기타 일반 승객에게 피해를 입히거나 빈축을 사지 않도록 유의한다. 또한 의전요원은 법무, 세관수속, 보안검색 등에는 최대한 협조하도록 한다(김용욱, 2006).

6. 예포(http://www.mofat.go.kr, 2009)

예포는 국가·부대·함정을 공식 방문하는 국내·외 국가원수와 고위관리 및 장성 등이 도착하거나 군함이 외국의 항구에 입항하는 등의 각종 의례 시 그 수례 대상에 대하여 경의를 표시하기 위해 군대나 군함이 일정수의 공포탄을 발사하는 예식절차이다.

우리나라의 예포발사는 국제적인 관례를 바탕으로 “군예식령 제4장”에서 상세히 규정하고 있다.

1) 예포의 유래

예포는 싸움에서 이긴 쪽에 대한 경의와 무장해제의 표시로 행한 중세시대의 전통의식에서 시작된 것으로 알려지고 있다. 이러한 전통은 싸움에서 패한 적군으로 하여금 탄환을 모두 소진하게 한 후 탄약을 재장전할 때가지 무력화 시킨 17세기의 영국 해상관습에서 유래되었다.

영국은 함정에 적재하는 표준적인 포의 수가 7문이라는 점에 착안하여 7발의 포를 해군예포로 쏘게 하였다. 당시 화약은 질산나트륨으로 만들어졌기 때문에 해상에서보다는 육상에서 보관하기가 용이하고, 신속하게 사용할 수 있어, 따라서 해상에서 1발을 발사할 때 육상에서는 세발씩을 발사 할 수 있어 결과적으로 해상에서 7발을 쏠 때 육상에서는 21발을 쏠 수 있어 이것이 21발 Royal Salute의 유래가 되었다.

2) 예포 발포의 절차 및 시기

예포를 발사할 때에는 반드시 국기를 게양하여야 한다. 발사간격은 특별한 경우를 제외하고 육군과 공군은 3초, 해군은 5초를 표준으로 한다.

예포는 국기를 게양하기 전이나 강하한 후, 무관인 수례자가 사복을 착용한 경우와 야간에는 발사를 하지 않는 것이 관례이며, 예포의 수례자가 예포발사를 거절하는 경우에는 예포를 생략할 수도 있다.

예포발사와 군악 취주가 동시에 이루어지는 경우에는 예포의 첫 번째 1발은 관악의 첫 음과 동시에 발사하게 된다.

3) 각국의 예포 발사 수

예포의 발사 탄수는 국가에 따라 다르나, 대부분의 국가에서는 국가원수의 경우 21발, 총리, 국회의장, 대법원장은 19발, 장관, 대장은 17발, 중장은 15발. 소장은 13발, 준장은 11발 등으로 규정하고 있다.

우리나라의 예포발사 수는 다음과 같으며 수례자의 의사, 상대 국가의 예포발사 수, 날씨, 시간대를 고려하여 조정 또는 생략하기도 한다.

예포발사 수 / 나라	한 국	미 국	일 본
21	외국원수	외국원수	외국원수
19	부통령, 삼부요인 특명전권대사, 국방부장관	총리 및 대사	특명전권대사
17	참모총장 및 중장	대장	대장
15	특명전권공사 및 소장	중장	특명전권공사 및 중장
13	준장	소장	임시대리대사 및 소장
11	대리대사 및 총영사	준장	임시대리공사, 총영사, 준장
7	–	영사	영사

제5장 국제회의와 의전

1. 국제회의 정의와 종류

1) 국제회의 정의

오늘날 세계는 정보통신기술과 교통의 발달을 통해 국제화, 정보화가 심화·발전되고 있고 그 내용과 범위도 다양해지고 있다. 21세기 국제화, 정보화 시대와 더불어 특정 도시나 지역에서 국제회의산업은 고 부가가치를 창출할 차세대의 유망한 성장 동력 산업으로써 그리고 지역마케팅과 소득증대를 위한 전략산업으로써 그 중요성이 크게 부각되고 있다. 이는 국제회의가 지역사회에 미치는 경제적, 문화적 파급효과뿐만 아니라 개최지로써의 이미지 제고와 홍보효과 그리고 고용증대의 가능성 및 장래성에 대한 인식이 날로 높아지고 있기 때문이다.

국제회의에 대한 정의는 국가 또는 국제기구마다 그 기준이 다른데 대표적인 국제회의 전문 국제기구들의 국제회의에 대한 기준은 다음과 같다(한국지방자치단체국제화재단, 2006).

(1) 사전적 정의

- 어떤 공통의 목적을 가진 사람의 모임
- 사회단체 및 정당들 회원 간의 회의, 사업 및 각종 무역에 관련된 모든 회의들과 정부 간에 이루어지는 모든 회의
- 대부분 많은 사업가 또는 전문 직업인이 참가하는 회의를 말하며, 미국 이외의 나라에서는 콩그레스(Congress)라는 용어가 흔히 쓰인다.

(2) 법률적 정의

국제회의라 함은 "상당수의 외국인이 참가하는 회의(세미나, 토론회, 전시

회 등을 포함한다)로써 대통령이 정하는 종류와 규모에 해당하는 것"을 말한다(1996년에 제정된 '국제회의 산업육성에 관한 법률' 제2조 1항). 우리나라의 '국제회의 산업 육성에 관한 법률 시행령'(1997년 4월 제정)에 따르면, 아래 조건을 만족시키는 회의를 국제회의로 인정하고 있다.

첫째, 국제기구 또는 국제기구에 가입한 단체가 회의를 주최할 경우

① 당해 회의에 5개국 이상의 외국인이 참가할 때

② 회의 참가자가 300명 이상, 그중 외국인이 100명 이상일 때

③ 3일 이상 진행되는 회의일 것

둘째, 국제기구에 가입하지 아니한 단체가 주최한 회의의 경우

① 회의참가자 중 150명 이상의 외국인이 참가할 때

② 2일 이상 진행되는 회의일 때

(3) 학계의 정의

- 특별한 문제를 토론하기 위한 참가자들의 회의
- 특별한 목적을 달성하기 위한 사회단체, 정당회원들 간의 회의, 사업이나 무역에 관한 회의, 통상적으로 공인된 단체가 개최하는 3개국 이상의 대표가 참가하는 정기적 또는 비정기적 회의

(4) 국제협회의 정의

① 국제협회연합(Union Internatonal Associations, UIA)

국제기구가 주최 또는 후원하는 회의이거나, 국제기구에 가입한 국내단체가 주최하는 국제적인 규모의 회의로써 ⓐ 참가자수: 300명이상으로 그중 외국인이 40%이상, ⓑ 참가국수: 5개국 이상, ⓒ 회의기간: 3일 이상이 되어야 한다.

단, 순수 내국인 회의 및 종교적, 교육적, 정치적, 상업적, 스포츠 성격의 회의나 위원회, 전문가 단체 등과 같이 회의 참가자가 엄격히 제한된 정부단

위의 회의로써 대규모 범정부 간 국제기구 본부가 소재한 뉴욕, 제네바 등에서 개최되는 회의는 제외한다.

② 국제회의 전문협회(Internatonal Congress & Convention Associations, ICCA)

4개국 100명 이상이 참가하는 규모를 국제회의라고 한다. 즉 국제회의는 사전에 계획된 모임으로써 최소 6시간 이상, 최소 25명 이상이 참석하여 정해진 순서에 따라 진행되는 모임이라고 정의한다.

③ 아시아 국제회의 협회(Asian Associations Convention & Visitor Bureaus, AACVB)

2개 대륙 이상에서 참가하는 회의를 국제회의라 하며, 동일 대륙에서 2개국 이상의 국가가 참가하는 것을 지역회의로 정의한다.

2) 국제회의 종류

기 준	회의 종류
참가 기구별	정부간(Inter-Governmental), 지역간(Inter-Regionai) 비정부(Non-Governmenta), 사집단(Private-Sector)
회의 진행별	개회식, 총회, 위원회 폐회식, 특별위원회, 이사회, 집행위원회, 실무단, 소위원회
형 태 별	회의(Meeting), 컨벤션(Convention), 컨퍼런스(Conference) 콩그레스(Congress), 심포지움(Symposium), 포럼(Forum) 패널 토의(Panel Discussin), 콜로퀴엄(Colloquium) 세미나(Seminar), 워크 샵(Workshop), 강연회(Lecture) 원탁 토의(Round Table Discussion), 클리닉(Clinic) 단기 강습회(Institute), 전시회(Exhibitions and Trade Shows)
개최 주기별	정기, 부정기

2. 국제회의 개최목적과 효과

1) 국제회의 개최목적

국제회의는 정보교환 및 친목도모를 위해 개최된다. 동일한 학문 연구 분야 또는 사업 분야에 종사하는 각국의 회원이 일정 시일과 장소에 집합하여 정해진 주제를 가지고 그 분야의 학술적 연구결과나 신개발 기술을 발표하거나 정보를 교환한다.

또한 동업자간의 문제해결을 위한 방안제시 등을 함으로써 학문과 기술의 발전 또는 해당 업무 분야의 발전과 나아가 회원국가 및 회원 간의 상호 정보교환과 친목 도모를 향상시키는데 그 목적이 있다(한국지방자치단체국제화재단, 2006).

2) 국제회의 개최효과

국제회의산업은 단순히 회의분야 뿐만 아니라 회의시설, 숙박, 교통, 시청각 기자재, 회의 기획과 진행에 필요한 관련 산업이 포함되어 있어 경제적으로도 중요성이 매우 높다.

이외에도 국제회의를 개최함으로써 발생되는 개최지의 이미지 제고, 홍보효과 등 사회, 정치, 문화적으로도 유형·무형의 개최효과가 매우 크다(한국지방자치단체국제화재단, 2006).

따라서 세계 각국은 국제회의의 유치로 기대되는 여러 가지 개최효과를 높이기 위해 국가적인 차원에서 국제회의산업의 지원육성을 앞 다투어 강화하고 있는 실정이며, 이에 국제회의산업의 양적 규모는 세계 곳곳에서 급속도로 팽창, 확대되고 있다.

국제회의를 개최함으로써 발생되는 개최효과는 개최도시나 해당국가의 제반 여건에 따라 다양하고 광범위하게 나타난다. 이러한 국제회의 개최효과를 정치, 경제, 사회·문화, 관광 등 4가지 분야로 크게 나누어 보면 다음과 같다.

내용 · 분야별	긍정적 효과	부정적 효과
정 치	○국가홍보 효과, 민간외교 수립 ○개최국의 이미지 효과 ○평화, 외교 정책, 국제지위 향상	○개최국의 정치이용 ○경제적 부담과 희생
경 제	○국제수지 개선, 고용증대 ○최신 정보기술 입수 ○국민경제 발전, 세수입 증대	○물가상승 ○유흥업소의 성행 ○부동산 투기
사회 · 문화	○지역문화의 발전, 시민의식의 향상 ○개최 국민의 자부심, 국제친선 도모 ○국제경쟁력 배양, 지방의 국제화 ○사회 기반 시설의 발전	○각종 범죄자로 사회 문제 ○국민생활 불편 ○전통가치관 상실 ○소비문화 조장
관 광	○대량의 외래 관광객 유치 ○양질의 관광객 유치 ○관광관련 산업의 발전 ○관광 진흥, 비수기 타개책 ○체재 일수 연장, 지역 이미지 재고 ○국제회의 전문가 양성	○인구밀집현상 ○관광 상품의 상업화 ○교통, 소음, 오염 등의 공해문제 ○자연환경의 파괴

3. 국제회의 의전(한국지방자치단체국제화재단, 2006)

국제회의 분야에서 특히 의전은 국가상징과 더불어 국가 위상과 권위를 확고히 하고 국민적 통합과 바람직한 국민의식 및 사회질서를 유지하는데 기여한다.

의전 분야는 국제회의에 참가하기 위해 공항에 도착할 때부터 모든 일정을 마치고 본국으로 돌아갈 때까지의 전 과정에서 나타나는 것이므로 국제회의를 준비하는 입장에서는 가장 어려움이 많은 분야이기도 하다.

1) 의전운영 기본계획 수립

국제회의에 참가하는 지도급인사는 국제사회 각 분야 및 국제회의 개최결정에 있어서도 상당한 영향력을 미치는 사람들이기 때문에 참가자에 따라 의전 방법과 계획을 수립해야 한다. 국제회의 의전 관리의 기본방향으로는 출입국 절차계획을 확정하고 VIP의 공항 귀빈실 이용에 따른 제반절차를 수립한다. 그리고 미수교국 참가자의 입국절차와 의전을 포함하여 국제회의 종료 후 출국 시까지의 계획을 세워야 한다.

(1) 영접 및 환송 세부계획 수립

의전이 필요한 참가자들을 선별하고, 그 참가자들을 다시 VIP와 일반 대상자로 구분하여, 의전에 관한 세부 계획을 수립한다.

영접 상황실, 안내 데스크, 전용 심사대를 설치하여 운영하면 참가자들의 원활한 입·출국을 도울 수 있으며, VIP의전 대상사자를 위해서는 전용통로와 심사대를 설치하여 입·출국 수속을 돕거나 영접관이 대리로 수속을 밟기도 한다.

또한 공항에 귀빈실을 설치하여 의전 대상자의 입·출국 수속 시 대기 또는 다른 노선으로의 환승 대기 시 휴게공간으로 활용할 수 있다.

① 일반 참가자의 의전 절차 확정

공항 도착 후 전용 입국 심사에서부터 세관 검사, 국제회의 폐회 후 출국에 이르기까지 신속하고 간편한 입·출국 절차를 마련한다.

② VIP 참가자의 의전 절차 확정

VIP를 위한 영접·환송 팀을 따로 구성하여 공항 도착 때부터 VIP 전용통로를 이용한 입국 수속 또는 대리 수속과 목적지로 향하는 차량 대기 및 국제회의 폐막 후 출국에 이르기까지 신속하고 원활한 입·출국 절차를 마련한다.

(2) 회의장 내 의전 세부계획

VIP의 경우에는 각 행사와 관련해 의전 대상자들의 행사 참석여부, 동반여부 등은 물론, 동선까지도 파악하여 상황표를 작성한다. 또한VIP룸을 운영하고 초청부서와 협조하여 담당자를 배치시킨다.

2) 공항 영접/환송

(1) 대상자 관리

조직위원회에서는 의전 대상자를 선정해, PCO에 통보하고 PCO에서는 대상자의 입/출국 일정을 확인하고, 조직위원회와 상의하여 영접인사를 선정하는 등 영접/환송에 차질이 없도록 준비한다.

① 영접/환송 대상자 선정

조직위원회에서는 기구(또는 단체)의 지위, 이력, 컨벤션의 성격 등을 고려해 의전 대상자를 선정해 PCO에 알린다.

② 입/출국 일정 확인

의전 대상자들의 입/출국 일정을 확인하여 영접/환송 스케줄 작성 시 반영한다.

③ 대상별 영접인사 선정

의전 대상자별로 영접을 담당할 인사를 선정하고, 대상자의 입국 일정, 숙소 등을 확인해 영접 준비를 한다.

④ 영접 스케줄 조정

영접 담당인사의 업무 스케줄과 참가자의 스케줄에 변경된 사항이 있다면 이를 고려해 일정을 조정한다.

(2) 영접/환송 운영 준비

영접은 행사안내와 환영을 위해 참가자 도착 시 행사에 대한 안내와 편의를 도모하기 위함이고, 환송은 행사를 무사히 마친 참가자들을 마지막까지 배려해 추후 행사에도 긍정적인 영향을 미칠 수 있도록 하기 위함이다. 이와 같은 영접/환송의 개념을 숙지하고 참가자들의 입/출국에 불편함이 없도록 철저한 준비가 선행 되어야 한다.

① 관련기관 협조 요청

영접/환송 시 준비되어야 하는 영접인사에 대한 경호·경비, 영접 스케줄 작성 등의 관련 사항에 대해서는 사전에 관련기관에 협조를 요청한다.

② 관련공항 협조 요청

귀빈실과 안내데스크 마련, 전용 심사대 설치 등의 관련 사항에 대해 사전에 해당 공항에 협조를 요청한다.

③ 공항 영접/환송 데스크 확보

공항의 협조 하에 영접/환송 데스크를 공항 내에 확보해, 참가자들의 편의를 도모한다.

④ 영접용 피켓(Picket)제작

참가자 환영 및 안내를 위해 영접용 피켓을 제작한다.

⑤ 공항 현수막 및 각종 사인물 제작

참가자 환영 및 안내를 위해 공항에 부착할 현수막 및 각종 사인물을 제작한다.

(3) 영접/환송 운영

① 영접/환송 요원 교육/배치

참가자들의 도착/출발 일정, 편명, 소속 등에 대한 기본 사항을 숙지하도록 요원들을 교육시킨다. 교육이 완료된 요원들을 CIQ(Customs, Immigration, Quarantine/세관, 출입국심사, 검역), 안내 데스크, 수하물 인수장 등 각자의 위치에 배치시킨다.

② 공항 현수막 및 각종 사인물 부착

준비해 둔 공항 현수막 및 각종 사인물을 부착해 참가자 환영 및 안내에 도움이 되도록 한다.

③ 공항 영접/환송 데스크 운영

공항에 영접/환송 데스크를 마련해, 참가자 안내, 참가자들의 요청 사항 처리 등을 담당한다.

④ VIP의전 차량 대기

VIP참가자들이 입국 수속을 마치는 즉시 차량을 이용해 목적지로 이동할 수 있도록 의전 차량을 대기시킨다.

⑤ 자동차와 버스(기차) 승차 시 예절과 좌석배치

◐ 승차할 때의 예절

- 손님이나 상사가 차에 탑승해야 할 때는 오른손으로 문을 열고 문을 잡은 상태로 "타십시요" 라고 안내한다.
- 내릴 경우에는 재빠르게 차에서 먼저 내려 옆쪽으로 서서 문을 오른손으로 잡고 안전을 확인한 후 손님이나 상사를 내리게 한다.
- 탈 때는 웃어른이나 여성을 먼저 타게 하고 내릴 때에는 아랫사람이 먼저 내려서 다음 사람에게 안내해야 한다.
- 웃어른이나 상사가 탄 후에는 차를 살짝 닫고 차가 떠나면 가볍게 고개를 숙여 인사를 한다.
- 자가운전의 차를 탈 때에는 앞좌석을 비워둔 채 뒷좌석에 타면 실례가 된다.

◐ 승차할 때의 좌석배치

- 운전기사가 있는 경우(택시포함)

  가장상석은 뒷좌석 오른쪽이며, 다음은 뒷좌석 왼쪽, 다음은 운전석 옆 좌석 그리고 뒷좌석 중앙 순이다.
- 승용차 (자가운전의 경우)

  가장 상석은 운전석 옆 좌석이며, 다음은 뒷좌석 오른쪽, 뒷좌석 왼쪽 그리고 뒷좌석 중앙 순이다.
- 차일 경우에는 운전석 옆자리가 상석이다.

- 열차의 좌석 순위는 열차의 진행방향에서 창가 쪽이 상석이고 버스도 창가 쪽이 상석이다.

◐ **버스나 기차, 선박, 항공기에서의 상 · 하석은 지정된 좌석번호가 있는 경우를 제외하면**

- 통로 쪽 보다 창 쪽
- 출입문 보다 안쪽
- 안전하고 편리한 곳이 상석이다.

자동차의 좌석

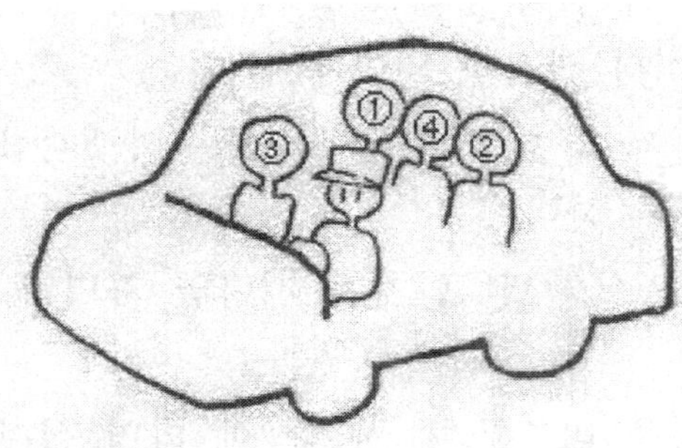

운전기사가 있는 경우

자가 운전인 경우

버스(기차)의 좌석

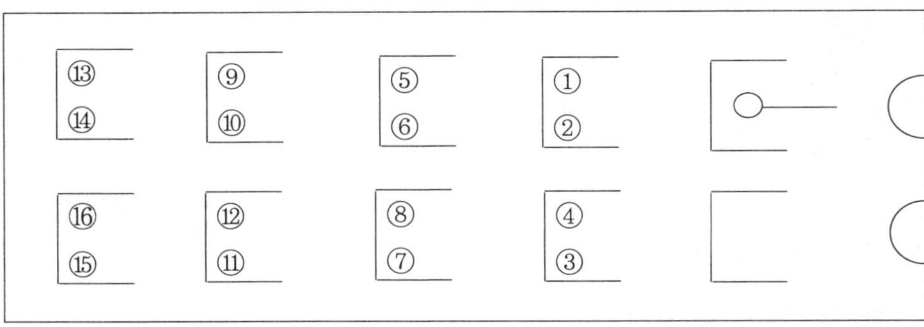

마주앉은 좌석

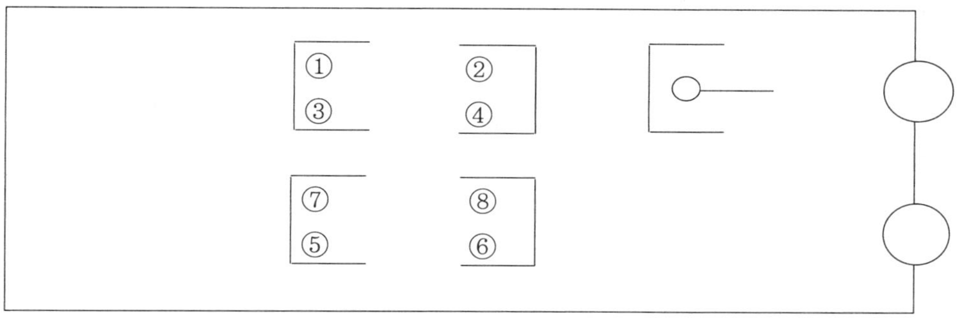

3) 회의장 의전

(1) 대상자 관리

① 의전 대상자 선정

조직위원회에서는 기구(또는 단체)의 지위, 이력, 컨벤션의 방향 등을 고려해 의전 대상자를 선정해 PCO에 알린다.

② 대상자별 의전계획 수립

대상자들의 행사 참석여부, 동반여부, 동선 등을 파악해 의전계획을 수립한다. VIP의 좌석을 배치할 때에는 VIP를 수행하는 보좌관이나 주최 측과 충분한 협의를 하여 결정을 내린다. 이 때 개인 간의 갈등이나 언어 문제, 경호상의 편의, VIP주변에 앉는 사람들의 지위 등을 반드시 고려해야 한다.

(2) 의전 운영

① 의전 요원 배치

사전에 수립한 계획에 따라 의전을 담당할 요원을 VIP룸, 행사장 입구, 행사장 내부 등 적재적소에 배치시킨다.

② 주요 대상자 의전

대상자들의 스케줄에 맞춰VIP룸 운영, 동선 안내, 자리 안내 등의 의전을 수행한다. VIP가 참가하는 회의 세션에는 당사자를 위한 좌석을 두고 다른 참가자들의 접근을 막아야 하며, 전담 의전 요원이 VIP를 좌석까지 안내 하도록 한다.

4) 사후 보고

(1) 보고 내용

의전과 관련해서는 다음과 같은 항목에 대해 평가를 내려 의전 보고에 반영하도록 한다.

- ◦ 의전 대상자의 선정이 원만 하였는가?
- ◦ 의전 방식에는 무리가 없었는가?

(2) 보고 유형

① 일일 의전 보고

의전 수행을 담당하는 현장 운영요원 및 영접인사는 날마다의 진행 현황 및 발생되는 변동사항을 해당 사무국에 보고하여, 사무국과 현장간의 즉각적이고 유기적인 협조가 이루어지도록 해야 한다. 이러한 일일 의전 보고는 진행 현황 파악 및 향후 동일문제 발생의 최소화에 도움을 줄 수 있다.

② 최종 의전 보고

행사종료 후 의전과 관련해 진행되고 발생된 모든 사항을 결과보고서로 정리해, 최종적으로 의전 보고를 하며, 이는 행사 관련 DB로 활용될 수 있으므로 차기 행사 운영에 참고가 될 수 있다.

국제회의 시 의전 업무 개요

업 무	업무 내용	업무 절차	
의 전	1. 의전운영 기본계획 수립	1) 영접 및 환송 세부계획 수립	○ 일반 참가자 의전 절차 확정 ○ VIP 참가자 의전 절차 확정
		2) 회의장 내 의전 세부계획 수립	○ 의전 절차 확정
	2. 공항 영접 /환송	1) 대상자 관리	○ 영접/환송 대상자 선정 ○ 입/출국 일정 확인 ○ 대상별 영접인사 선정 ○ 영접 스케줄 조정
		2) 영접/환송 운영준비	○ 관련기관 협조 요청 ○ 관련공항 협조 요청 ○ 공항 영접/환송 데스크 확보 ○ 영접용 피켓(Picket) 제작 ○ 공항 현수막 및 각종 사인물 제작
		3) 영접/환송 운영	○ 영접/환송 요원 교육/배치 ○ 공항 현수막 및 각종 사인물 부착 ○ 공항 영접/환송 데스크 운영 ○ VIP 의전 차량 대기
	3. 회의장 의전	1) 대상자 관리	○ 의전대상자 선정 ○ 대상자별 의전계획 수립
		2) 의전 운영	○ 의전 요원 배치 ○ 주요 대상자 의전
	4. 사후 보고	1) 의전 보고	○ 일일 의전 보고 ○ 최종 의전 보고

*출처: 한국지방자치단체국제화재단(2006).

제6장 연회

연회는 사회생활에서 빼놓을 수 없는 중요한 행사 중의 하나로써 함께 식사를 하는 일은 인간관계를 보다 부드럽고 친근하게 한다.

국가의전에서 연회의 중요성은 매우 크다. 국빈방문이나 공식방문의 경우 국빈만찬의 수준은 곧 그 나라 문화의 수준을 나타내는 척도가 되기 때문에 모든 나라들이 우아하고 품위 있는 만찬을 만들고자 노력하며, 연회에서의 좋은 인상은 양국정상 간의 관계를 부드럽게 만드는데 결정적 역할을 한다.

훌륭한 연회가 되기 위해서는 모든 초청 인사들이 기분 좋게 와서 우아한 분위기에서 맛있는 음식을 먹으며 즐거운 대화를 나누고 돌아가도록 하는 일이 중요하다.

이를 위해서 연회 준비자는 연회의 목적과 초청인사에 대한 광범위한 지식, 음식 및 주류에 대한 안목 등을 고루 갖추고 훌륭한 연회를 만들기 위해 세심한 주의를 기울여야 한다.

1. 연회의 종류

우리 고유의 먹는 행사는 연향(宴享)이라 하여 주로 왕실 행사를 중심으로 이루어져 왔는데 예와 악의 절차가 정교하기는 하나 음식의 내용과 진행 절차들이 너무 번거롭고 실용적이지 못해 근래에 들어와서는 간편함과 실용성을 중시하는 현대인들에게 생활화되지 못하였다.

따라서 현재 우리나라의 먹는 행사는 정부와 민간을 막론하고 주로 서양식의 예와 절차에 따르고 있는 실정이다.

연회에는 만찬(dinner), 오찬(luncheon), 리셉션(reception), 칵테일파티(cocktail party), 다과회(tea party), 가든파티(garden party), 조찬(breakfast), 뷔페(buffet) 등이 있다.

1) 만찬

만찬은 각종 연회 중에서도 가장 중요하며 격식과 준비도 엄격하며, 형식에 따라 공식과 반 공식, 비공식 세 가지가 있다. 공식만찬은 공식적 절차와 격식 하에 이루어지는 행사이다. 반 공식 만찬은 초청장 또는 구두로 초대가 가능하나 복장은 남자는 연미복 또는 턱시도, 여자는 이브닝드레스를 반드시 입고 참석해야 하며, 모든 절차를 공식만찬에 준해서 한다. 약식만찬인 경우에는 구두로 초청하며 복장은 특별히 지정되지 않는 한 그 사회의 습관에 따르며, 평복을 입어도 무방하다.

2) 오찬

오찬은 정식오찬과 비 정식오찬으로 나눌 수 있으며, 준비요령은 만찬과 같으나 만찬과 비교할 때 훨씬 간소하다. 주최자나 호스티스가 손님을 맞이할 때 굳이 입구에 서 있지 않아도 되며 샴페인도 사용하지 않는다.

정식오찬인 경우에는 만찬 시의 초대장과 같은 형식으로 작성하고, 사적인 점심식사의 초청 시에는 카드에 간략하게 주소, 성명, 일시, 전화번호 등만 적어 보낸다. 적은 인원의 점심식사라면 전화로 초청하고 나중에 명함을 보내서 통지한다.

메뉴는 시간 상 만찬처럼 많이 준비할 필요가 없으며, 대개 4~5개 코스가 적당하다.

오찬 메뉴의 특징을 코스별로 알아보면 다음과 같다. ① 식전에는 카나페를 안주로 한 칵테일을 주로 낸다. ② 오찬 시에는 보통 스프를 내지 않는다. 다만 추운 계절에는 호스티스가 배려를 하여 수프를 내기도 하는데 이때에도 접시가 아닌 수프 컵에 담아낸다. ③ 최근에는 요리의 수를 줄이는 대신 계절요리로써 생선, 육류, 과일 3가지 정도로 간소화되는 경향을 보이고 있다. ④ 정식오찬에는 메뉴나 명패를 당연히 준비해야 하나 사적인 몇몇 사람과의 점심이라면 메뉴는 자유롭게 정한다. ⑤ 술은 식전 주로 와인 한 가지 정도면 충분하고 샴페인 같은 정식사교용 술은 특별한 경우 외에는 내지 않는다. ⑥치즈는 구미인의 기호식으로 오찬에 내는 경우가 많다. 특히 적포도주와 맛이 잘 어울리므로 적포도주를 마실 때 치즈를 준비하면 좋다.

3) 리셉션

정부 고위직 인사나 외교관이 공식적으로 주최할 경우 이것을 리셉션이라 하며 사적인 행사라 하더라도 결혼식 피로연 때만은 리셉션이라 한다.

리셉션(reception)과 칵테일파티(cocktail party)는 흔히 같은 것으로 이해되고 있고 사실 그 내용에는 큰 차이는 없다. 리셉션은 내용면에서 칵테일파티보다는 다소 공식적이라 할 수 있으나 파티의 목적과 개최 장소 등에 따라서 그 격식이 다양하다.

리셉션은 어떤 특정한 손님을 위해서 또는 어떠한 특정한 날을 기념하기 위해서 개최된다는 것이 칵테일파티와 다른 점이다. 따라서 리셉션은 보다 공식적이고 언제나 영접 선을 형성하게 된다. 영접선의 위치는 문밖에서 보아 왼쪽을 원칙으로 하나 초청 객이 많은 경우 악수하기 편하게 하기 위해 오른쪽으로 구성하기도 하며, 영접선상의 순서는 호스트와 호스트 부인, 주요 인사 부부 순이다.

리셉션에서는 리시빙 라인 앞쪽에 안내인이 있어 손님을 호스트에게 안내하여 소개한다. 따라서 손님은 그 안내인에게 자신의 직책과 성명을 알려주면, 안내인은 그 내용을 그대로 호스트에게 반복하여 전한다. 리시빙 라인에서의 인사는 간략하게 하고, 리시빙 라인은 15~30분 정도 유지하는 것이 좋으나 파티 규모에 따라 적당히 조절한다.

리셉션은 여러 가지 면에서 다른 공식 파티보다는 준비하기가 쉽다. 리셉션에는 많은 손님이 초청되며, 흔히 옥외에서 열리기도 하는데 식사를 겸하더라도 음식은 스탠딩 뷔페식으로 준비되기 때문에 식탁의 좌석배치, 음식서빙, 지각도착 등의 문제도 일어나지 않는다. 또한 리셉션 참석인원이 많을 경우에는 명찰을 이용하여 서로를 쉽게 알 수 있도록 하고 복장은 주최 측의 취지에 따라 이에 상응하는 예복을 입고 구두는 꼭 검정구두를 신도록 한다.

4) 칵테일파티

칵테일파티란 칵테일을 중심으로 한 파티로써 여러 종류의 카나페(canape)를 곁들여 손님을 대접하는데 결혼식, 창립기념, 환영 또는 환송 연회, 신축 축하 등을 위하여 열리는 행사나 또는 마음에 맞는 친구끼리는 특별한 이유 없이도 열며, 장소도 일류 호텔이나 클럽뿐만 아니라 직장의 회의실, 자기 집 방 하나를 이용할 수 도 있으며, 반드시 평복을 입는다.

칵테일은 2개 이상의 술을 혼합해 만들며 종류도 다양하다. 일반적으로 식전 주로써 카나페와 함께 내는 것으로 잘 알려져 있다.

또한 매우 친한 사람들과의 파티에서는 호스트가 직접 세이커를 흔들어가며 칵테일을 만들어 분위기를 돋워 친목을 다지기도 한다.

2. 연회의 개최

연회의 개최와 관련된 제반사항들을 살펴보면 다음과 같다.

1) 연회의 결정

연회의 목적, 주빈의 직위와 기호, 초청대상자의 범위, 시간과 장소, 예산 등을 고려하여 적절한 종류를 결정한다.

2) 날짜, 시간, 장소의 결정

주말이나 공휴일에는 연회를 개최하지 않는 것이 원칙이며, 주중이라 하더라도 다른 주요행사와 중복되지 않는지를 먼저 확인한다. 주빈이 있는 연회의 경우는 주빈에게 몇 가지 날짜를 제시해 선택할 수 있도록 한다.

연회장소의 위치, 수용능력, 분위기, 설비 등도 고려하여야 하며 희망하는 날짜와 시간에 사용할 수 있는지도 미리 확인한다.

오찬은 오후 12:00, 만찬은 저녁 7:00에 개최하는 것이 우리나라의 관례이나 각 국가나 지방 관습에 따르는 것이 좋다. 칵테일 시간은 보통 만찬개시 30분전에 오찬의 경우는 15~20분 전에 시작하는 것이 관례이다.

3) 초청인사의 결정

초청자를 결정할 때는 먼저 주빈을 결정한 다음 주빈을 중심으로 다른 인사들을 결정하며, 연회의 목적을 정확히 파악하고 관련인사를 엄선하여 관계없는 인사가 초청되는 것도 피해야 되지만 꼭 초청되어야 할 인사가 초청대상에서 빠지는 일이 없도록 신경 써야 한다.

참석자가 주빈보다 지위가 높거나 너무 낮은 인사는 피하고 가급적 다양한 분야의 인사들이 초청되는 것이 좋으며, 외국인인 경우는 관계국간의 친소관계, 언어소통 등에도 각별한 배려가 필요하다.

또한 계획한 연회규모에 비해 불참자가 많을 경우를 대비해 예비 참석자 명단을 미리 준비해 놓는 것도 필요하다.

3. 초청장 작성

1) 양 식

정식 초청장은 카드용 백색용지에 인쇄하는 것이 원칙이며, 글자체는 고문체를 사용할 수도 있으나 필기체로 하는 것이 일반적이다. 문장은 3인칭으로 쓰며, 요일, 장소, 복장 및 참석여부와 연락처를 기입한다. 영·불 등 유럽계통에서는 일시를 숫자로 쓰지만 미국에서는 문자로 쓰는 것이 관례이다.

2) 내 용

연회가 특별한 목적이 있어서 개최될 경우에는 그 사실을 초청장 첫 줄에 기입하는 경우가 많다. 주빈을 위한 연회인 경우에는 초청장 상단에 In honour of...를 국경일과 새로운 사람을 소개하는 것이 목적일 때는 To meet..., 단체방문일 때에는 On the occasion of...를 이임의 경우에는 To bid farewell to...등을 연회개최의 뜻을 알리기 위하여 초청장 상당에 기입한다. 수신인 성명은 성명 전체를 반드시 손으로 기재하며 장관, 대사, 회장 등 직함만으로도 알 수 있는 고위인사를 초청할 경우에는 직함만을 쓴다.

비공식 연회의 경우에는 상대방 성명, 연회의 종류, 시간, 장소, 참석여부, 연락처를 백지 또는 사교용 명함에 필기 또는 타자하여 보낼 수 있다.

공식초청장에는 Mr., Dr. 등의 호칭과 R.S.V.P(Repondez, sil vous plait:회답을 바랍니다.)이외에는 약어를 쓰지 않으며, R.S.V.P는 초청장 좌측 하단에 표시하며 그 아래에 초청자의 연락처(주소 또는 전화번호)를 쓴다. 참석자의 정확한 인원파악이 필요치 않는 연회, 즉 리셉션이나 가든파티, 다과회 등의 경우에는 이 자리에 Regrets only(초청을 수락하지 못할 때에만 회답 바랍니다.)라고 쓴다.

또한 시일이 촉박할 때는 전화 또는 구두로 초청사실을 미리 알리고 추후에 초청장을 보내는 수도 있으며 이때에 발송하는 초청장에는 R.S.V.P대신 To remind 또는 P.M이라고 쓴다.

국가원수가 초청하는 초청장에는 통상 R.S.V.P를 기입하지 않는데 이는 국가원수의 초청은 명령으로 간주된 것에서 기인하며, R.S.V.P를 기입하지 않는 대신 사전에 구두로 참석여부를 확인하고 참석하는 자에게만 초청장을 보낸다.

연회 장소는 초청장의 마지막 줄 즉, 시간 다음에 표시할 수도 있고 그 장소가 자택일 경우에는 우측 하단의 복장 표시 아래 그 주소를 기입할 수도 있다.

초청장과는 별도로 회답카드를 동봉하기도 하며 어떤 경우에는 우표를 붙이고 수신인이 인쇄된 봉투까지 만들어서 초청장과 같이 보내는 경우도 있다.

3) 복 장

초청장 우측 하단에 white tie, black tie 또는 Infomal이라고 복장(dress)의 종류를 표시하며, 복장에 대한 언급이 없을 때에는 Infomal로 해석된다. Infomal은 짙은 색의 평복을 의미하며 casual(노타이)과 혼동하여서는 안 되며, 간혹 지역에 따라서는 Infomal이 Tuxedo를 의미하기도 한다.

4) 봉 투

초청장의 봉투는 존칭, 성명, 직책, 주소의 순으로 쓰며, 검정색 잉크로 필기하는 것이 원칙이다. 수신인의 성명은 약자를 쓰지 않으며, 특히 공식연회의 초청장 봉투에는 받는 사람의 직위, 존칭까지도 빠짐없이 기록한다.

초청장을 남편의 사무실 주소로 보낼 때에는 부인을 같이 초청하였더라도 받는 사람을 남편 앞으로 하며, 집으로 보낼 때에는 " Mr. and Mrs.000"라고 해서 보낸다.

5) 발 송

초청장은 연회의 종류, 규모 기타 사정에 따라 다르기는 하지만 2~3주전에 발송하는 것이 예의이며, 늦어도 최소한 1주일의 여유는 있어야 한다. 시일이 촉박한 경우에는 사전에 구두 또는 전화로 초청사실을 통화하고 추후 초청장을 보내기도 하는데 이때 발송하는 초청장에는 R.S.V.P대신 To remind를 적어서 보낸다.

6) 초청에 대한 회답

참석여부 통지를 요청한 초청장을 받으면 가능한 빨리 참석여부를 통지해 주어야 하며, 불가피한 사정으로 인해 참석을 할 수 없을 경우에는 서면 또는 전화로 참석하지 못한다는 사실과 이유를 알려주는 것이 예의이다.

부부동반으로 초청되었으나 그중 혼자만 참석할 수 있는 경우에는 부부가 모두 불참하는 것이 예의이나 초청자가 희망하는 경우에는 혼자만이라도 참석할 수 있으며, 리셉션이나 뷔페에서는 부부 중 한사람만 참석하여도 결례는 아니다.

참석여부를 통지한 후 부득이하게 이를 변경해야 할 경우에는 반드시 합당한 이유와 함께 주최 측의 준비에 차질이 생기지 않도록 되도록 신속히 연락한다.

그리고 연회 주최 측이 부득이한 사정으로 인해 연회 개최를 취소하거나 연기해야 할 경우에는 신속히 이유를 명시하여 서면 또는 전화나 전보 등을 이용하여 통지하여야 한다.

4. 좌석배치

좌석배치는 연회 시 음식과 더불어 가장 세심한 주의를 요하는 중요한 부분으로써 참석자의 총 인원수, 부인동반 여부, 남·여의 비율, 주빈유무, 장소의 규모 등 여러 가지 요소를 고려하여 결정하게 되며, 특히 유의해야 할 점은 참석자의 서열에 따른 좌석배치와 누락되는 참석자가 없어야 된다는 점이다.

연회 참석자의 좌석배치는 원칙에 충실하려고 애쓰되 상황에 따라 융통성을 발휘하는 지혜도 필요하다.

1) 참석여부의 확인

R.S.V.P가 기입되어 있으면 참석자가 참석여부를 통지하여 올 것이나 R.S.V.P가 기입되어있더라도 회답이 없을 경우에는 참석여부를 사전에 문의하여 파악하도록 한다.

좌석배치가 필요한 연회일 경우에는 참석자의 정확한 파악이 필요하므로 연회 전일 또는 당일에 참석여부를 재확인하고 참석인원이 파악되면 인원에 맞는 식탁준비와 참석자 각자의 식탁 위에 놓을 좌석 명패를 준비한다.

2) 좌석배치의 기본원칙

- 벽에 벽난로가 있을 경우에는 벽난로 쪽이 상석이며 방 출입구가 하위석이다. 벽난로가 없을 경우라도 방 출입구가 하위석이며 그 반대편이 상석이 된다.
  방의 모양이 출입구 반대쪽을 상석으로 정하기에 적합하지 않을 경우에는 바깥마당을 바라 보는 쪽이 상석이고 등지는 쪽이 하위석이 된다.

- 테이블의 배치는 Head Table을 중심으로 가까울수록 상석이며 중앙테이블, Host의 오른쪽 테이블, Host의 왼쪽 테이블 순으로 상석이며, 주빈은 Host의 오른쪽에 배치함으로써 예우한다.

- 여성을 존중하여 일자테이블의 경우 가급적 부인(직책을 가지고 참석하는 경우와 미혼녀는 예외)을 양쪽 끝에 배치하지 않는다. 부부가 나란히 앉는 것과 테이블을 가운데 두고 서로 마주보고 앉는 것도 피한다.

- 남자와 여자를 섞어서 배치하여, 가능한 남자끼리 혹은 여자끼리 나란히 않게 되는 것을 피하며, 외국인도 외국인끼리 나란히 앉는 것을 피한다. 입구 쪽 보다는 안쪽이, 창문을 등진 자리보다 창밖을 볼 수 있는 자리가 보다 상석이다.

- 부인의 서열은 그녀의 남편 서열에 따르나 그녀 자신이 사회적 지위를 가지고 있을 때에는 사회적 지위에 따라 자리를 배치한다. 부인들은 남편과 동행하지 않더라도 남편에 준하는 자리를 배치하고, 여자끼리의 서열은 기혼부인, 미망인, 이혼부인, 미혼 여자의순이다.

- 서열을 정하기 어려운 경우에는 그들의 사회적 업적, 저명도, 상호 이해관계, 연령, 친근도 등을 고려하여 좌석을 배치 할 수도 있다.

- 외교단(대사)은 반드시 신임장 제정일자순으로 배치하며, 외교단장은 외교단 중 가장 상석에 앉는다. 외교단의 서열이 바뀌는 것은 그 나라에 대한 모독으로 비춰질 수 있으므로 유의하여야 한다.

- 방한하는 나라의 수행원은 서열을 참고하면서 가급적 예우해 주는 방향으로 좌석을 배치하고, 외국인과 서열이 같을 때에는 외국인을 우선으로 배치한다.

- 원탁테이블의 경우 동유그룹은 한 테이블에 몰아서 배치하지 않고 서열을 참고하면서 적절히 여러 테이블에 배분하여 배치한다.

3) 좌석배치의 실제

(1) 남자 또는 여자만 참석하는 오찬/ 만찬의 좌석배치

남자 또는 여자만 참석하는 대규모 오찬/ 만찬에서는 테이블 균현상 Cohost 또는 Cohostess를 두는 것이 좋다. Cohost 또는 Cohostess는 주빈 또는 참석자 중 최선임자가 되는 것이 관례이다.

① 주빈(Guest of Honor, G/H)이 있는 경우

16	○		○	13
12	○		○	9
8	○		○	5
4	○		○	1
G/H	○		○	Host
2	○		○	3
6	○		○	7
10	○		○	11
14	○		○	15

② 주빈이 없는 경우

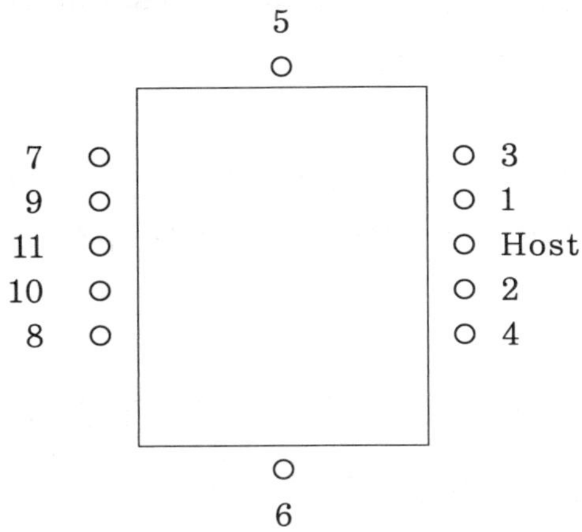

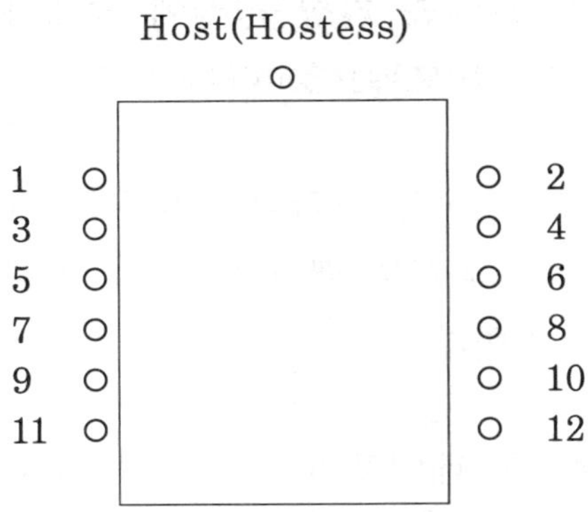

(2) 남녀 혼성 만찬

① Host와 Hostess가 테이블 양쪽 끝에 앉는 경우(영 · 미계)

주인부부가 식탁 양쪽 끝에 앉는 것은 영미식이다. 그러나 손님의 인원수가 많을 때에는 주인부부가 식탁중앙에 마주보고 앉기도 한다.

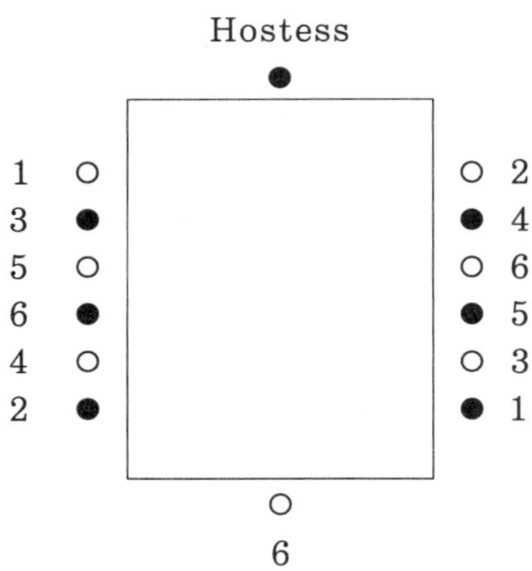

② Host와 Hostess가 테이블 중앙에 마주보고 앉는 경우(대륙계)

남자와 여자의 수가 동일하면 테이블 한쪽 양 끝에 여자가 앉게 되는데 이

때는 5번 남자와 7번 여자, 6번 남자와 8번 여자의 위치를 서로 바꾸어 앉게 하여 여자가 테이블 끝에 앉게 되는 것을 피한다. 이 경우 여자끼리 나란히 앉게 되어도 불가피하다.

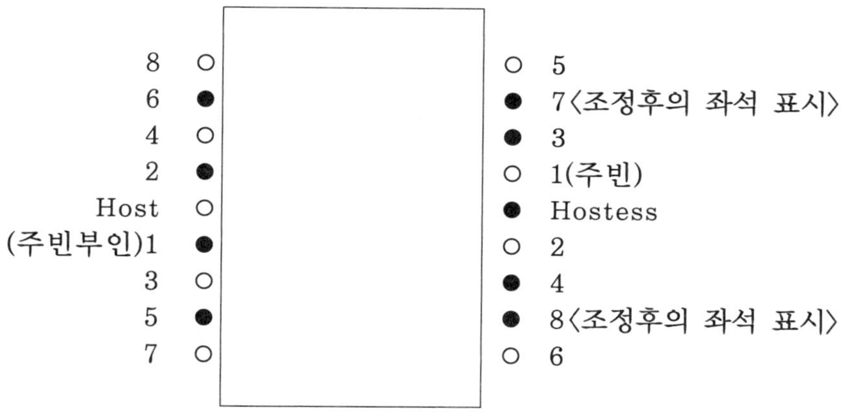

③ 테이블 양 끝자리에 두 자리를 마련하는 경우

여자가 테이블 끝에 앉게 되는 것을 피할 수 있다.

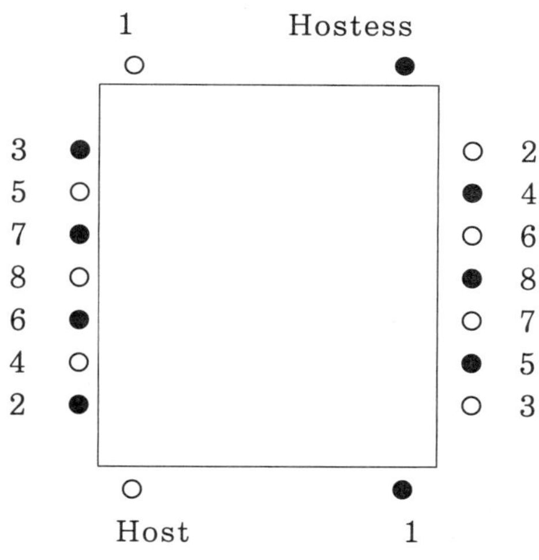

④ 인원이 4배수인 경우

일자 테이블을 사용하는 경우에는 인원이 4배수가 되지 않도록 유의하고 만약 인원수가 4의 배수인 경우에는 다음과 같이 배치한다.

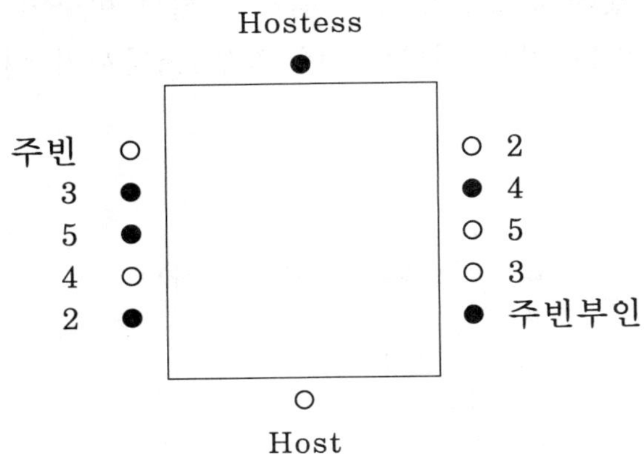

⑤ 라운드 테이블(원탁)을 이용하는 경우

라운드 테이블은 좌석배열 상 여러 가지 어려운 문제들을 해결할 수 있고 부드러운 분위기를 조성한다. 그러나 공식파티 때에는 가능한 한 네모형의 긴 탁자를 쓰는 것이 좋다.

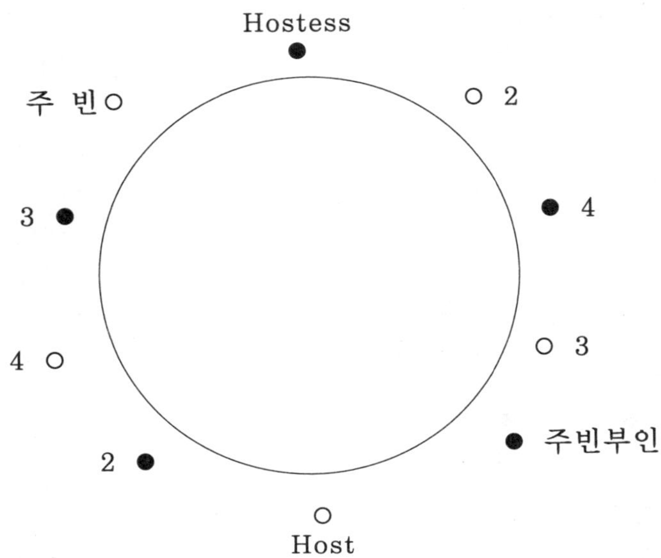

⑥ Host와 Hostess가 별개 테이블에 앉는 경우

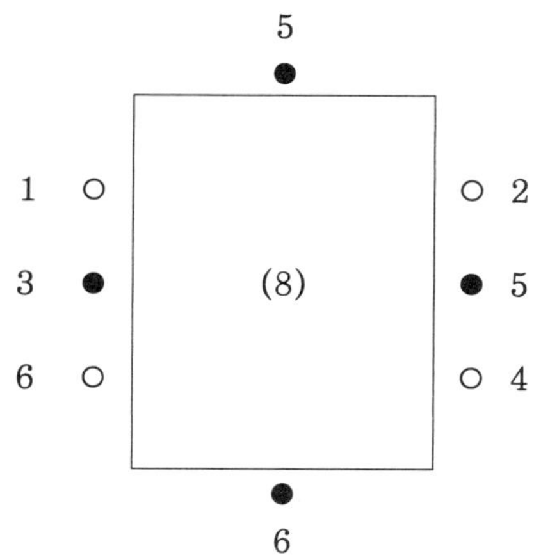

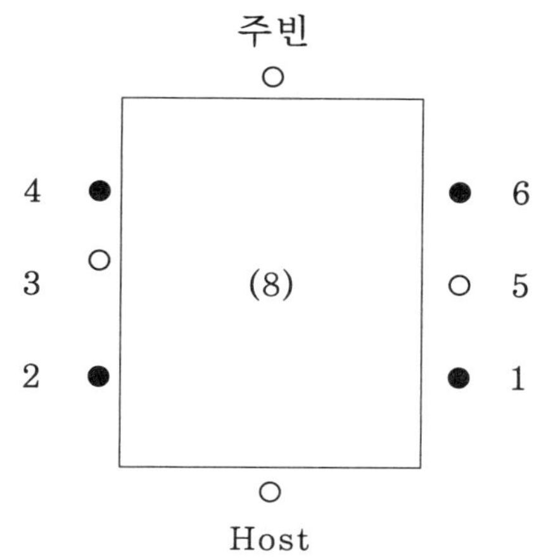

(3) 말굽모양(ㄷ자형) 테이블에서의 남녀 혼성 오찬 또는 만찬

① Host와 Hostess가 나란히 앉는 경우

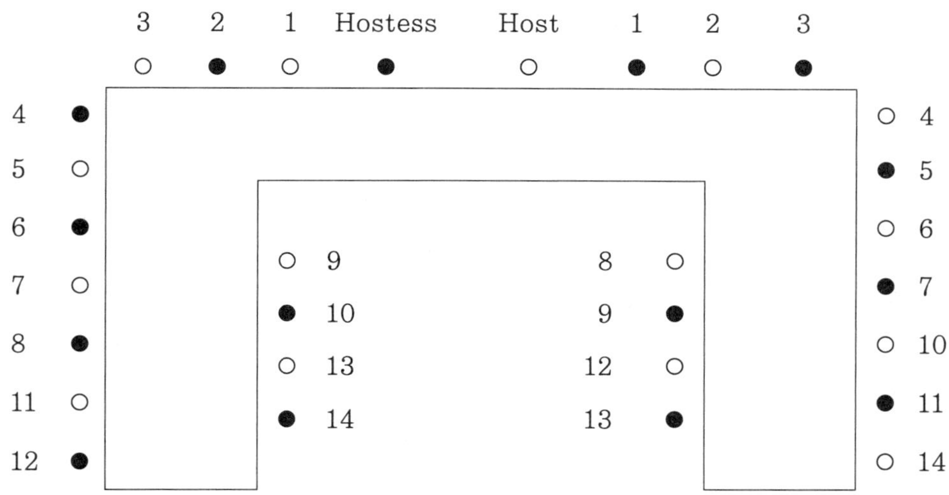

② Host의 오른편에 주빈을 앉히는 경우

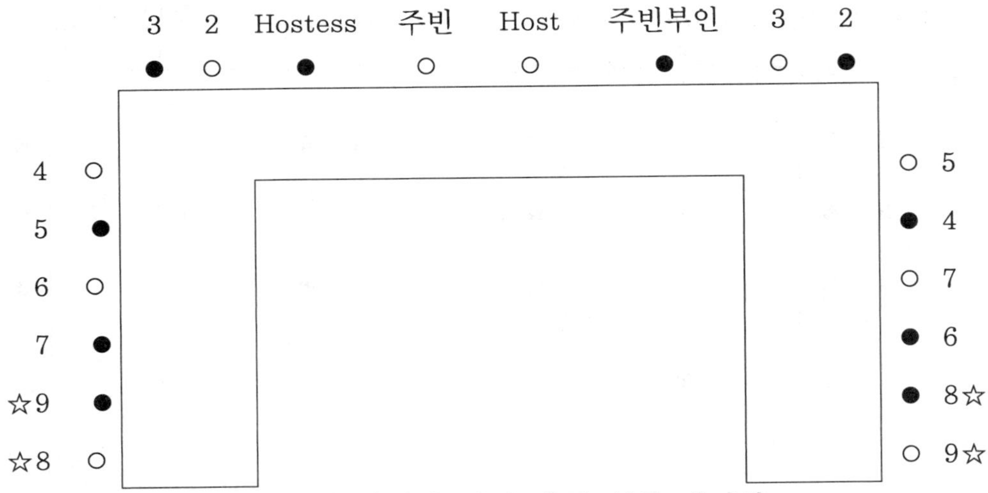

☆ 여자를 끝에 앉히지 않기 위한 위치 변경임

③ Host와 Hostess가 마주보는 경우

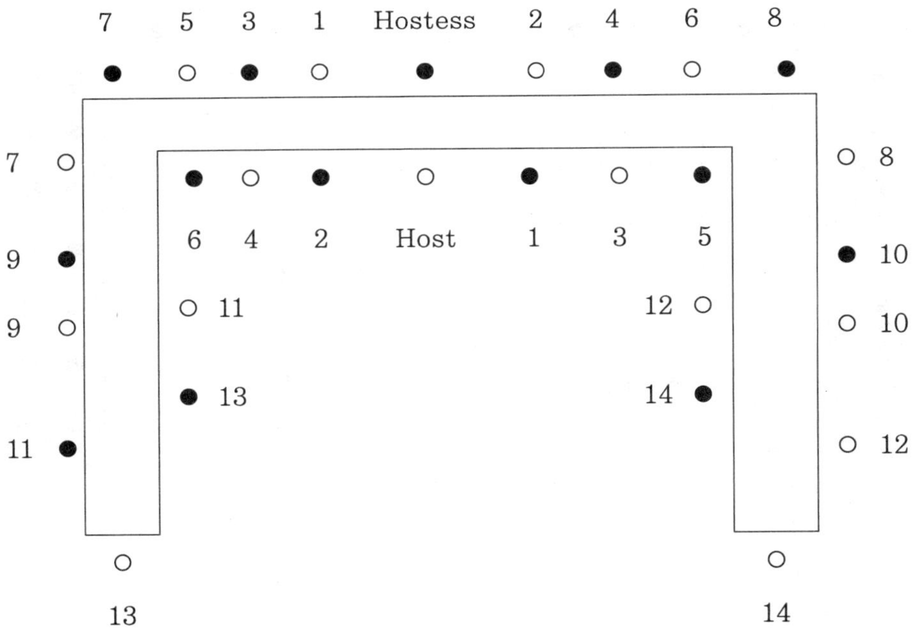

(4) 기타방식

미국식에 의하면 주빈이 미국의 각료급에 상당하는 고관인 경우에는 그 주빈부부를 공동 주최자로 하여 아래와 같이 배열하기도 한다.

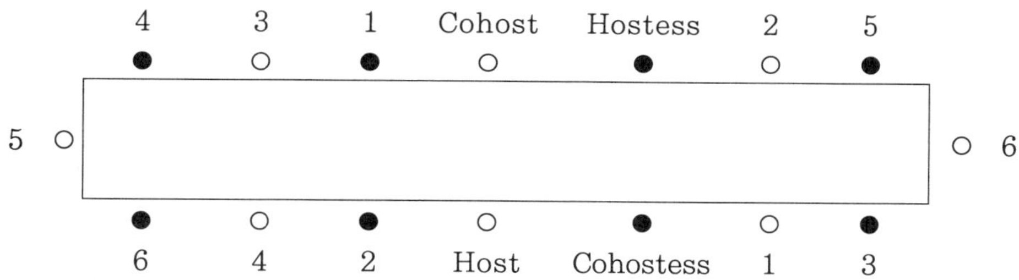

4) 좌석 명패와 개인 좌석표 및 명찰

(1) 좌석 명패

테이블 위의 초청인사 좌석 명패는 참석자들에게 소개한다는 의미도 있지만 기본적으로 자신의 자리를 쉽게 찾도록 하는 것이 원래의 목적이다.

좌석 명패는 가급적 간단하게 작성하여 한 눈에 자기 자리임을 인식 하도록 하며, 통상 각료급은 직책만 쓰고 그 이하는 Mr. 다음 full name으로 표기하고, 부인은 Mrs. 다음 남편의 full name으로 적는다.

(2) 개인 좌석표

대규모 연회의 경우 테이블 배치도, 행사장 입구, 헤드 테이블의 위치와 함께 참가자 각자의 자리를 표시한 개인 좌석표를 만들어 손님들이 입장할 때 배포하면 참석자들이 손쉽게 자기 자리를 찾을 수 있다.

(3) 명찰

연회 참석인원이 많을 경우에는 명찰을 만드는 것이 참석자들 상호간 서로를 쉽게 알아 볼 수 있어 좋다. 100명이 넘는 규모가 큰 리셉션의 경우에는 초청장을 보낼 때 일련번호가 쓰인 명찰 교환권을 동봉하여 보내 입구에서 명찰과 교환하여 주면 현장에서 참석자 현황을 쉽게 파악할 수 있다.

또한 명찰에는 공식 직책을 가진 사람은 직책만 쓰기도 하나 통상 성명과 함께 쓰며, 외국인이 많이 참석하는 연회의 경우는 영문 직책이나 영문이름도 함께 써주면 좋다.

5. 메뉴

연회 주최자로서 음식의 선택은 연회준비에 있어서 가장 신경 써야 할 사항의 한 부분이다. 연회를 외부 식당이나 호텔 같은 장소에서 개최를 하더라도 Host와 Hostess가 직접 음식을 시식하는 등의 메뉴 선택에 직접 관여하는 것이 좋다. 또한 주빈의 기호를 고려하여야 하며 초청된 손님 중에 채식가 또는 특정음식을 기피하는 사람이 있는지를 사전에 파악하여 대비하는 것도 좋다.

공식 연회 시에는 메뉴를 인쇄하고 메뉴에 누구를 위한 연회라는 것과 주최자, 일시, 장소, 요리명 및 포도주명도 기입한다.

술은 식탁에서 마시는 와인만 이름을 표시하고 식전 칵테일과 식후에 마시는 술의 종류는 메뉴에 기입하지 않는다.

외국손님을 초청할 때에는 종교 등의 이유로 금기시 하는 음식을 고려하고 별도의 메뉴를 정하도록 한다.

1) 양식

고대 그리스·로마 시대부터 발달을 거듭해온 현대의 서양요리 중에서는 프랑스 요리가 가장 세련되고 정제된 모습을 보여주고 있으나, 미국과 이탈

리아, 독일, 영국, 스위스, 스웨덴, 러시아 등 유럽 각국 역시 지리적 조건, 기후, 산물 등에 따라 고유한 요리법을 갖고 있다.

서양요리의 기본적인 조미료는 소금 · 후춧가루 · 버터이며 여러 가지 향신료나 포도주를 사용하고 여러 종류의 소스가 발달했다.

프랑스에 르네상스 요리를 전한 사람은 앙리 2세의 왕비인 카트린 드 메디시스이며, 루이 14세 때 프랑스 요리는 사치의 절정을 이루었으며, 루이 15, 16세로 이어지는 동안 더욱 정교해짐과 동시에 새로운 기술의 요리방법이 나왔다.

양식의 대표적인 요리인 프랑스 요리는 공식 만찬에서도 채택되는 것이 보통이다. 공식 만찬이 아닌 일반적인 식사 시에는 앙트레 다음에 주 요리(생선 혹인 고기)와 디저트를 먹고좀 더 공식적인 만찬인 경우에는 앙트레를 먹기 전에 스프를 들거나, 주 요리에서 생선과 고기를 모두 들거나 주 요리 후 야채요리와 치즈를 추가하는 경우가 있다.

(1) 오르되브르(Hors doeuvre)

오르되브르는 식욕을 돋우기 위해 애피타이저로 내놓는 소량의 풍미음식이다. 오르되브르의 종류는 요리사의 취향에 달려 있지만 고급 오르되브르에는 캐비아, 어패류, 고기 파이, 마리네이드나 소스를 끼얹은 채소, 작은 과일 파이, 맛있는 음식을 얹은 배 모양의 비스킷 등이 있다. 전채요리의 기능 이외에 술에 곁들이기도 한다.

또한 오르되브르는 한입에 먹을 수 있게 분량이 적어야 되며, 맛이 좋고 주 요리와 균형을 이루며, 짠맛과 신맛이 가미되어 타액의 분비를 촉진시킬 수 있는 요소가 고려되어야 한다.

그리고 전채요리는 아무리 맛이 있어도 지나치게 많이 먹으면 곧 이어 나올 주 요리를 제대로 먹을 수 없게 되므로 적당히 먹도록 한다. 메뉴에 전채요리가 있다고 해서 반드시 전채를 먹어야 한다는 것은 아니고, 스프에서 시작해도 되고 스프를 생략하고 생선요리부터 바로 시작해도 된다.

(2) 스프(Soup)

스프라는 단어는 빵을 찍어서 먹던 스튜와 스프의 일종을 아우르던 단어인 "sop"에서 유래했다. 근대에 와서 sop의 의미는 스프 따위에 찍어 먹는 용도의 빵을 가리키는 것으로 축소됐다. 레스토랑(restaurant)은 16세기 프랑스에서 값이 싼 스프를 파는 식당의 의미로 쓰이기 시작해 광고를 통해 이 용어가 점차적으로 퍼져 손님을 끌어들이게 됐다. 이후 1765년에 파리의 기업가가 레스토랑을 열었으며 이를 시작으로 현대의 레스토랑 형태가 자리 잡기 시작했다.

스프는 끓는 물에 야채와 육류나 생선 등을 삶아서 육수가 우러나올 때까지 만드는 국물 요리이다. 전통적으로 스프는 맑은 것과 진한 것으로 분류되며 맑은 스프는 콘소메(consomm)라고 하며 가미한 재료에 따라 명칭이 달라진다. 진한스프는 포타지라 하며 포타지란 말은 프랑스어로써 스프의 총칭이다. 진한 스프의 경우에는 담백한 요리가 콘소메의 경우는 진한 맛의 메뉴가 어울리며 코스가 많은 정찬에 적합하다.

크림 스프는 크림이나 달걀, 버터, 크림을 넣어서 끓이는 스프며, 다른 재료로는 쌀이나 밀가루, 곡류를 많이 쓴다.

스프는 소리 내어 먹거나 아무리 뜨거워도 식히려고 불어서는 안 되며, 스푼에 한번 뜬 것은 단번에 먹어야 한다. 단, 콘소메만은 한 두 숟가락 먹은 후 커피를 마시듯이 컵 한쪽 손잡이를 들고 마시면 되는데 이때 스푼은 반드시 Soup Bowl뒤편에 놓는다.

스프는 오른손으로 스푼을 쥐고 왼손으로 그릇의 앞쪽을 약간 들고 스푼을 앞에서 뒤로 밀면서 떠서 스푼 끝 옆쪽으로 입 속에 쏟아 넣듯이 하여 먹는다. 이것이 소위 영국식이고 프랑스식은 스푼을 앞에서 뒤로 미는 대신 자기 쪽으로 당기듯이 떠먹는 것이 다르다.

스프는 웨이터가 서브를 하면 곧 먹기 시작해도 괜찮으며 꼭 여주인이 먹는 것을 기다릴 필요는 없다. 그리고 스프를 다 먹고 나면 스푼의 손잡이를 오른쪽으로 하여 그릇 속에 놓아둔다. 또한 스프를 먹다보면 조금 남은 것은 떠먹기가 쉽지 않다. 이런 때는 접시를 왼쪽으로 조금 기울여 떠먹도록 한다. 손잡이가 달려 있는 컵인 경우에는 손으로 들고 마셔도 되며 양쪽에 손잡이가 달려있는 경우는 양손으로 한쪽에만 달려있는 경우는 한손으로 잡아 입으로 마시듯 먹는다.

(3) 빵

빵은 처음부터 테이블에 놓여있거나 착석 후 바로 서브되는 경우도 있으며, 연회의 경우는 대개 스프가 서브되기 전 또는 후에 바로 제공된다. 빵은 처음부터 먹는 것이 아니며 스프와 같이 먹는 것도 아니다. 빵은 요리와 함께 먹기 시작해 디저트를 들기 전에 끝내는데 이는 빵이 요리의 맛이 남아있는 혀를 깨끗이 하여 미각에 신선미를 주기 때문이다.

빵 접시는 왼쪽에 놓는데 따라서 긴 테이블에서 식사를 할 경우에는 오른쪽에 있는 빵 접시를 잘못 사용하는 실수를 하지 않도록 주의해야 한다.

또한 빵은 자신의 취향대로 가져와 적당량을 조금씩 손으로 잘라서 먹으면 된다. 토스트 등과 같이 버터나 잼이 발라져 있어 손으로 자르기가 불편한 빵은 나이프를 이용해 자르는데 이 경우 왼손으로 빵의 한쪽 끝을 잡고 오른손에 나이프를 들고 자르면 된다.

(4) 생선

생선은 민물고기와 바다생선, 조개류, 달팽이 등이 포함된다. 근래에는 정찬이 아닌 경우에는 생선 코스는 생략되는 수가 많으며 생선은 하나의 앙뜨레로써 메인 코스로 먹는 경우가 많다. 생선은 머리는 좌측, 꼬리는 우측으로 하여 서브된다. 생선의 잔뼈가 입에 들어갔을 때는 왼손으로 가볍게 입을 가리고 오른쪽 손가락으로 집어내어 접시에 놓는다.

생선에 얹어서 나오는 레몬은 생선의 담백한 맛에 산미를 가미하고 생선비린내와 기름진 맛을 제거하기 위해서 사용된다. 레몬을 짤 때는 레몬조각을 포크로 누르고 나이프의 넓은 쪽으로 가볍게 눌러서 레몬즙을 내며, 즙을 짜고 난 레몬껍질은 접시 끝에 놓는다.

그리고 손으로 짤 경우에는 손가락으로 짜서 즙을 내고, 이 때 즙이 튀지 않도록 왼손으로 가리면서 짜면 안전하다.

또한 생선요리는 살이 무르기 때문에 나이프와 포크가 함께 놓여 있더라도 포크만으로 먹어도 된다. 특히 생선 그라탕은 대개 포크로 먹는데 그라탕 요리를 먹을 때는 접시가 매우 뜨거우므로 손으로 접시를 잡지 않도록 한다.

(5) 앙뜨레

앙뜨레는 주요 코스로써 주 요리는 좀 더 풍성하고 양이 많이 제공되는 육류로 만들어지는 것이 대부분이다.

앙뜨레에 쓰이는 재료로는 쇠고기, 돼지고기, 양고기 등을 들 수 있으며, 앙뜨레는 주가 되는 음식이지만 생선요리만으로도 앙뜨레를 대신하는 경우도 있다.

고기요리에 쓰이는 연한 소스는 요리위에 직접 뿌리고 마요네스, 타르소스 등의 진한 소스는 접시의 비어있는 한 곳에 떠 놓은 후 찍어서 먹는다.

우리나라에서는 쇠고기 구이 요리를 일률적으로 Beef steak 라고 부르고 있으나 서양에서는 반드시 Fillet(연한 허리 고기), Faux Fille(허리살), Enterecote (갈비뼈 사이 고기) Tenderloin(연한 허리살), T-bone(T자형 뼈에 달린 갈비 고기)New York Cut(뼈가 없는 등심살) 등 고기 특정 부위를 지적하게 되어 있다.

스테이크는 굽는 온도에 따라 맛이 달라진다. 스테이크는 요리하기 전에 웨이터가 항상 굽는 정도를 물어보며, 굽는 정도는 취향대로 선택하면 되는데 대개 적게 구울수록 육즙이 많아 고기의 참맛을 즐길 수 있다. 또 간혹 고기를 전부 잘라 놓고 먹는 사람이 있는데 이럴 경우 육즙이 접시로 전부 흘러내려 스테이크의 맛도 떨어질 뿐 더러 미리 잘라 놓으면 금새 식어 버리므로 스테이크 본연의 맛이 먹을수록 줄어들게 된다. 따라서 나이프로 조금씩 잘라서 서서히 먹는 것이 좋다. 고기를 자를 때에는 고기의 왼쪽을 포크로 누르고 오른손에 든 나이프로 좌측에서 세로방향으로 잘라서 왼손으로 먹는다. 고기용 나이프는 앞부분이 톱니 같은 칼날로 되어 있으므로 앞쪽으로 당기듯 자르면 된다.

스파케티를 먹을 때에는 먼저 오른손에는 포크, 왼손에는 스푼을 쥐고 2~3 가락의 스파게티를 포크에 걸쳐 포크를 빙빙 돌린다. 이때 스푼은 아래로 내려 가락이 잘 말리도록 거들어 한 입에 들어가도록 알맞은 크기로 만든다.

스테이크의 굽는 정도

영 어	설 명	굽는 시간
rare	표면은 갈색, 속은 붉게 조금 구은 것	5분
mediumrare	중심부가 핑크색과 붉은색으로 조금 더 구은 것	6분
medium	중심부가 핑크색으로 중간정도 구운 것	7분
welldone	표면과 중심부 모두 갈색으로 완전히 구은 것	10분

(6) 야채와 샐러드

샐러드는 한 가지 또는 몇 가지를 혼합해서 내는 신선한 야채이며 주로 앙뜨레와 곁들여 먹게 된다. Dressing이라는 소스를 쳐서 먹는데 Dressing은 각자 기호에 따라 쳐서 먹는다.

고기는 산성이 강한 음식이므로 알칼리성이 강한 생야채를 먹음으로써 중화를 시킬 수 있다는 영양학적인 의미를 가지며 또한 고기의 냄새를 중화시키는 역할도 한다.

콩 종류를 포크로 뜰 때는 빵을 이용하면 쉽고, 먹기 어려운 콩은 포크 등으로 눌러 부수어서 먹으면 된다. 구운 감자는 껍질 채 먹어도 되며, 샐러드와 고기요리는 번갈아가며 먹는 것이 좋다.

(7) 디저트

디저트는 양식에서 빼놓을 수 없는 비중 있는 일부분이며, 단맛이 나는 음식과 치즈로 만든 것 그리고 과일 등을 들 수 있다. 감미로운 디저트는 찬 것과 따뜻한 것, 얼음류로 구분된다. 따뜻한 디저트로는 푸딩이나 크림으로 만든 과자와 과일을 이용한 과자나 파이 등이 있다. 차가운 디저트로는 아이스크림과 셔벳이 있으며, 과일류는 수분이 많고 적음에 따라 그리고 과일의 형태에 따라서 먹는 방법이 다르다. 수분이 많은 과일은 스푼으로, 수분이 비교적 적은 과일은 나이프와 포크를 사용한다.

그리고 과일이 나올 때는 접시위에 반드시 핑거볼이 같이 나오는데 핑거볼은 과실의 즙이 손끝에 묻었을 때 이를 씻기 위한 것으로써 마셔서는 안 된다. 이때 손가락 전체를 씻지 않고 손끝만 씻어야만 하며, 두 손을 같이 넣어서 씻는 것도 보기에 좋지 않으므로 삼가 한다.

(8) 커피와 차

식후에 마시는 음료로는 커피, 홍차 등이 대표적이다. 손님의 기호에 따라 커피 또는 홍차를 내놓거나 녹차도 좋다. 식후에 내는 커피는 통상적으로 양이 적으며 진한 것인데 이는 입안을 개운하게 하여 그날 식사에 대한 마무리를 하기 위함이다.

아이리쉬 커피는 커피에 아이리쉬 위스키를 탄 것으로써 식후 주 대용으로 마시기도 한다.

또한 커피를 마실 때에는 커피 컵의 손잡이에 손가락을 넣지 않고 엄지와 인지로 가볍게 잡아서 마시는 것이 일반적인 방법이며, 각설탕은 그대로 커피 컵에 넣으면 커피가 튈 수 있으므로 한 개 또는 두 개를 커피 스푼에 담아서 컵에 넣는 것도 하나의 방법이다.

그리고 홍차에는 레몬이 함께 나오는데 이때 레몬은 손으로 짜지 말고 홍차에 담갔다 건져내거나 스푼으로 컵 안쪽에 가볍게 대 즙을 낸 뒤 건져서 접시위에 둔다.

2) 중국요리

전 세계 어느 곳을 가더라도 만날 수 있는 중국요리는 헤아릴 수 없을 정도로 다양하다. 넓은 토지와 다양한 특산물을 가진 중국에서 오랜 세월에 걸쳐 정착된 요리로서, 1가지 재료보다는 여러 가지 재료를 섞어서 만드는 것이 많다.

조리 기구는 중화궈(中華鍋 : 솥의 일종)와 정룽(蒸籠 : 찜통)이 대표적이며 이 2가지가 있으면 거의 모든 요리가 가능하며, 요리는 큰 접시에 수북하게 담아놓고 원하는 양을 덜어서 먹는다.

중국 요리는 전국적으로 지방에 따라 기후와 산물이 각각 달라 여러 계통이 있지만 그 중에서도 유명한 것이 4대 요리이다.

크게 남방요리와 북방요리의 2가지 계통으로 분류되는데, 남방요리를 대표하는 것이 광둥(廣東) 요리이고, 북방요리를 대표하는 것이 북경(北京) 요리이다.

광동성을 중심으로 남쪽지방에서 발달한 광동 요리와 사천성을 중심으로 산악지대의 풍토에 영향을 받은 사천 요리, 황허 하류의 평야 지대를 중심으로 발달하여 상하이로 대표되는 남경 요리, 수도인 베이징의 고도를 중심으로 궁정요리가 발달한 북경 요리 등이 있다.

그밖에 지방마다 특색 있는 요리가 있어 종류만 하더라도 헤아릴 수 없이 많은 것이 중국 음식이다.

(1) 북경 요리 – 황하 유역

중국을 대표하는 도시 북경은 그 옛날 요나라가 송나라를 정복한 뒤 수도로 자리 잡으면서부터 도시의 역사가 시작된 곳이다. 북경이 가장 화려한 문명을 자랑한 것은 청나라 때이다. 이때 궁중을 중심으로 중국 각지에서 명물의 진상품이 모이고, 우수한 요리사들이 그 솜씨를 연구하면서 각 지역의 장점만을 받아들여 음식문화를 발달시켰다.

중국요리의 별칭인 '청 요리'도 이때 유래된 것이다. 북쪽에 있는 만큼 한랭

한 기후로 인해 추위에 견디기 위한 고칼로리의 음식이 발달되어 있는데 화력이 강한 석탄을 연료로 사용하였기 때문에 튀김요리와 볶음요리 등 맛이 진하고 기름진 요리가 특히 발달해 있다.

요리는 대부분 기름기가 많고 맵고 짠 요리가 많으며, 간장을 별로 사용하지 않으므로 색은 연한 편이다. 흔히 사용되는 조리법으로는 지지고, 찌고, 전분을 넣고 끓인 국물을 끼얹는 것이며, 밀의 생산이 많아 면류, 만두, 빙의 종류가 많은 것도 특징이라고 할 수 있다. 대표적인 요리로는 북경 오리통구이와 양고기를 사용하여 만든 징기스칸 구이를 들 수 있다. 또한 케찹 대하, 해삼조림, 쇠고기 숙주 곁들임, 돼지고기 짜장 볶음 등이 유명하다. 이밖에도 화북평원에서 생산되는 소맥을 재료로 한 만두, 면, 떡 등 밀가루음식도 그 반죽기술과 함께 매우 다양하고 유명하다. 우리나라에서 흔히 볼 수 있는 중국집은 대부분 이 북경의 요리법을 따르고 있다.

(2) 남경 요리 - 양자강 유역

중국 중부지방의 대표적인 요리로써 남경, 상해, 양주, 소주 등지의 요리를 총칭한다. 이 지방은 비교적 바다와 가깝기 때문에 해산물을 많이 이용하고 조미료로 간장과 설탕을 많이 쓰기 때문에 달고 진한 맛이 난다. 색이 화려하고 선명하도록 음식을 만드는 것이 특징이며 원래 이 지역을 대표하는 도시는 남경이지만 상해가 항구로서 발달하여 국제적인 풍미를 갖추었기 때문에 상해 요리라고도 부르게 되었다. 또한 외국인이 많이 살고 있기 때문에 다른 지방에 비해 토마토 및 토마토케첩, 파인애플, 우유 등을 사용하는 것이 많다. 돼지고기에 진간장을 써서 만드는 홍사오러우(紅燒肉)가 유명하고 한 마리의 생선을 가지고 부위별로 조리법과 양념을 다르게 하여 맛을 낸 생선요리도 일품이다. 특히 9월 말부터 1월 중순에 맛볼 수 있는 상해의 게 요리는 전 세계 식도락가들이 최고로 뽑는 진미이며, 또한 면류요리가 발달되어 있는데, 대표적인 요리로는 진주완자, 게 볶음, 생선찜, 사자두, 삼선볶음국수 등이 있다.

(3) 광동 요리 – 남부 연안지방

중국 동남부에 있는 광동성, 푸젠성, 광시성 등지에서 주로 먹는 요리를 통칭하는데 '먹는 것은 광동에서'라는 말이 있을 정도로 광동 지역은 옛날부터 요리가 발달한 곳이다.

특히 외국과의 교류가 빈번함에 따라 전통 요리의 특성과 국제적인 요리의 특성이 조화를 이뤄 독특하게 발달했다.

자연의 맛을 살리는 담백함이 특징인데, 서유럽 요리의 영향을 받아 쇠고기, 서양채소, 토마토케첩, 우스터소스 등 서양요리 재료와 조미료를 받아들인 요리도 있다. 간을 싱겁게 하고 기름도 적게 써 가장 대중적인 요리로 꼽힌다. 탕수육 팔보채도 사실은 광동 요리이며 중국요리의 보석으로 꼽히는 딤섬도 광동 요리다.

(4) 사천 요리 – 서부 대분지

중국 내륙부의 쓰촨성, 구이저우성, 후난성 등지에서 발달한 요리로써 옛날부터 중국의 곡창지대로 유명한 사천분지는 해산물을 제외한 사계절 산물이 모두 풍성해, 야생 동식물이나 채소류, 민물고기를 주재료로 한 요리가 많다.

더위와 추위가 심해 향신료를 많이 쓴 요리가 발달한 것이 특징이다. 따라서 매운 요리와 마늘, 파, 고추를 사용하는 요리가 많아 느끼한 중국요리들 중에서 당연 한국 사람들의 입맛에 맞는 음식이라고 할 수 있다. 또 산악지대이기 때문에 재료를 소금으로 절이거나 말려서 보존하는 방법이 발달하였다. 대체로 신맛, 매운 맛, 톡 쏘는 맛 등이 주조를 이루고 있으며, 우리에게 가장 잘 알려져 있는 사천 요리 중의 하나가 마파두부이다

(5) 중국 요리의 기본 코스

서양요리처럼 전채, 주 요리, 후식이 코스의 기본 골격이며, 자리의 성격에 따라 코스의 종류가 많아지기도 한다. 중국인들은 짝수를 좋아하므로 보통

전채 2종류, 주 요리 4종류, 후식 2종류를 기본으로 하고 전채와 주 요리 사이에 탕채(서양의 스프)를 첨가시키는데 많을 때에는 전채 4종류, 주 요리 8종류 후식 2종류를 차리기도 한다.

음료수로써는 차가 나오는데 이 차는 기름진 중국요리를 중화시키는 역할을 할 뿐 아니라 다이어트 효과도 뛰어나다.

① 전채

전채로는 냉채를 많이 내는데, 식사를 하기 전에 술을 함께 곁들이면 좋다. 냉채라고 해서 반드시 차게 해서 내놓으란 법은 없으며, 조리하자마자 뜨거울 때 테이블에 올리는 경우도 있다. 찬 요리 2가지와 뜨거운 요리 2가지를 내는 것이 보통이다. 냉채를 몇 종류 배합시켜 담아 내놓는 요리를 병반이라고 하는데 접시에 담은 모양이나 맛의 배합에 세심한 신경을 써서 식욕을 돋우게 한다. 조리법으로는 무침 요리인 반(拌)과 훈제요리인 훈(燻)이 많이 쓰인다.

② 주 요리

따차이(大菜)라고 하는 주 요리는 탕(湯), 튀김(炸), 볶음, 유채(조미한 물녹말을 얹은 요리) 등의 순서로 나오는 것이 일반적이나 순서 없이 나오기도 한다.

대규모 연회에서는 찜, 삶은 요리 등이 추가된다. 흔히 중국요리는 처음부터 많이 먹으면 나중에 진짜로 맛있는 요리를 못 먹는다고 말하는 것은 정식 코스에서 기름진 음식이 나오기 때문이다. 또한 우리나라의 국이나 서양의 스프에 해당하는 탕채는 전채가 끝나고 주 요리에 들어가기 전에 입안을 깨끗이 가시고 주 요리의 식욕을 돋우게 한다는 의미로 나오는 요리로 주 요리의 중간이나 끝 무렵에 내는 경우도 있는데 처음에는 걸쭉하거나 국물기가 많은 조림 등을 내며 끝에는 국물이 많은 요리를 낸다.

③ 후식

코스의 마지막을 장식하는 요리이다. 앞서 먹었던 요리의 맛이 남아있는 입안을 단맛으로 가시라는 의미가 포함되어 있다. 보통 복숭아 조림, 중국약식, 사과탕 등 산뜻한 음식이 쓰인다. 단 음식이 나오면 일단 코스가 끝났다고 보아야 한다. 코스 중간 이후에 나오는 딤섬도 후식의 일종이며, 음식 다음으로 빵이나 면을 들면서 식사를 끝내기도 한다.

3) 일식 요리

일본은 사계절의 구분이 뚜렷하여 각각의 계절마다 수확되는 작물에 따른 조리법도 다양하게 발달하였다. 우리나라와 마찬가지로 물이 좋아 일본 요리는 물의 요리라 할 만큼 물의 이용이 다양하다. 우리나라와 중국으로부터 전파된 문화의 영향으로 대륙 음식 문화의 흔적이 일본요리에 있어서 관찰되며, 특히 섬나라의 특성상 생선의 이용법이 다양하다.

일본 음식의 형태는 여러 가지로 구분되지만 크게는 잔치, 명절, 제사 등의 축제용과 일반용으로 구분되며, 또 가정용과 식당용으로 구분되는 것이 다른 여러 나라와 비교해 볼 때 특이한 점이다. 또한 우리나라 사찰음식과 유사한 세이진 요리와 같이 아주 소박한 요리도 발달하였으며 상업용으로는 생선회가 식당의 대표적인 음식이 되고 있다.

일본의 토착 종교로는 샤머니즘의 영향을 크게 받은 것으로 보이는 신도가 있지만 주종교인 불교가 일본의 식문화에 크게 영향을 끼침으로써 예전에는 육식이나 생선회가 지금처럼 일반화되지는 않았다. 즉 생선회(사시미)는 일본 음식의 대명사인 것처럼 인식되고 있지만, 실제로 생선회가 일반 가정의 식탁에 오르기 시작한 것은 극히 근래의 일이다. 왜냐하면 회를 만들기 위해서는 싱싱한 생선을 필요로 하고 이에 따른 전문적인 시설과 취급이 요구되기 때문이다. 저온 유통 체계가 완성되고 국민 소득이 현저히 높아진 근래에 이르러서야 일반 가정에서도 생선회를 먹을 수 있게 되었다.

일본요리는 보면서 즐기는 요리인 만큼 일본 요리는 맛뿐만 아니라 색깔이나 모양에서 색다른 즐거움을 준다. 일본요리는 서양 요리나 다른 동양권의 요리에 비해 향신료의 사용이 적어 식품 고유의 맛을 최대한으로 살린다.

4개의 섬으로 이루어진 일본은 지리적 특성으로 인해 생선류의 음식이 많다. 섬이라는 지리적 특성은 요리의 주재료를 육류보다는 생선류로 사용하게 되었고 특히 어패류를 날로 먹는 회(사시미) 요리가 발달하게 되었다. 이러한 일식의 경향은 재료의 담백한 맛을 최대한 살려 '먹는 즐거움'을 제공한다. 또 다른 시각적인 즐거움은 식기와 공간미에 있는데 일본 식기는 재질도 다양하고 형태도 다양해 음식을 연출하는데 있어 장점을 갖고 있다. 담을 때도 공간의 미를 충분히 고려한다. 무조건 많이 담는 게 아니라 색과 모양을 보기 좋게 다소곳이 담는 것이 일본 요리의 특징이다.

(1) 관서지방 요리 (關西料理)

에도시대에 들어와서 발달된 에도(江戸)요리와 비교하면 그의 역사는 길다. 주로 교토(京都), 오사카(大板)의 요리를 가리키나 교토요리와 오사카 요리와는 조금 다른 점이 있다.

교토는 바다로부터 멀리 떨어져 있으나 물이 좋은 관계로 야채와 건어물을 사용한 요리가 발달했다. 바다가 가깝고 어패류를 많이 접할 수 있는 오사카에서는 생선요리가 발달했으나 간은 그리 강하지 않다. 소재의 맛(味)을 최대한으로 살리는 연한 맛이 특징이며 색, 형태도 그대로 살리며 어느 정도의 국물(汁)이 많은 것이 특징이라고 할 수 있다.

(2) 관동지방 요리(關東料理)

에도마에(江戸前), 동경만(東京)과 우전천(隅田川)등에서 잡은 어패류를 사용한 생선초밥(握りすし), 덴뿌라(天ぷら), 민물장어(うなぎ)와 메밀국수(ソバ)등이 대표적인 요리이다.

역사적으로는 元 (1688~1704) 시대로부터 생기기 시작한 요리와 찻집을 중심으로 발달하였으며 문화 문정기(文化 文政期 ; 1804~1830)에 들어서면서 서민문화의 성숙과 더불어 확립되었다고 보아야 한다.

관서지방 요리와 비교하면 맛(味)이 농후한 것이 특징으로 되어 있으나, 조미료는 관서의 연한 간장에 비하여 진한 간장이 사용되어 왔다. 이렇게 맛이 틀리는 것은 수질의 차이, 동경만에서 잡힌 생선과 관서지방 주변에서 잡힌 생선의 차이와, 토질에 따른 야채류의 차이가 요리의 지역분할에 영향을 미친것으로 보여 진다.

결론적으로 관서지방 요리의 맛은 연하면서 국물(汁)이 많고 재료의 색과 형태를 살릴 수 있는 반면, 관동지방 요리는 간이 세므로 국물이 적을 수밖에 없다.

그러나 요사이 교통수단의 발달과 요리기술의 교류로 인하여 지역적 특징은 거의 없어지고 있다.

(3) 정진 요리

이 요리의 시초는 사찰음식으로 야채, 해초, 건물가공 등의 식물성 식품을 재료로 한 요리로 어패류 등과 같이 비린내가 나는 재료를 피해야 하는 불교사상에서 온 것으로 가마꾸라(鎌倉)시대의 불교의 융성과 더불어 일반시민에게까지 널리 퍼졌다. 쑈진(精進)이라는 것은 불교어로 쑈우곤(精勤)이라 해석되어 지는데 불도를 닦는 데 있어서 잡념을 버리고 一心(일심)의 정신수양을 한다는 뜻에 있다고 한다.

미식(美食)을 멀리하고 엄격한 법을 지키며 동물성을 피하고 채식을 주재료로 이용한다. 즉, 어패류를 사용하지 않은 요리를 정진요리라고 부르게 되었으며, 법회나 그 이외의 불교행사(佛事)에 이용되었다. 정진요리는 중국으로부터 전해진 것으로 다량의 기름과 전분을 많이 사용하는 것이 특징이다.

(4) 보차 요리

보차 요리(普茶料理)라고 하는 것은 에도(江戸)시대에 도래한 중국식 정진요리이다. 중국의 사찰음식(정진요리)의 일종이며, 황벽산 만복사로부터 전래되었다 한다. 그래서 식탁의 예의도 중국요리처럼 원형탁자를 사용하여 4명이 하나의 탁자(四人一卓)에서 한 그릇의 요리를 나누어 덜어 먹는다. 보차요리는 불교정신으로부터 생물의 요리를 사용하지 않는 것이 원칙이나 영양

면을 고려하여 두부, 깨, 식물성기름을 많이 사용한다. 야채와 건어물을 조리하며 자연의 색과 형을 아름답게 꾸미며 선종(禪宗)의 간단한 조리법을 조입한 것이 특징이다.

(5) 본선 요리

주로 무사의 집안을 통하여 전래되어 왔으나 메이지시대에 들어오면서 민간에게도 보급되기 시작하여 지금까지 관혼상제 등의 의식 요리에 이용되고 있다. 그리고 손님 접대 요리로 전해지는 정식 일본 요리로 현대 일본요리의 원류라 할 수 있다.

형식은 한 사람의 손님에게 상에 요리를 올려서 제공하고 맑은 국, 야채의 수에 의해 상(센 : 膳)의 수도 증가한다. 어느 상에는 무엇을 놓고, 동종동미(同種同味)의 요리는 내지 않는 등 여러 가지의 규칙이 있다. 본선 요리는 센(상; 膳)을 내는 방법, 먹는 방법에 형식이 있으며, 그의 예절과 방법을 매우 중요시한다. 그 후 어려운 예절과 방식에서 변형된 새로운 스타일의 가이세끼(懷石料理)가 개발되게 되었다.

(6) 회석 요리

이 요리는 연회요리(宴會料理)로 에도시대부터 이용되어 왔으며, 본선 요리를 약식으로 개선하여 만든 주연요리(酒宴料理)의 주류를 이루고 있다. 회석(가이세끼=會席)이란 모임의 좌석, 회합의 좌석이라는 의미로서, 에도(江戸)시대에 연가(俳諧, 誹諧)의 좌석에서 식사를 즐긴 것에서 시작되었다. 그 이전에 발달한 본선(혼젠=本膳)요리나 가이세끼(懷石)를 기본으로 하여 정진(精進)요리나 중국 남반(南)요리 등 각양각색의 요리나 재료를 받아들여 일반화한 요리이다. 형식보다는 식미본위(食味本位) 즉, 보아서 아름답고 냄새를 맡아서 향기롭고 먹어서 맛있는 것을 전제로 하며, 회석요리에는 일즙삼채, 일즙오채, 이즙오채 등으로 이루어진다.

회석 요리를 대접할 때에는 손님의 취향과 구미에 맞추어 계절감 있게 메뉴를 구성하여야 한다. 특별한 경우를 제외하고는 동일재료를 중복하여 사용하지 않으며, 같은 맛을 될 수 있는 대로 피하는 것이 이 요리의 예의라 할 수 있다.

4) 한식 요리

한국 요리(韓國料理)는 한국의 전통 음식을 뜻한다. 복잡한 궁중 요리에서부터 지방의 특색 요리와 현대의 퓨전 요리에 이르기까지 재료와 조리법이 매우 다양하다. 전통적인 한국 정식은 밥, 국, 김치와 함께 나오는 많은 반찬들로 이루어진다. 한국 음식은 보통 참기름, 된장, 간장, 소금, 마늘, 생강, 그리고 고추장 등으로 맛을 낸다. 식단은 계절별로 다양한데, 밥, 죽, 떡, 국수, 만두, 수제비, 술 등의 곡물 음식이 발달하였고 콩으로 메주를 쑤어 장을 담그는 발효 음식도 발달하였다.

재배 채소뿐 아니라, 산야에 자생하는 산나물, 들나물 등 채소의 종류가 다양하여 생채, 쌈, 나물, 김치로 만들어 식탁을 계절에 따라 변화 있게 차릴 수 있었다. 예로부터 약식동원(藥食同原, 약과 음식은 그 근본이 같다)의 식관념 속에 생강, 계피, 쑥, 오미자, 구기자, 더덕, 도라지, 율무, 모과, 석류, 유자, 인삼 등 약으로 쓰이는 재료가 음식의 조리에 많이 이용되고 있다. 삼계탕, 쑥떡, 생란, 더덕, 생채 등 여러 가지 음식과 생강차, 인삼차, 모과차, 유자차, 구기자차, 결명자차, 율무차 등의 차와 오미자 화채 등의 다양한 음료도 있다.

조미료와 향신료도 약념(藥念)이라 하여 파, 마늘, 생강, 고추, 참기름, 깨 소금 등이 약과 같은 효능이 있는 것으로 여겨졌다.

한국인의 일상 적인 식사 형태는 밥을 주식으로 하고, 여러 가지 반찬을 곁들여 먹는 식사 형태이다. 주식은 쌀만으로 지은 쌀밥과 조, 보리, 콩, 팥 등의 잡곡을 섞어 지은 잡곡밥을 기본으로 한다. 부식은 국이나 찌개, 김치와 장류를 기본으로 하고, 육류, 어패류, 채소류, 해조류 등을 이용해서 반찬을 만들었다. 이렇게 밥과 반찬을 같이 먹는 식사 형태는 여러 가지 식품을 골고루 섭취함으로써 영양의 균형을 상호 보완시켜주는 합리적인 식사 형식이다.

(1) 한식 준비 시 유의점

한식은 원래 주식인 밥을 먹기 위한 찬으로써의 보조역할이 컸으므로 일반적으로 짜고 매운 것이 특징이다. 따라서 외국인을 접대할 때에는 너무 짜거나 맵지 않게 그리고 마늘도 되도록 적게 쓰는 것이 좋다. 한식 메뉴는 밥과 국 그리고 밑반찬 3~4가지 등 총 5~6가지 정도로 줄이는 것이 좋다.

서양인들은 스프에 건더기가 너무 많은 것을 좋아하지 않으므로 만두국 같은 것도 만두를 아주 작게 빚고 한 두 개 정도만 담는 것이 좋다.

오이냉국은 더운 나라에서는 여름철에 좋고, 또 잣죽과 호박죽은 국이 아니지만 스프 대신에 내놓아도 외국인들이 좋아한다.

김치와 나물 그리고 젓갈이나 초간장 같은 것은 뚜껑이 있는 작은 합에 담아 처음부터 상에 내놓는 것도 무방하다. 손님을 많이 초대할 때에는 한국요리를 서양식 뷔페 스타일로 서브하는 것도 좋으며, 외국인들을 위해서는 포크와 나이프도 준비해 주는 것이 바람직하다(외교통상부, 2002)

5) 종교적 금기음식

세계를 지배하는 4대 종교는 기독교, 이슬람교, 불교 및 힌두교이다. 각 종교에서는 어떠한 이유 및 목적으로 일상적으로 먹는 음식에 제한을 가하고 있다. 이는 종교가 음식을 단순한 생존 차원의 먹 거리 개념이 아닌 종교적 의식으로 간주하고 있기 때문이다.

따라서 종교가 음식에 끼치는 영향은 교리나 법전 등을 통하여 나타나는데 예를 들면 불교에서는 오신채(五辛菜)를 금하고 어떠한 목적이든 살아있는 생명체를 섭식하는 것을 계율로서 엄격하게 금하고 있다. 또한 이슬람교권역에서는 돼지고기를 먹는 것을 금하고 있는데, 이는 돼지를 부정한 동물로 간주하고 있기 때문이다. 또한 힌두교에서는 소를 신성시하여 쇠고기를 비롯한 일체의 쇠고기음식을 금하고 있는데 그 이유는 소는 〈신의 사자〉로 신성시하고 있기 때문이다.

이처럼 종교는 음식에 대하여 금기하거나 터부시하여 먹어도 좋은 음식,

먹지 말아야 할 음식, 특정 시기를 제한하여 먹거나 먹지 말아야 하는 음식 등 먹는 방법과 격식을 엄격하게 규정하고 있다. 종교적인 금기음식에 대한 일반적인 법칙은 다음과 같다. 그러나 사람에 따라서는 반드시 그 법칙에 따르지 않을 수도 있다.

(1) 회교

이슬람교를 믿는 민족은 어느 민족이든지 돼지고기를 절대로 먹지 않는다는 점에서 공통적이다. 회교법에 따라 금기로 되어 있는 돼지고기와 그 제품(햄, 베이컨, 소시지 등) 또는 돼지고기를 넣어서 만든 음식은 회교도들에게 서브하지 않는다. 알코올 성분 음료, 즉 술도 교법에 금지되어 있으나 술을 마시는 회교도들도 많다. 예를 들면 사우디아라비아 사람들은 정통파에 속하기 때문에 술을 마시지 않으나, 파키스탄 사람들은 비교적 덜 엄격하여 흔히 술을 마신다.

보통의 경우는 주빈이 회교도라고 해서 다른 사람들이 술을 마시는 것까지 반대하지는 않으므로, 회교도가 아닌 다른 손님에게는 술을 대접하고 교인에게만 주스를 내면 된다. 회교를 믿는 주요한 나라는 다음과 같다. 모로코, 리비아, 이집트, 시리아, 요르단, 터키, 이라크, 이란, 사우디아라비아, 아프가니스탄, 말레이시아, 인도네시아 이 밖에 인도와 파키스탄에도 회교도가 많다.

(2) 힌두교

힌두교를 숭배하는 지역에서는 소가 신성한 동물로 숭배되고, 그 고기 또한 절대 금식으로 규정되어 있다. 인도는 한, 두개 주를 제외한 모든 주에서 소의 도살과 식용을 금지한 보호법이 제정되어 있다. 힌두교법에 따라 교도들은 쇠고기, 돼지고기와 그 제품을 먹지 않는다. 양고기, 생선 등은 법으로 금하고 있지 않으나 초식만 하는 힌두교도들이 많다. 인도, 네팔, 스리랑카 등이 중요한 힌두교국이다.

(3) 불교

교법에 의한 금기음식은 없으나 교인 자신이 스스로 어떤 음식을 금하는 경우가 많다. 불교는 살생을 금하기 때문에 고기를 먹지 않는 불교인이 많으며, 어떠한 사람은 술을 마시지 않는다. 불교가 널리 유포되어 있는 나라는 캄보디아, 라오스, 태국, 월남, 미얀마, 일본 등이다.

(4) 유대교와 몰몬교

정통적인 유대교인들은 돼지고기, 조개류, 쇠고기의 한 부분을 먹지 않는다. 쇠고기는 소를 잡기 전에 기도를 드려야 하며, 우유와 고기를 같이 먹지 않는다. 즉 한 가지가 소화된 다음에 다음 것을 먹는다. 또한 몰몬 교도들은 커피, 홍차 또는 술을 마시지 않으며 담백한 음식을 취한다.

6) 주류

우리나라에서의 요리는 술을 마실 때 곁들여 내는 안주로써의 역할이 크나, 서양사회 특히 유럽에서는 요리와 술의 관계는 우리와 정반대로 어디까지나 요리가 주이고 술은 부수적인 것이다. 즉, 요리를 맛있게 먹기 위해서 술은 반드시 필요한 것이며, 특히 식탁에서 반주로 마시는 포도주는 그 맛이 천차만별이므로 요리의 참맛을 즐기기 위해서는 이에 알맞은 포도주를 제대로 골라야 한다.

또한 식전에 마시는 술과 식사 중에 마시는 술, 그리고 식후에 마시는 술들이 모두 다르며, 그리고 마시는 술의 종류에 따라서 양주잔의 모양도 다르므로 양주에 대한 지식과 함께 어떤 술잔이 어떤 종류의 술을 마실 때 쓰이는가 하는 양주잔에 대한 상식도 가지고 있어야 한다(외교통상부, 2002).

(1) 식사 전 마시는 술

식사하기 전에 식욕을 촉진시키기 위해 마시는 식전 주를 아페리티프라고

한다. 식사 전에 마시는 술은 달콤한 술이나 음료는 피하는 것이 좋으며 술을 못하는 남성이나 여성도 가벼운 칵테일이나 음료라도 마시는 것이 사교에 좋다.

식전 주는 식욕을 촉진하기 위해 찬 것이 준비되는 경우가 많은데 이런 경우에는 잔을 감싸듯 잡게 되면 체온으로 인해 술의 온도가 변하고 이는 술 본래의 제 맛을 잃게 함으로 차게 해서 마시는 술은 술잔의 다리 부분을 잡도록 하며 너무 시간을 끌며 마시지 않는다. 또한 식전의 위스키는 약하게 마시는 것이 좋다.

(2) 식사 중 마시는 술

유럽에서는 대게 식사를 할 때는 자연포도주를 반주로 마신다. 서양요리는 육류가 주류를 이루기 때문에 식사가 진행됨에 따라 입안이 지방으로 인해 점점 요리의 맛에 무뎌지게 된다. 이때 포도주의 독특한 시고 떫은맛은 지방분을 없애주고 혀를 긴장시켜 신선한 미각을 되찾아주는 역할을 하며, 포도주의 알코올 성분은 적당히 위를 자극하여 식욕을 촉진시켜 준다.

포도주 잔은 대개 튤립 형태의 다리가 긴 잔이 사용된다. 튤립형을 사용하는 것은 포도주의 향을 효과적으로 유지하기 위한 것이다. 즉 향기를 잔 속에 발산시켜 조금이라도 오래 잔속에 남아있게 하기 위해 입을 대는 부분이 다소 굽어지도록 만든 것이며, 다리 부분이 긴 것은 포도주가 들어있는 부분에 손을 대어 차갑게 해 놓은 포도주가 손의 온도로 따뜻해지지 않도록 하기 위한 것이다.

일반적으로 정식만찬에서는 백포도주, 적포도주, 샴페인의 순으로 서브되는 것이 보통이다. 즉, 생선요리에서는 백포도주, 육류요리에서는 적포도주, 건배 시에는 샴페인으로 한다.

포도주를 따를 때에는 병 안의 침전물이 일어나지 않도록 가만히 따르며, 언제나 남성인 Host가 먼저 맛보는 것이 테이블 매너의 상식이다.

포도주를 선택할 때에는 요리와의 조화, 생산지, 포도의 수확년도, 브랜드 등 네 가지 기준을 고려하여 선택하며, 포도주는 Wine glass에 부어서 마시며 절대로 얼음을 넣어서 마시지 않는다. 그리고 포도주는 요리와 함께 마시는 식 중 주이기 때문에 특히 기름기 같은 것이 포도주 잔에 묻기 쉽다. 따라서 포도주를 마시기 전에는 반드시 냅킨으로 가볍게 입 주위를 닦도록 하며 여성의 경우는 입술의 루즈가 잔에 묻지 않도록 주의하도록 한다.

(3) 식후에 마시는 술

식전 주를 식욕 촉진 주라고 하면 식후 주는 소화 촉진 주라고 할 수 있다. 식후에 마시는 술로써는 브랜디와 리큐어가 있으며, 이 술들은 손님들이 식사 후 별실로 옮겨 커피나 홍차를 마시는 동안에 서브된다. 일반가정이 아니고 밖에서 식사를 했을 때에는 식가가 끝난 뒤 바(bar)나 라운지에서 식후 주를 마시는 것이 보통이다.

식후 주로는 브랜디와 리큐어가 대표적이다. 브랜디란 포도주를 증류해서 만든 것을 총칭하며 체리나, 복숭아, 사과 등을 증류하여 만든 경우에는 브랜디 앞에 그 원료가 되는 과일 이름을 붙여주며 주로 남성이 즐겨 마시는 식후 주이다. 리큐어는 당도가 있고 색깔이 아름다운 술로 식후 주로 여성들이 주로 마시는 매혹적인 양주이다. 브랜디 잔은 손바닥으로 감싸듯 잡는다.

6. 연회예절

1) 연회의 진행

(1) 초청인사 도착

초청인사가 모두 오는 것을 기다리면서 약 20~30분간 칵테일을 한 후 만찬준비가 끝난 것을 확인한 후 손님을 만찬장으로 안내한다.

안내는 주인이 먼저 주빈의 부인을, 그리고 여주인이 주빈을 안내하여 만찬장으로 들어가며 다른 초청 인사들이 그 뒤를 따르는 것이 관례이다.

초청 인사들의 연회장 도착시간은 원칙적으로 초청시간보다 5분쯤 전이 이상적이며, 10분 이상 늦어지는 것은 결례이다.

(2) 영접선(Receiving line)

공식 연회에 있어서는 초청 인사들이 주최자와 주빈에게 인사할 수 있는 기회를 주기 위해 영접선을 형성한다. 영접선은 문밖에서 보아 왼쪽이 영접선이 되며 이 위치에서 주인과 주빈은 초청 인사들을 영접하게 된다.

영접선상의 순서는 주빈이 있을 경우에는 주인, 주빈, 여주인, 주빈 부인 순이며 주빈이 없을 경우에는 주인과 그의 부인 순으로 선다. 주최자 내외와 주빈 내외가 자리를 하면 영접선 앞에 위치한 안내자에게 자신의 공식 관직명 또는 이름을 말한다. 이때 초청 인사는 안내자와 악수를 해서는 안 된다.

주인은 초청 인사들과 인사를 교환한 후 그를 주빈에게 소개한다. 영접선에서는 초청 인사가 아무리 주인이나 주빈과 잘 아는 사이라 할지라도 긴 이야기를 나누어서는 안 되는데 이는 영접선이 너무 길어지면 중간에 줄이 잘 지켜지지 않을 뿐만 아니라 초청 인사들이 밀려서 기다려야 하기 때문이다. 또한 영접선에 서 있는 주인과 주빈 부부는 술잔이나 담배 등을 손에 든 채로 초청 인사들을 맞이해서도 안 된다.

영접선은 15~20분간 유지하는 것이 일반적이며 그 이후에는 주인과 주빈 부부도 다른 초청 인사들과 활동한다.

(3) 축배

공식 만찬에서는 축배를 드는 경우가 많으며 축배를 위한 샴페인은 답배를 위해 다 마시지 말고 조금 남겨두어야 한다.

건배를 언제 하는가는 나라에 따라 다르나 대개는 디저트를 들고 나서 연설을 하고 건배 제의를 하며, 우리나리에서는 식사 전에 연설을 하고 건배를 한 후 식사를 시작한다.

건배는 주로 샴페인을 많이 사용하는데 비록 술을 못하는 여성이라도 건배 시에는 소량이나마 잔을 채워 함께 건배에 응하도록 한다.

(4) 식사의 종료와 답례

초청 받은 연회에 참석하면 일단 종료 시 까지 자리를 지키는 것이 예의이다. 식사가 끝나면 여주인의 신호에 따라 주빈 내외가 먼저 자리에서 일어나며 이어 내객들이 일어나서 뒤를 따라 별실에 가서 커피와 식후 주 등을 들며 환담을 나눈다. 만찬이 모두 끝나면 주빈이 먼저 떠나며 내객들은 그 뒤를 이어 대개 그들의 서열 순에 따라 연회장을 떠난다.

만찬에 다녀온 후에는 빠른 시일 내(1주일 이내)에 주최자 부부 앞으로 감사 서한 또는 명함을 보내는 것이 좋으며 당일 또는 그 익일에 화환을 보내면 더욱 좋다.

2) 식탁에서의 예의

식탁에서의 매너가 완성된 것은 19세기 영국의 빅토리아 여왕 때라고 한다. 이 시대는 역사상 형식을 매우 중요시하고 도덕성을 까다롭게 논하던 때였다. 그러나 식탁 매너의 기본 정신은 형식에 있는 것이 아니라 서로 요리를 맛있게 먹기 위한 데 있다.

요리의 맛은 기본적으로 요리사의 솜씨나 재료에 따라 결정될 수 있지만 함께 식사하는 사람이 어떠냐에 따라서도 식사의 질이 달라질 수 있다. 즉, 식탁 예절의 중요한 목적 중 하나는 상대방에게 불쾌감을 주지 않고 맛있게 식사를 하려는데 목적이 있다.

식탁에서의 매너는 남자는 오른편 좌석의 여자가 착석 또는 기립할 때에 이를 도와야 하며, 식탁과의 간격은 주먹 두 개 정도가 들어갈 만큼 떨어져서 앉는다.

식탁에서의 자세는 단정하여야 하며 식탁 위에 팔꿈치를 올려놓거나 팔짱을 끼거나 양다리를 겹치거나 뻗치는 것은 금물이다.

식탁에서의 이야기는 양편 사람과 고르게 나누어 하여야 하며 너무 큰 소리를 내는 것은 삼가며, 식사가 시작되고 나서 의자의 위치를 바꾸거나 소리를 내는 것은 큰 실례이다.

음식을 먹을 때 소리를 내거나 음식을 입에 가득 넣은 채로 이야기를 하여서는 안 된다. 만일 음식을 먹고 있을 때 옆 사람이 말을 시키면 입안에 음식을 다 먹고 난 뒤에 응답을 하면 되고, 손가락으로 타인을 가리키는 것은 좋지 않다.

연회에 참석할 때는 모자, 코트, 가방 등의 짐은 소지품 보관소에 맡기는 것이 원칙이며, 여성의 경우 화장품이나 손수건이 든 핸드백은 항상 곁에 두어야 하므로 핸드백은 자신의 의자 뒤쪽에 놓으면 된다.

식사 전에 인사 소개가 있거나 건배와 연설 등이 있을 때는 끝날 때까지 냅킨을 펴지 않는 것이 상례이므로 냅킨은 의자에 앉자마자 성급하게 펴지 않는다.

냅킨은 식탁 전체를 보고 전원이 착석하여 안정된 상태에 들었으면 냅킨을 펴지 않은 상태로 무릎위에 가져와서 조용하게 편다.

냅킨을 무릎에 펼쳐 놓는 것은 음식물이 잘못 떨어지더라도 옷이 더러워지는 것을 방지하는데 있으며, 그 밖에 입을 닦는다든가 핑거볼 사용 후 물기를 닦을 때도 사용한다.

또한 입을 닦을 때는 세게 닦지 말고 가볍게 눌러가며 닦고 잘못하여 물을 엎질렀을 때에는 냅킨으로 마구 닦지 않도록 한다. 냅킨을 식탁에 올려놓으면 식사가 끝났다는 신호로 해석될 수 있으니 주의한다.

접시를 중심으로 나이프는 오른쪽에 포크는 왼쪽에 놓이게 된다. 양식에서의 나이프와 포크는 한 가지만 사용하는 것이 아니라 코스마다 새로운 것을 사용하는데 각 코스의 요리에 따라 사용하기 쉽게 크기와 모양이 구별되어 있다.

나이프와 포크는 각각 3개 이하로 놓여있게 되는데 바깥쪽에 놓인 것부터 안쪽을 향해 차례대로 사용하면 되며, 식사 중의 나이프와 포크는 접시의 양쪽 끝에 걸쳐 놓거나 접시 위에 서로 교차해서 놓는다.

나이프는 사용 후 칼날이 자기 쪽을 향하게 놓고, 입안에 음식물을 넣고 씹을 때는 나이프와 포크는 접시 위에 놓도록 하며 나이프의 경우 입안에 직접 넣는 것은 절대 삼가 해야 한다. 식사가 끝났을 때는 접시 중앙의 윗부분에 나란히 놓도록 하며, 한 코스에 나이프, 포크, 스푼을 같이 사용했을 경우에는 바깥쪽부터 나이프, 포크, 스푼 순으로 가지런히 모아 놓는다. 식사 중 나이프와 포크 등 기타 물건을 바닥에 떨어뜨렸을 때에는 웨이터로 하여금 이를 줍게 하여야 한다.

빵 이외의 음식은 손으로 먹어서는 안 되나 과일, 새우, 게 등을 벗길 때에는 손을 사용해도 된다. 그리고 술을 안 마신 다고 술잔을 엎어놓는 것은 실례이며, 이때에는 손으로 잔을 가리면서 사양의 표시를 하는 것이 좋다.

또한 부득이한 경우를 제외하고는 입에 넣었던 음식물을 그대로 삼키는 것이 예의이며, 소금이나 설탕이 자기 좌석에서 떨어진 곳에 있을 때에는 팔을 뻗쳐 집는 것은 실례이므로 옆 사람에게 부탁하면 된다.

식사는 서로 맛있게 먹으려는데 그 목적이 있다. 따라서 혼자 너무 빨리 또는 늦게 먹는 일이 없도록 신경을 쓴다. 또 호스트나 호스테스는 상석의 손님들과 보조를 맞추어 손님들 보다 빨리 먹어서는 안 된다.

3) 남자 복장

각종 공식행사나 연회장 등에서 착용할 복장은 국제적으로 통용되는 관행이 있으나 특정 행사별 착용 복장은 나라마다 습관, 기후, 유행 등 사정에 따라 다소 상이하다. 그리고 특수 복장이 요구되는 공식적인 행사 시 에도 자국의 고유의상 착용이 무방하다는 것이 각국의 공통된 관행이다.

의식복장의 착용은 행사 주최 측에서 초청장이나 안내장 또는 구두로 화이트 타이(White tie), 블랙타이(Black tie), 세미포멀(Semi-formal) 등 어떤 옷차림을 해야 할 것인가를 지정해 주는 예가 많으며, 행사에 참가하는 일반참가자, 공무원, 학생 등은 일상복과 단체복을 착용한다.

우리나라의 의식복장은 지난 1966년 7월 구 총무처에서 정부의 각급 공무원, 정부를 대표하는 사절, 외교관, 해외주재관, 의전관 등이 국내외 공식적 의전행사 또는 사교장에서 착용할 표준 복장을 국제적으로 통용되는 제식에 따르도록 규정하고 필요에 따라 착용할 수 있도록 하였다.

남성의 예복은 모임이 열리는 시간과 격식에 따라 4가지로 나눌 수 있는데 정장예복(Full dress) 또는 정식 야회복, 만찬복(Dinner dress) 또는 약식야회복, 모닝코트(Moring coat), 평복(Loung suit) 등이 있다.

(1) 정장예복(Full dress)

초대장에 '화이트 타이(White tie)'라고 적혀 있으면 오후5시 이후의 정장예복인 연미복을 입고 가야한다. 일반적으로 공식만찬회, 무도회, 오페라, 음악회 등에 입는다. 검은색 계통의 모직 양복으로 뒷부분이 길게 내려온 상의와 같은 색의 하의, 그리고 백색나비타이, 백색조끼, 백색장갑을 착용한다. 주간 예복의 경우는 검은색 조끼를 입는다.

요즘에는 국가에서 주관하는 공식모임이나 외교관계의 리셉션 등을 빼고는 연미복을 입는 경우는 아주 드물다.

(2) 만찬복(Dinner dress)

일종의 만찬복으로써 턱시도나 디너 자켓이라고도 한다. 이 복장을 할 때는 초청장에 보통 '블랙 타이(Black tie)'라고 복장이 지정된다. 턱시도는 어떤 격식 있는 모임에서도 입을 수 있는 가장 대표적인 남자 예복이다.

턱시도는 연미복 대신 야간의 각종 파티, 음악회, 콘서트 등에 입는 편리한 약식 예복으로써 19세기에 뉴욕의 턱시도클럽에서 연미복대용으로 입기 시작한데서 유래한다.

검은색이나 짙은 색 계통의 상, 하의로 싱글, 더블의 두 가지가 있는데 더블은 조끼를 입지 않아도 되며 싱글보다 약식차림이다.

(3) 모닝코트(Moring coat)

낮에 입는 신사의 정식 예복은 모닝코트(Moring coat)이다. 국가원수나 국왕이 개최하는 국가의전행사, 정식오찬이나 교회에서의 의식 등에 착용하나이 복장은 점차 간소화되어 다크슈트(Dark suit)로 대신하는 경우가 많으며 현재는 주로 오전의 결혼식이나 장례식 등에 입는 정도이다.

(4) 평복(Loung suit)

평복은 격식을 갖춘 예복을 입지 않아도 좋다는 뜻이다. 그렇다고 해서 아무 옷이나 입어도 된다는 뜻은 아니다. 이런 경우에는 주최 측에서 어느 정도로 격식을 갖추어야 할지 물어 알아두는 것이 좋은데 흔히 블랙슈트나 다크슈트를 입는 것이 무난하다.

(5) 구두

서양에서는 구두를 신고 방에 들어가기 때문에 구두를 신사 복장의 일부로 볼 정도로 중요시한다. 구두는 에나멜 이외의 가죽이면 갈색이든 흑색이든 모두 좋지만 이른 바 콤비네이션이라고 하여 두색이 섞인 구두나 스웨이드화는 시내용이 아니라 교외용이다.

흑색 구두는 감색이나 갈색, 베이지색 또는 회색 양복과 잘 어울린다. 그러나 흑색이나 감색 계통의 양복에 갈색 구두는 피하는 것이 좋다.

4) 여자 복장(외교통상부, 2002)

품위 있고 세련된 옷차림은 여성에게 필수적 요소이다. 옷을 잘 입기 위해서 옷의 가짓수가 많아야 하는 것은 결코 아니다.

계절에 따라 파티 종류별로 유행을 타지 않고 자기가 잘 소화할 수 있는 질 좋은 정장 몇 벌에다 부수적인 것 몇 가지만 구비되어 있으면 장신구, 스카프, 블라우스 등의 응용으로 오랫동안 싫증나지 않게 애용할 수 있다.

(1) 만찬 시 복장

만찬 초대장에는 대체로 어떤 복장을 입어야 하는지 명시되어 있으며, 언급이 없는 경우에는 꼭 알아보도록 해야 한다. 만찬 복장은 크게 White tie, Black tie, informal등으로 구분해 볼 수 있다.

대부분의 만찬에서 전통의상은 크게 환영받는 복장인데 한복은 우리나라 여성의 우아함과 품위를 잘 표현해주기 때문에 만찬 복장으로 널리 애용되고 있다. 한복을 입을 경우에는 쇼울, 고무신, 백, 장신구도 모두 한복에 어울리는 것으로 하고 목걸이나 요란한 귀걸이는 삼가는 것이 좋다.

① White tie

White tie는 가장 격식을 갖춘 예복으로써 왕궁 공식 만찬이나 국빈 만찬, 무도회 등에서 입는다. 남자는 연미복을 입고 여자는 옷자락이 길고 소매는 없거나 아주 짧고 목 언저리는 대담하게 내놓으며, 긴 장갑을 낀 화려한 evening dress를 입는다.

그리고 자기가 가지고 있는 보석으로 단장하고, 벨벳이나 비단 또는 은, 금박이 박혀있는 작은 백과 구두로 모양을 맞춘다.

② Black tie

Black tie는 공식만찬, 외교상의 만찬, 오페라, 콘서트, 호텔 등에서의 만찬 등에서 입는 예복인데 여자는 발목까지 오는 long dressd에 격식과 구색을 갖추어 입어야 하며 우리나라 부인들은 이 때 한복을 입기도 한다.

같은 Black tie dinner라 해도 지역에 따라 복장의 차이가 있으므로 잘 살펴보고 그 지역에 맞게 차려 입는 것이 좋다

③ informal

informal dinner도 그 파티의 성격에 따라 예의를 갖추어 밤에 어울리는 복장으로 단장하고 액세서리, 구두, 백 등도 잘 선택해야 한다. 밤에 어울리는 장신구로는 금이나 진주, 광채가 나는 보석류 등이 있다.

(2) 오찬 시 복장

정식 오찬에는 산뜻한 모직, 질 좋은 면, 무늬 없는 실크 류 양복 등으로 주로 저녁보다 밝은 색조를 많이 입게 되고 때와 장소에 따라 그에 어울리는

모자나 손목까지 오는 장갑을 착용하는 것도 우아해 보인다. 낮에 어울리는 장신구로는 금, 은, 진주, 에나멜, 상아, 비취, 옥 등이 있다.

(3) 향수

세련된 복장에는 좋은 향기도 반드시 따라야 한다. 서양인들은 대개 만날 때마다 hug를 하며 양쪽 볼을 대는 것으로 인사를 하며 자주 만나면서 상대방의 향기에도 익숙해진다.

여성의 향기는 옷차림만큼 중요하다. 더군다나 냄새가 강한 음식을 먹는 편인 우리나라 여성들에게 향수의 사용은 필수적이므로 자신에게 잘 맞는 질 좋은 향수를 골라 늘 은은하게 사용하면 좋다.

5) 호칭 예절

외국에서는 호칭을 '이', '김', '강' 등 성(Famaly name)으로만 부르는 경우가 많다. 그러나 우리나리에서는 예의를 갖추어야 할 상황에서 이렇게 호칭한다면 예의에 어긋나며, 상대방이 불쾌감을 느낄 수도 있을 것이다. 이는 누군가를 호칭할 때 성을 포함한 이름 전체를 부르는 것을 예의로 생각하는 우리나라 관습에서 나온 하나의 정서이다. 하지만 어떤 국가에서는 성만 부르는 호칭의 형태가 최대의 예의가 되기도 하고 단지 직위나 직함만으로 상대를 호칭하는 국가도 있다. 그러므로 타인을 존중하고 배려하는 차원에서 볼 때 호칭 예절은 매우 중요하면서도 까다로운 과제이다.

우리나리에서는 공적인 장소라면 '~씨'로 호칭하는 것이 가장 일반적이다. 하지만 이 호칭도 동년배이거나 나이 차이가 많이 나지 않을 때만 사용하고 , 10년 이상 차이가 난다면 '선생님'이라는 호칭을 쓰는 것이 좋다. 더욱 존중하는 의미에서 '~님'을 붙이거나 직함, 직위 등을 이름 뒤에 붙이기도 한다(서울특별시, 2006). 따라서 존칭은 상대방에 대한 존경의 뜻을 가장 직접적으로 표시하는 방법이므로 그 오용으로 인한 결례가 없도록 유의하여야 한다.

(1) 일반적인 호칭 및 표기

처음 소개를 받는 상대방에 대한 호칭은 성(Famaly name)앞에 Mr.나 Mrs.와 같은 존칭을 붙여 부른다. 파티와 같은 사교모임에서 소개를 받은 후에는 되도록 이름(First name)을 부르는 것이 훨씬 친밀감을 준다.

표기에서는 성명을 모두 적는 것이 예의이지만 First name과 Middle name을 생략해도 무방하다.

- 영국식: Mr. J. F. Kennedy
- 미국식: Mr. John. F. Kennedy
- 부부연명 표기: Mr. and Mrs. Kennedy

(2) 우리 성명의 영어식 표기

서양 사람의 성명은 First name, Middle name, Last name의 셋으로 구성되어 있으나 우리의 경우는First name과 Famaly name뿐이며 그 순서도 서양과는 반대이다.

상대방의 혼란을 피하기 위해서는 성과 이름의 순서를 바꾸어 표기 또는 말할 수밖에 없으나 아시아계에서는 성이 앞에 오므로 주의를 요하며 따라서 성을 표현할 수 있는 적절한 표기방법을 강구할 필요가 있다.

(3) 일반인에 대한 존칭

보통 일반인에게 사용되는 존칭으로는 Mr.,Mrs., Ms. 등이 있으며 성 앞에 붙이거나 또는 관직명 앞에 붙여 사용한다.

또한 의사와 같이 수련과정을 거친 전문직업인이거나 박사학위를 취득한 사람은 Mr.나 Mrs.대신에 Dr.를 붙여 이름을 부르는 것이 훨씬 경의를 나타낼 수 있다.

Sir는 상대방에게 경의를 나타내는 칭호로써 말하는 사람이 스스로 겸양의 의미를 내포하므로 Dr.와 달리 다음과 같이 사용상의 제한이 있다.

- 연령과 지위가 비슷한 사람들끼리는 사용하지 않는다.
- 여성에게는 Sir를 사용하지 않고 Madam으로 호칭한다.

– 여성은 상대방이 아무리 지위가 높아도 연령이 비슷한 남성에게는 Sir라고 하지 않는다.

(4) 고위공직자 등 특정인에 대한 존칭

① The Honourable

The Honourable은 주요 공직자나 귀족에게 붙이는 경칭이나 미국과 영국에 따라 그 대상이 약간씩 다르다. 미국의 경우는 고위공직자에게 영국의 경우는 주로 귀족에게 사용한다.

The Honourable의 사용방법은 Full name앞에 쓰는 것이 올바른 방법이며, 성과 이름의 이니셜만 써도 무방하다. 그러나 이니셜 없이 성만을 쓰는 것은 잘못된 표현이다. 약어로 The Hon이나 Hon이라 사용해도 무방하다.

② His Excellency(약어로는 H. E.)

'각하'라는 의미의 경칭으로 외국의 국가원수, 행정수반, 각료급 고위인사, 대사, 국제기구대표 등의 이름 또는 관직 앞에 붙인다.

다른 나라와는 달리 미국에서는 고위직인사에 대해 His Excellency를 사용하지 않고 The Honourable만을 고집하는 관습이 있다. 미국에서 His Excellency를 붙이는 사람은 외국의 대통령 및 대사 등 외국의 국가를 대표하는 고위직뿐이다.

부부의 경우 공식모임에서는 Their Excellency로 표현하고 일반사교모임에서는 His Excellency the Ambassador of Korea Mrs. Kim으로 표현한다.

③ 국왕에 대한 경칭

정식경칭	His Most Gracious(Excellency) Majesty
약식경칭	His Majesty(약어 H. M.)
대화 시 경칭	Your Majesty(이쪽에서 먼저 말씀을 드릴 때 Sir(대답에 답할 때 뒤에 붙임)

*정식경칭은 공식문서에서, 약식경칭은 보통문서에서 사용하는 경칭.

*여왕인 경우 His Most Gracious Majesty나 Her Majesty를 사용한다.

④ 왕후에 대한 경칭

정식경칭	Her Most Gracious(Excellency) Majesty
약식경칭	Her Majesty(약어로는 H. M.)
대화 시 경칭	Your Majesty Ma'am(이쪽에서 먼저 말씀을 드릴 때와 답할 때)

⑤ 왕족에 대한 경칭

정식경칭	His(Her) Royal Highness(약어 H. R. H.)
약식경칭	정식호칭과 동일
대화 시 경칭	YourRoyal Highness, Sir(Ma'am)

제3편 경호비서 실무

제3편 경호비서 실무

제1장 전화예절

오늘날 과학기술이 하루가 다르게 발달함에 따라 우리의 생활을 편리하게 해주는 생활필수품 또한 속속 등장하는데 그 중 전화는 일상생활에서 없어서는 안 될 중요한 발명품이 되었다. 특히 전화는 정보화 시대인 현대 사회의 비즈니스나 인간관계에 있어서 매우 유용하게 사용되며 없어서는 안 될 생활필수품의 하나이기도 하다.

통신 기기의 대명사라 불리는 전화는 그 서비스가 점차 다양화되어 가고 있는 추세이며, 기기의 종류 또한 첨단 기술의 발전과 함께 기능과 종류 면에서 빠른 속도로 변화되어 가고 있다.

휴대폰의 경우는 단순히 전화를 걸고 받는 기능을 뛰어넘어 휴대폰 화면을 통해 서로의 얼굴을 보면서 통화 할 수 있는 화상 통화 기능은 물론 사진·동영상 촬영은 물론 인터넷 검색까지 가능한 다양한 종류의 신(新)기술들이 하루가 다르게 쏟아져 나오고 있으며 문자 기능은 또 다른 통신문화로 자리 잡았다.

오늘날 우리의 생활에서 전화는 없어서는 안 될 물건이다. 특히 비즈니스 사회에서 전화의 가치와 효용은 절대적이다. 그러나 전화는 매우 편리하지만 상대방의 얼굴을 직접 보지 않고 목소리로만 대화를 나누기 때문에 예절을 지키는데 있어서 자칫 소홀해 지기 쉽다.

전화는 귀로 보고, 귀로 듣고, 귀로 말하는 것이므로 조심하지 않으면 전화를 거는 방법이나 태도에 따라 상대방의 기분을 상하게 하여 오해를 낳게 되는 경우가 많다.

'전화는 조직의 얼굴이다.'라고 할 수 있을 정도로 전화 응대 방법에 따라 조직의 이미지가 좌우된다. 따라서 비서는 다양한 통신 기기를 효과적으로 사용함으로써 사무 능률의 향상을 꾀하고 좋은 태도, 밝은 표정, 정성을 담은 음성으로 정중하고 예의와 격식을 갖춰 바르게 사용 한다면 편리하고 즐거운 문명의 이기가 될 수 있을 것이다.

1. 전화 응대의 요소

우리가 사는 세상은 점점 더 바쁘고 복잡하게 변하고 있다. 그래서 직접만나기보다는 문명의 이기인 전화에 의한 커뮤니케이션이 급격히 늘어나고 있고, 누구나 하루도 빠짐없이 전화통화를 자주 하게 되었다.

유선전화만 썼을 때는 전화통화는 제한 적이었다. 하지만 이제는 아주 특별한 오지가 아닌 보통의 생활권에서는 언제 어디서나 통화를 할 수 있다. 그래서 이동전화 한 대만 있으면 언제 어디서나 통화가 가능한 세상이다.

이러한 생활환경에서 전화예절은 누구에게나 필수적인 교양이다. 사람이 서로 만날 때 예의를 갖추거나 상대를 존중해야 하듯이 전화상의 만남에서도 동일하다. 그러나 전화를 많이 쓰는 것에 비해 전화예절을 제대로 갖추지 못한 사람도 많다.

전화통화는 눈에 보이지 않는 상대방과 대화하기 때문에 자칫 소홀해 질수가 많다.

실제로 만나면 무척 친절하고 예의바르며 부드러운 사람인데 전화상으로는 불친절하거나 무뚝뚝하고 퉁명스럽기 그지없는 사람도 있다.

전화상으로 가장 친절해야 할 비서실 직원 들이나 교환 실 직원들은 특히 유의해야 할 사항일 것이다.

전화를 받을 때나 걸 때의 올바른 사용법의 기본 요소는 정확·친절·간결·정성이다.

전화 통화를 할 때에는 비서 자신이 그 조직이나 상사를 대표하는 경우가 많고, 보이지 않는 사람과의 대화이므로 본인의 편리대로 전화 응대를 하기 보다는 상대방의 편의를 생각하고 전달 내용이 간결, 명확하여야 한다. 또한 상대의 얼굴이 보이지는 않지만 더욱 그 태도에 있어서 정성과 예의를 갖춘 비서의 친절한 전화 응대는 그 조직과 상사의 이미지를 높이고 업무의 효율성을 높이는 중요한 수단이 될 수 있다.

2. 전화 걸기

직장에서 비서로서의 전화 걸기는 사적인 전화와는 성질이 사뭇 다르므로 무엇보다 전화를 걸기 전에 전화 응대요소를 잘 숙지하고 또한 자신의 전화 습관을 미리 파악하여 효율적으로 걸어야 한다.

1) 바르게 전화 거는 방법

① 용건을 정리하여 미리 메모한다.

- 상대방의 전화번호와 소속, 성명, 직급, 상사와의 관계 등을 확인한다. 이와 같은 확인은 착오로 인해 상대방에게 실례나 실수를 하지 않기 위해서이며, 시간이나 요금 낭비도 방지 할 수 있다.
- 용건의 목적과 말할 내용의 순서를 육하원칙으로 정리한다.
- 필요한 서류나 자료 등을 준비한다.
- 감정조절(화가 난 상태, 너무 웃은 상태 등)을 하고 바른 자세를 한다.
- 전화기 옆에 메모지와 필기도구를 준비하여 둔다.

② 전화 걸기

- 전화번호를 확인한 후 왼손으로 수화기를 들고 오른 손으로 다이얼을 누른다.

- 번호를 정확히 눌러서 오류가 나지 않게 한다.
- 신호(발신음)를 확인 한다.

③ 상대방이 전화를 받으면

- 자신의 소속과 이름 등을 천천히 정확히 밝힌다.

④ 상대방이 누구인지 확인한다.

- 상대방이 자신을 밝히지 않았을 경우

⑤ 찾는 상대가 있는 경우

- 성의 있는 간단한 인사말을 한 뒤 찾고자 하는 사람과의 전화 통화를 부탁한다.

⑥ 전화 건 용건을 이야기 한다.

- 전화건 목적을 상대가 알아듣기 쉽게 간단하고, 정확하게 말한다.
- 대리로 전화를 걸 때는 먼저 자기소개를 한 뒤 대화를 시작한다.
- 표준어를 사용하고 전문 용어나 약자는 사용하지 않도록 한다.
- 전화가 잘못 걸렸을 경우 전화번호를 확인한 뒤 정중히 사과하고 끊는다.

⑦ 내용을 제차 확인한다.

- 통화 내용을 요점 정리하여 제차 반복 확인한다.
- 메시지를 남길 때에는 메시지를 받은 사람의 이름을 확인해 둔다.
- 용건을 전달하면 받는 쪽이 복창하는 것이 예의지만 필요에 따라 거는 쪽에서 복창하여 상대방의 이해여부를 확인한다.

⑧ 마무리 인사를 한다.

- 이야기의 내용에 맞게 마무리 인사를 한다.

⑨ 수화기를 제자리에 둔다.

- 업무 전화는 건 쪽에서 먼저 끊는다.
- 전화를 끊을 때 수화기는 조용히 내려놓는다.
- 상대방이 윗사람이나 연장자일 경우에는 상대방이 먼저 끊는 것을 확인 후 수화기를 내려 놓는다.

2) 전화가 통화 도중에 끊어졌을 때

- 전화를 건 쪽에서 다시 건다.
- 다시 전화를 걸 때에는 자신의 고의적인 잘못이 아니더라도 사과나 양해를 구한다.

3) 찾는 사람이 부재 중 일 때

- 다시 전화를 걸어야 할 경우 상대방이 들어오는 시각을 알아둔다.
- 용건을 전하고자 하면 요점을 간단히 전달하고 자신의 신분을 밝히고, 전화를 받고 있는 사람이 누구인지도 파악해 둔다.
- 전달할 말이 중요한 사항이면 비서 또는 부서의 담당자에게 직접 얘기한다.

4) 지위가 높은 사람에게 전화를 걸 때

- 지위가 높은 사람에게 전화를 할 경우에는 먼저 상대방의 비서와 통화하여 전화한 용건 을 전달한다.
- 상대방 본인과 직접통화가 되었을 경우에는 먼저 인사를 하고 간단히 본론을 말한다.
- 통화를 부탁한 상대가 상사보다 더 높은 직위일 경우 상대방이 수화기를 들기 전에 상사가 먼저 수화기를 들도록 한다.

5) 전화를 걸어서 상사에게 연결할 때

- 상대가 이쪽 상사보다 지위가 높을 경우 상대가 나오기 전에 상사에게 수화기를 건 네 준다.
- 상대가 이쪽 상사보다 지위가 낮을 경우 상대가 나온 후에 수화기를 상사에게 건넨다.

3. 전화 받기

상대방이 전화를 걸 때에는 받는 사람이 친절하고 예의바르게 응대해 주기를 바란다.

또한 전화는 상대방의 얼굴을 보지 못하고 대화하기 때문에 자칫 사소한 실수를 하거나 오해가 발생할 소지가 많기 때문에 신중을 기해야 한다.

전화 통화는 전화를 거는 상대방과 전화를 받는 본인, 더 나아가 자신이 몸담고 있는 조직이나 상사를 연결하는 커뮤니케이션의 수단일 뿐만 아니라 비즈니스나 인간관계의 도구로써도 이용된다.

따라서 바른 전화 응대는 자신과 조직, 상사의 이미지를 결정하는 중요한 요소이므로 전화벨이 울릴 때부터 수화기를 내려놓을 때까지 올바른 전화 받기 방법으로 성의 있는 통화를 하여야 한다.

또한 상사에게 걸려오는 무수히 많은 전화를 선별하여 상사가 불필요한 전화로 인해 중요한 시간을 낭비하지 않도록 보좌하는 것도 비서의 중요한 업무 중 하나이다.

1) 바르게 전화 받는 방법

① 벨이 울림

- 목소리를 가다듬고 바른 자세를 취한 뒤 벨이 3번 울리기 전에 받는다.
- 벨이 여러 번 울린 뒤 늦게 전화를 받는 경우에는 상대방에게 늦게 받아서 죄송하다는 사과의 말을 한다.
- 벨이 한 번도 채 울리기도 전에 수화기를 들면 상대방이 당황해 할 수도 있다.
- 왼손으로는 수화기를 오른손으로는 필기도구와 메모지를 준비한다.

② 수화기를 든다.

- 밝고 상냥하게 인사말을 하고 자기 자신을 밝힌다.
- 교환을 거쳤을 경우엔 부서명을, 직통 전화이면 회사나 부서명을 말한다.
- 상대가 이름을 밝히지 않았을 경우에는 상대가 누구인지 확인한다.

③ 용건을 듣는다.
- 메모를 하면서 듣는다.
- 통화 도중에 다른 사람과 얘기할 일이 있을 경우에는 송화기를 손으로 막고 한다.
- 잘못 듣거나 빠뜨리는 사항이 없도록 주의하여 듣는다.
- 상대방 목소리가 잘 들리지 않거나 이해가 가지 않는 부분은 다시 요청을 하고 완전히 이해할 때까지 묻는다.
- 숫자, 시간, 장소 등은 반드시 메모를 하고 요점 등과 같이 복창하며 질문은 육하원칙에 따른다.
- 상대의 말에 대꾸 없이 듣고만 있거나 계속 '예'라고만 대답하면 상대방이 불안해한다.
- '그렇군요', '물론입니다.', '잘 알겠습니다.'하고 답함으로써 진지하게 듣고 있다는 느낌을 주도록 한다.

④ 통화내용 확인
- 최종 대화 내용을 확인 하고, 전달할 사항이나 약속의 경우 연락처 등을 다시 확인 한다.

⑤ 끝인사
- 용건에 맞는 인사를 공손히 한다.

⑥ 전화 끊기
- 상대방이 수화기를 내려놓은 것을 확인한 후 조용히 수화기를 내려놓는다.

⑦ 용건의 전달을 부탁 받았을 때
- 전화 용건을 육하원칙에 의해 메모한다.
- 자신의 이름과 소속 등을 상대방에게 알려준다.
- 메모지에 자신의 이름을 기입하고 당사자가 돌아오면 전해 주거나 책상 위나 눈에 잘띄는 곳에 갖다 놓는다.

2) 전화를 연결하는 요령

① 상대방이 찾는 사람이 자리에 있을 경우

- 누가 누구를 찾는지 정확히 확인하여 통화 희망자에게 신속히 연결한다.
- 전화를 바꿀 때는 상대방으로부터 들은 요점을 전하고 바꾸면 연결 받은 사람은 상대의 소속 또는 이름, 전화건 용건을 미리 앎으로써 건 사람이 몇 번씩 같은 내용을 말하지 않아도 되고 대화도 부드럽게 시작된다.
- 전화를 바꾸어주는 중개를 할 때는 송화기를 손으로 막고 한다.
- 상대가 급한 용무라고 해서 면담이나 업무 중인 연결자 에게 전화 내용에 관한 정보나 메모도 없이 바꾸어서는 안 된다.
- 연결 받을 사람이 전화를 받기까지 시간이 지체될 경우, 상대에게 이쪽의 형편을 설명하고 나중에 다시 걸도록 요청하거나 나중에 이쪽에서 전화를 걸도록 한다.

② 상대방이 찾는 사람이 자리에 없을 경우

- 전화를 받는 자신의 이름과 지위를 명확히 밝히고 출장, 휴가, 외출, 회의 등 부재의 이유를 간단히 설명한다.
- 상대방의 전달 사항을 물은 뒤 전화를 건 사람의 이름과 소속, 용건, 전화 받은 날짜와 시간, 회신의 필요성 여부, 상대의 전화번호 등을 빠짐없이 메모한다.
- 용건에 따라서 대행자가 나선다.
- 상대방을 오랫동안 기다리게 해서는 안 되며 만약 기다리는 시간이 길어지면 미리 양해를 구한다.

3) 잘못 걸려온 전화일 경우

- 잘못 걸렸음을 정중하게 이야기하고 이쪽의 전화번호를 말한다.
- 조직 내 다른 부서를 찾는 경우에는 해당 부서의 전화번호를 정확히 알려준다.

4) 통화 중 손님이 방문할 경우

상대방에게 양해를 구한 후 송화기를 막고 손님을 응대한다. 이 때 손님의 용건이 급하지 않으면 기다리도록 양해를 구하고 통화를 끝내도록 한다.

5) 손님이 있을 때 전화가 걸려온 경우

정중하게 손님의 양해를 구하고 전화를 받는다. 만약 급한 내용의 통화가 아니면 양해를 구한 뒤 전화를 끊고 나중에 통화 하도록 한다.

6) 통화 중 다른 전화가 걸려온 경우

통화 중 중간에 전화를 끊는 것은 매우 큰 실례이다. 다른 전화가 걸려와 어쩔 수 없이 통화를 중단해야 할 경우에는 통화중인 상대방의 양해를 얻어 보류하고 걸려온 전화를 받아 간략히 인사를 한 후 기다려 줄 것을 요청하든지 이쪽에서 통화가 끝나는 대로 다 시 전화를 하겠다고 설명한다. 그러나 두 전화의 우선순위를 빨리 판단하여 요령 있게 처리하도록 한다.

4. 바람직한 전화 표현

① 상대가 “여보세요?” 또는 “안녕하세요?” 라고 했을 경우
- 안녕하십니까?, 000부입니다.
- 네, 000부입니다. 무엇을 도와드릴까요?
- 감사합니다. 00회사 00비서실 000입니다.

② 상대가 “수고하십니다.” 라고 했을 경우
- 감사합니다.
- 감사합니다. 무엇을 도와드릴까요?

③ 상대가 "00죠?," "00맞죠?" 라고 했을 경우

- 네, 그렇습니다.
- 네,00입니다. 무엇을 도와드릴까요?

④ 자신의 소속과 이름을 밝힐 경우

- 안녕하십니까? 00회사 00부 000입니다.

⑤ 상대방을 확인 할 경우

- 00씨 되십니까?
- 00의 비서실 입니까?
- 실례지만, 성함이 어떻게 되십니까?
- 실례지만, 존함을 말씀해 주시겠습니까?

⑥ 찾는 사람을 부탁할 경우

- 죄송합니다만, 비서실의 000씨를 부탁합니다.

⑦ 내용이 잘 전달되었는지 확인을 할 경우

- 다시 말씀드리겠습니다.
- 다시 확인해 주셨으면 합니다만...
- 확인 하겠습니다.
- 반복 하겠습니다.

⑧ 마무리 인사를 할 때(이야기의 내용에 맞게)

- 감사합니다. 그럼 잘 부탁드립니다.
- 폐가 많았습니다.
- 연락을 기다리겠습니다.
- 실례가 많았습니다.
- 안녕히 계십시오.

⑨ 전화를 받아서 연결할 때

- 잠시만 기다려 주십시오, 000를 바꾸어 드리겠습니다.
- 00의 000님으로부터 전화입니다.
- 잠시만 기다려 주십시오.(주시겠습니까?) 비서실로 연결해 드리겠습니다. 감사합니다.

⑩ 내가 찾는 사람이 부재 중 일 때
- 몇 시쯤 돌아오실까요?
- 0시쯤 다시 전화를 걸도록 하겠습니다.
- 돌아오시면 전화주시도록 전달 부탁드립니다.
- ~로부터 전화가 왔었다고 전해 주십시오.

⑪ 상대방이 찾는 사람이 부재 중 일 때
- 지금은 외출 중인데 0시쯤에 돌아오십니다. 그때 다시 전화 주십시오.
- 전달 할 말씀이 있으십니까?
- 지금은 자리에 안 계십니다. 뭐라고 전해 드릴까요?
- (다른 전화로 통화 중 일 때)
  죄송합니다만, 00은 지금 다른 전화를 받고 있는 중이오니 잠시만 기다려 주십시오.

⑫ 전달을 부탁 받았을 경우
- 다시 확인 하겠습니다. ~라는 말씀이지요? 00씨가 돌아오면 틀림없이 전해 드리도록 하겠습니다. 저는 비서실의 000입니다.

⑬ 손님이 와 있을 때 전화가 올 경우
- 대단히 죄송합니다. 지금 손님이 와 계시니 잠시 후 다시 전화 드리겠습니다.

⑭ 전화가 잘못 걸려 왔을 경우
- 여기는 00회사 비서실입니다. 잘못 거신 것 같습니다.
- 만약 상대방이 사과를 하면 - 괜찮습니다.

전화 메모의 예

☎ **전 화 메 모**

__________님, 자리를 비우신 동안 전화가 왔었습니다.
년 월 일 오전(후) 시 분
__________님으로 부터

전하는 말씀

□ 전화해 주십시오 (번으로)
□ 전화 다시 하겠습니다.
□ 전화 왔었다고 전해주십시오
□ 사무실로 방문하겠습니다.
◆ 용건:

받은 사람 __________

5. 휴대 전화 사용 예절

오늘날 휴대 전화 없이는 살 수가 없는 사회가 되어 버렸다. 어느덧, 삶의 일부, 내 몸의 일부가 되어버린 휴대 전화, 그런 물건이라면 이 물건 하나 때문에 짜증이 날 일이 많다면 바로 내 몸과 내 삶에서 항상 스트레스를 만드는 꼴이 된다. 그런 의미에서 올바른 휴대 전화 사용법이야 말로 사무실이나 공공장소에서 가져야 할 첫 번째 덕목이라고 해도 과언이 아닐 것이다.

비서의 경우 혹 잘못된 휴대 전화 사용으로 인해 조직이나 상사의 이미지에 커다란 피해를 줄 수 도 있음을 항상 상기하고 휴대 전화 사용에 더욱 신중을 기해야 할 것이다.

이렇듯 주위를 불편하게 하는 휴대 전화 사용을 자제하고자 하는 마음가짐과 이를 당연하게 인식하고 지키려는 태도가 휴대 전화 사용의 기본 예의라 할 것이다. 서로가 꼭 지켜야 할 휴대 전화 사용 예절은 다음과 같다.

① 공공장소에서는 휴대 전화의 전원을 꼭 꺼놓거나 진동으로 한다.

공공장소에서는 휴대 전화의 전원을 미리 꼭 꺼놓도록 한다. 하지만 비서의 경우는 상사에게 중요하거나 급한 전화가 언제 걸려올지 모르기 때문에 진동모드로 바꾸어 놓아야한다. 진동으로 해 놓을 경우 자칫 진동을 못 느껴 전화를 못 받을 경우도 있기 때문에 항상 전화 진동에 신경을 써야 한다.

② 병원이나 비행기 등에서는 휴대 전화를 사용하지 않도록 한다.

휴대 전화가 발산하는 전자파가 의료 기기의 오작동을 불러일으킬 수도 있으며 항공기 대형 사고의 원인이 될 수도 있다.

③ 휴대 전화의 벨소리나 통화 중 대화소리를 너무 크게 하지 않도록 한다.

대중교통과 공공장소 등에서 갑자기 벨소리가 크게 울리거나 지나치게 큰 목소리로 전화 통화를 하면 주위 사람들에게 거부감을 준다.

벨소리를 작게 하거나 진동모드로 하고 주위의 환경을 봐 가면서 가능한 수화기와 입을 가볍게 한 손으로 막고 자신만이 듣고 말할 수 있는 작은 소리로 통화 하는 것이 휴대 전화사용 예의를 지키는 것이다.

④ 운전 중이거나 길을 걸을 때에는 가능하면 휴대 전화를 사용하지 않도록 한다.

휴대 전화 사용으로 인한 집중력 약화로 인해 사고를 불러일으킬 수 있다. 되도록 운전 중 휴대 전화 사용을 지양하며 통화 시 운전 중임을 상대방에게 알리고 간략하게 통화하거나 가능하면 차를 세우고 받도록 한다.

비서의 경우는 중요한 업무가 운전 중이거나 차안에서도 휴대 전화로 이루어 질 수 있기 때문에 블루투스 기능을 사용하든지 이어 폰 등을 휴대 전화에 연결하여 통화를 하도록 한다.

⑤ 사무 공간 등 사람이 많은 장소에서는 휴대 전화를 항상 휴대한다.

잠시 화장실을 간다거나 차를 마시러, 혹은 업무 중 휴대 전화를 책상 위 등에 두고 자리를 잠시 비울 때 전화가 오면, 아무리 진동으로 해놨다고 하더라도 고스란히 주위사람들에게 소음 피해가 돌아갈 것이다. 그러므로 항상 휴대 전화를 가지고 다녀야 한다.

또한 사내에서 휴대 전화 통화 중 상사와 마주친 경우라면 잠시 통화를 멈춘 후 목례 등으로 예의를 갖추며 여의치 않을 시 가벼운 목례 등으로 예를 표한다.

업무 중 개인적인 휴대 전화 통화인 경우는 특히 작은 소리로 통화하며, 이로 인해 중요사항의 점검 등을 소홀히 하여 서는 안 되며 빈번한 재 통화는 삼가도록 한다.

비서의 경우 혹 잘못된 휴대 전화 사용으로 인해 조직이나 상사의 이미지에 커다란 피해를 줄 수도 있음을 항상 상기하고 휴대 전화 사용에 더욱 신중을 기해야 할 것이다.

제2장 명함예절

현대사회에서 대인 관계를 맺고 계속적인 유대를 지속해 나가기 위해 자신의 소개서이자 분신이라 할 수 있는 명함을 가지고 다니고 그 명함을 주고받는 것은 필수적인 일이 되었다.

명함은 프랑스의 루이 14세 때 생겼다고 전해진다. 루이 15세 때에는 현재와 같은 동판인쇄의 명함을 사교에 사용했다고 한다. 또한 중국에서는 옛날부터 친구 집을 찾아간 경우, 친구가 부재 시에 자기 이름을 쓴 것을 놓고 오는 관습이 있었다고 한다.

이렇듯 동서(東西)에서 오랜 역사를 가지고 있는 명함은 예전부터 사교 및 사회생활에 있어서 자신을 대신해주는 역할을 해왔다고 볼 수 있다.

오늘날에 특히 업무상 사람을 소개할 때나 소개받을 때 빠뜨릴 수 없는 것이 명함이기도 하다. 상사의 인적 관리를 위한 명함 정리 및 관리는 전체 비서업무 중에서도 매우 중요한 업무에 속하는데, 사회생활은 인간관계로 이루어지는 것이 대부분이므로 상사의 인적 관리는 비서의 상사 관리라는 측면에서 중요하게 다루어져야 한다.

또한 명함은 한 장의 종이에 불과하지만 단순한 종이가 아니라 그 사람의 얼굴이며 인격이다. 특히 업무용으로 쓰이는 회사의 이름을 밝힌 명함은 그 회사를 대표하는 얼굴이 된다.

따라서 명함의 올바른 사용법과 활용 및 관리법을 알아둘 필요가 있다.

1. 명함의 종류

1) 사교용 명함

외교관, 군인, 고위공무원, 의사, 교수 등이 상호 방문 및 사교활동을 위해 사용하는 명함을 사교명함이라 한다. 사교명함은 타인의 집을 방문할 때, 꽃이나 선물을 보낼 때, 뒷면에 날짜와 시간을 간단히 적어 초청장 대신으로 사용하거나 초청이나 선물에 대한 감사의 뜻을 전할 때 사용한다. 단, 국가원수와 영부인의 명함은 꽃이나 선물을 보낼 때만 사용한다.

그리고 사교용 명함은 본래 Mr.나 Mrs, 또는 부부용으로 Mr. and Mrs.의 존칭을 붙여 이름만 인쇄했다. 그런데 최근에는 실용적으로 주소나 전화번호까지 넣는 사람도 있는데 주소나 전화번호를 꼭 넣고 싶다면 명함 우측 하단에 넣는 것이 좋다.

2) 업무용 명함

업무용 명함은 회사원이 다른 회사를 방문하거나 고객을 사업상 만났을 때와 같이 업무용으로만 사용하여야 하며, 업무용 명함을 사교용으로 사용하여서는 안 된다. 업무용 명함에는 성명, 회사의 주소, 회사 내에서의 직책과 지위를 적는다.

업무용 명함에는 중역용과 사원용이 있으며, 사장이나 중역용은 명함의 중앙에 이름을 넣고 좌측 하단에 직위와 회사명을 쓴다.

사원용은 명함의 중앙에 회사명을 쓰고 성명과 소속부서, 회사주소 등을 좌측 하단에 넣고 남자의 경우는 Mr의 존칭을 붙인다. 그리고 미국에서는 명함에 전화번호를 넣지 않는다.

2. 명함의 제작

1) 명함의 체재

명함은 올바른 체재와 규격에 따라 만들도록 특히 유의해야 한다. 명함의 용지는 순백색 또는 크림색의 고급용지를 사용하며 종이의 두께는 임의로 정할 수 있으나 너무 얇거나 두꺼운 것은 피하는 것이 좋으며 인쇄방법은 활판으로 하지 않고 부각하는 것이 원칙이다.

서체는 나라에 따라서 인쇄체를 사용하기도 하나 필기체를 사용하는 것이 일반적이며, 규격은 나라에 따라 또 각자의 취미, 이름의 길이 등에 따라 일정하지는 않다.

＊ 영미형

영국과 미국에서는 남녀 모두 같은 형태의 명함을 사용하나 여성용 명함이 남성용 보다 크다.

＊ 대륙형

유럽 국가에서는 남녀의 명함이 형태도 다르고 글씨체도 다르다. 또 개인의 취향에 따르는 경우가 많다.

2) 이름과 직책

국가원수, 삼부요인, 각료급 인사는 남녀 불문하고 통상 이름 없이 직책만 기입하며, 상기 외 인사의 경우에는 남녀모두 이름(Full name)을 기입하고 이름 밑에 이름보다 작은 활자로 직책을 기입한다.

남자는 이름 앞에 통상 Mr.는 붙이지 않으나, 여성인사의 경우는 본인의 희망에 따라 Miss, Mrs., Ms.를 붙일 수도 있다. Miss나 Mr.를 붙인 경우는 본인의 Full name을 사용하거나 Mrs.를 붙일 경우는 남편의 Full name을 기입한다.

직책이 없는 부인의 경우는 Mrs. 다음 남편의 Full name을 기입하고 미망인의 경우도 같은 방법으로 기입한다.

Mr.나 Miss, Ms.등의 호칭 대신에, 의사의 경우, Dr., 성직자의 경우 The reverand,판사의 경우 Judge 등을 이름 앞에 쓸 수 있다. 단 사교명함에는 어떠한 학위표시도 하지 않는다. 소년, 소녀의 경우도 선물이나 꽃을 보낼 때 사교명함을 사용할 수 있으며 통상 Full name만을 기입하거나 소년의 경우 18세(또는 고등학교 졸업이후)부터 Mr.를 붙일 수 있고 소녀는 13세부터 Miss를 붙일 수 있다.

3) 주소

남자의 사교명함에는 통상 주소를 넣지 않으나 미혼남성의 경우는 본인의 주소 또는 본인이 속해있는 Club의 주소(우편물을 받을 수 있는 장소)를 넣기도 한다.

부인의 명함에는 Mrs. 다음 남편의 Full name을 쓰고 오른쪽 하단에 작은 활자로 주소를 기입한다. 직책을 가진 여성의 경우는 본인의 희망에 따라 오른쪽 하단에 주소를 기입하기도 하고 또는 명함 사용할 때 연필로 주소를 적어 넣기도 한다.

4) 부부 공동 명함

부부 공동명함은 부부가 공동명의로 선물이나 꽃을 보낼 때 또는 비공식 연회를 개최할 때 초청장 대신으로 사용한다.

초청장 대신으로 사용하기 위해 부부 공동명함은 fold-over card(둘로 접는 명함)로 하여 안쪽 빈 공간에 초청시간, 장소 등을 간단히 적어 보내기도 한다.

부부 공동명함의 기입방법은 남편이 각료급 이상의 고위인사일 경우에는 남편의 직책과 Mrs. 다음에 남편의 Full name을 쓰나 그 외 인사들은 통상 Mr. and Mrs. 다음에 남편의 Full name을 쓴다. 그리고 우측 하단에 작은 글씨로 주소를 표기한다.

직책을 가진 여성의 부부 공동명함은 확립된 기입방법이 없으나 Mrs. 다음에 여성의 이름과 남편의 성 and Mr. 다음에 남편의 Full name을 쓰기도 한다(외교통상부, 2002).

3. 명함 사용법

명함은 원래 남의 집을 방문하였다가 주인을 만나지 못하였을 때에 자기가 다녀갔다는 증거로 남기고 오는 쪽지에서 발달된 것이다. 이와 같은 옛 관습은 지금은 거의 제한된 경우에만 남아있고 오늘날의 명함은 자기소개 이외에도 선물이나 꽃을 보낼 때에 붙인다든가 비공식 파티의 약식 초청장이나 그 회답 또는 리마인드 카드(reminder card)와 소개장 그리고 조의나 축의 및 감사를 표하는 메시지 카드(message card)로 널리 사용되어지고 있다.

서양인들의 인사 요령은 우선 악수부터 하면서 자기소개를 한다. 그러므로 악수를 하기 전에 명함을 먼저 제시하려는 행동을 서양 예절 상 바람직하지 않다. 상대방은 악수를 하려고 손을 내미는데 허둥지둥 호주머니를 뒤져 명함을 찾아 내미는 행동을 결코 예의바른 태도라 할 수 없을 것이다.

서양인들에게 명함의 의미는 단지 서로 충분한 대화를 나눈 후 추후 연락할 필요가 있을 때 전화번호와 주소 등을 적은 메모 이상의 역할을 하지 않는다. 그러나 일본 사람들은 명함을 먼저 꺼내어 주면서 허리를 굽혀 인사를 한다. 따라서 일본 사람들과 인사를 할 때는 미리 명함을 찾아 들고 있다가 자신의 이름을 말하며 명함을 건네는 동시에 허리를 굽혀 인사를 한다(조계숙외1인, 1994).

명함은 자신을 대신하는 것이므로 일본이나 우리나라 관습처럼 소개 시 상대방과 대면하여 직접 명함을 주는 것은 원칙이 아니나 근래에는 세계적으로 상당히 보편화 되어있다. 또한 일본, 중국, 싱가포르에서는 양손으로 명함을 전달하며, 2개 국어로 된 명함은 상대방 국가의 언어를 위로하여 건네도록 한다.

1) 명함을 상대방에게 줄 때

- 먼저 명함은 명함 지갑에 깨끗하고 바르게 넣어 보관한다.
  이때 명함 지갑은 꺼내기 쉬운 곳(상의 안주머니, 가방 등)에 넣어두며,

받은 명함과 자신 의 명함을 구분하여 넣어두면 나중에 급히 사용할 때 편리하다.

- 명함은 만날 사람의 수를 생각하여 사전에 넉넉히 준비하여 둔다.
  비서는 상사가 차량을 이용할 경우 차량에도 별도의 명함을 비치하여 둔다.
- 명함은 선 자세에서 간단한 목례를 하며 가슴 선과 허리선 사이에서 교환하도록 한다.
- 명함은 아랫사람이 윗사람에게 먼저 건네는 것이 순서이며 언제나 상대보다 먼저 건네도 록 한다.
- 명함을 내밀 때는 정중하게 본인의 소속과 이름을 밝히고 왼손으로 받쳐서 오른손으로 건네며, 자기의 이름이 상대방 쪽에서 보아 바르게 보이게끔 한다.
- 상사와 함께 명함을 줄 때에는 상사가 건넨 다음에 건네도록 하고, 상대가 두 사람 이상일 때에는 윗사람에게 먼저 준다.
- 상사의 대리로 사람을 만나는 경우 상사로부터 명함을 받아서 가고, 자신의 명함도 함께주고 오는 것이 좋다.
- 식사 중에는 명함을 전달하지 않으며 식사가 끝날 때 까지 기다린다. 저녁 파티일 경우는 상대방이 먼저 명함을 요청하지 않으면 꺼내지 않는다.

2) 명함을 상대방으로부터 받을 때

- 명함을 건넬 때와 마찬가지로 받을 때도 일어선 채로 두 손으로 받는다.
- 명함을 받았을 때는 상대방의 이름을 복창하면서 이름에 관심을 표시하고 상대방의 이름이 읽기 어려운 경우에는 물어 보도록 한다.
- 대화 중 상대방의 이름을 잊었다고 해서 명함을 다시 꺼내 보는 것은 결례이므로 명함을 받으면 그 자리에서 상대방의 인적사항을 반드시 확인하여 대화 중 실수가 없도록 한다.
- 받은 명함은 소중하게 다루어야 한다. 상대가 보는 앞에서 즉시 명함꽂

이에 꽂는다든지 무관심하게 주머니에 넣거나 아무데나 방치해 두지 않는다.

- 여러 명의 상대와 명함을 교환하는 경우에도 한 사람과 교환하는 방식으로 한다. 이 때 상대를 혼동하지 않기 위해 받은 명함을 상대가 앉은 위치에 따라 나란히 늘어놓아도 실례가 되지 않는다.
- 명함을 미리 준비 하지 않아서 여기저기서 찾는다든지 하는 행동은 하지 않는다.
- 상대방의 명함을 손에 쥔 채 만지작거리거나 탁자를 치는 등의 산만한 행동은 하지 않는다.
- 명함을 받은 후 상대방이 보는 앞에서 명함에 메모를 하는 행동은 예의가 아니다.

  꼭 필요한 사항을 적어 기억하여야 할 경우는 만남 후나 다른 장소에서 적도록 한다.

3) 직접 방문 또는 대면할 때

- 사전에 시간 약속을 하고 방문하는 경우에는 상대방이 이미 방문자의 이름을 알고 있으므로 명함을 줄 필요는 없으나 따로 명함을 건네도 상관은 없다.
- 방문 시 현관에서 비서나 안내인을 통해 전달하거나 그 집 도착 시나 떠날 때 현관근처에 있는 탁자나 명함 그릇(card tray)에 놓아두도록 한다.
- 부부가 동반하여 방문할 경우에는 방문자는 남편명함 2매와 부인명함 1매를 놓아두거나 남편명함과 부부연명명함 1매씩을 놓아둔다. 부인은 절대로 남자에게 명함을 내놓아서는 안 되며 여성에게만 준다.
- 부인이 다른 부인을 방문할 때는 남편명함과 자기명함 또는 부부연명명함을 남긴다. 부인이 미혼남자를 방문한 경우에는 공식인 경우가 아니면 명함을 주지 않는다.
- 명함을 놓아둘 때는 한쪽 끝을 접어둠으로써 본인이 직접 방문하였다는

것을 표시하기도 하는데 이런 방법은 일반화 되어 있는 것은 아니다(국회사무처 국제국, 1996).

4) 명함만 전달 할 때

- 과거에는 연회에 초청되어 대접을 받으면 3~4일 이내에 다시 찾아가서 안주인(hostess) 에게 감사의 표시를 표하였으나 근래에는 감사의 표시로 명함을 보내기도 한다. 이때에는 안주인을 직접 만날 필요는 없고 'P.r'(감사)을 기입한 명함을 놓고 오는데 이와 같은 습 관을 'card leaving' 또는 'thank you card'라고 부른다.
- 리셉션과 같은 많은 손님이 초청되는 연회의 경우는 다시 찾아가는 것이 오히려 번거로 울 수가 있기 때문에 연회가 끝나고 돌아올 때 명함을 두고 오기도 한다.
  오늘날 이러한 관습은 간소화되어 호텔이나 식당이 아닌 집에서 열린 비교적 공식적인 연회에 참석하였을 때에만 인편이나 우편으로 'P.r'카드를 보내고 있다.
- 명함은 흔히 비공식 연회의 약식초대와 회답 그리고 리마인더 카드(reminder card)로 사 용된다. 초청장을 대신하여 명함을 사용할 경우 앞면 적당한 곳에 연회의 날짜, 시간, 장 소, 종류 등 필요한 내용을 기입한다. 리마인더 카드로 사용할 때도 마찬가지이며 이때는 "to reminder"라는 말을 덧붙인다.
- 다른 사람을 소개할 때에는 자기의 명함 좌측하단에 "P.P."(소개)라고 써서 피 소개자의 명함과 같이 보내며, 별도로 소개장을 쓰고 명함을 첨부하여 보내도 된다.
- 정부의 재외공관이나 회사의 주재원이 새로 부임하였을 때에는 자기의 명함을 공관장, 기관장 또는 지점장의 "P.P."명함과 같이 보내면 부임인사 대신이 된다.
  본인이 직접 부임인사를 갔다가 상대방을 만나지 못하였을 경우에는 자기명함에 "P.P."라고 써서 두고 온다.

- 크리스마스, 생일축하, 결혼축하, 병문안, 조문 등을 위하여 선물이나 화환을 보내는 경우 에는 명함에 각기 적절한 문구를 기입하여 보낸다.
- 명함만을 전달하는 경우는 약자나 어구를 명함 좌측하단에 연필로 기입하여 봉투에 넣어 보냄으로써 인사를 대신하게 된다. 약어는 프랑스어에서 온 것이지만 세계적으로 통용된 다(국회사무처 국제국, 1996).

p.r. (pour remercier)................................ 감 사
p.f. (pour feliciter)................................. 축 하
p.c. (pour condoler)................................. 조 의
p.p. (pour presenter)................................ 소 개
p.p.c. (pour prendre conge).......................... 작 별
p.f.n.a. (pour feliciter novel an).................. 신년축하
p.p.n (pour prendre novelle)......................... 문 병

4. 명함의 정리 및 관리법

1) 명함 정리

명함 정리는 매일매일 미루지 않고 제때 하는 것이 가장 중요하다. 정리를 마친 명함들은 절대 버리지 말고 명함꽂이에 잘 보관해두도록 한다.

시중에 명함을 편리하게 정리할 수 있는 여러 가지 용구가 많이 나와 있으므로 자신이 사용하기에 편한 용구를 구입하여 정리 하도록 한다.

최근에는 명함을 데이터베이스화하여 검색 활용하는 컴퓨터 프로그램이 많이 나와 있다. 이러한 프로그램 중 자신에게 가장 적합한 프로그램을 선택하여 활용하여도 된다.

또한 명함 분류의 기준은 개인 명, 회사명 두 가지 종류가 있다. 보통은 개인별 가나다순으로 분류하지만 거래처의 회사가 많고 동일회사에 여러 사람의 명함이 있을 경우에는 회사별로 분류 하는 것이 편리하다.

2) 명함 관리법(http://www.secretarypro.opm)

요즘 현대사회는 예비자산과도 같은 인맥의 중요성이 점점 강조되고 있는 인맥 중심의 사회이다. 그런 점에서 명함 관리는 곧 인맥 관리의 출발점이라고 볼 수 있다.

비서는 상사가 받은 명함을 효율적으로 관리함으로써 상사의 '인맥관리사' 역할까지 해 낼 수 있어야하며, 명함은 단순한 종이가 아니라 누군가의 '얼굴'이라는 것을 명심해야 한다.

- 명함은 언제라도 필요할 때 사용할 수 있도록 최신의 것으로 정리한다.
- 앞으로 자주 연락할 사람의 명함은 별도의 명함철에 보관한다.
- 주소 등의 변경이나 승진 등으로 직함이 바뀌었음을 알게 될 경우에는 곧 바로 그 명함에 변경된 내용을 기입한다.
- 문서, 연하장, 인사장 등을 발송할 때에는 최근의 명함으로 확인한다.
- 받은 명함은 그날 중으로 정리하여 날짜와 용건을 반드시 기입하고 그 사람의 특징을 기억하기 위해 명함의 여백 등에 인상착의 등을 메모하여 둔다.
- 사용한 명함을 제자라에 꽂기 위해서 바로 앞의 명함이나 뒤의 명함을 세로로 세워 두면 사용 후 제자리에 둘 수 있다.
- 적어도 1년에 한 번은 명함을 정리하여 오래된 명함이나 사용하지 않는 명함, 필요 없는 명함 등은 폐기 하도록 한다.
- 상대방이 명함을 갖고 있지 않을 때를 대비해 명함카드를 준비해 두고 상대방에게 쓰도록 부탁한다.
- 명함은 단지 저장 개념으로만 보지 말고 정보 자료로 인식하도록 한다.

제3장 문서작성

모든 조직에서의 사무활동은 대부분 문서에 의해 이루어지고 있다. 문서는 의사소통을 하기 위해 고안된 정보를 물리적으로 묶어 놓을 것을 말하며 서류 또는 문건이라고도 한다.

문서는 사무활동의 기본매체이며 사무 처리의 증거 자료로서 일정기간 보존할 필요가 있으며 말로써 사무처리가 불충분하거나 사무 내용을 명확히 나타내야 할 때도 문서작성을 한다. 따라서 문서는 조직의 의사 전달과 의사 보존이라는 두 가지 역할을 한다.

1. 문서의 종류(박재린외1명, 1995)

문서는 크게 장표, 일반문서, 특수문서로 분류할 수 있는데, 장표란 문서 중 일정한 양식을 가진 것으로서 어디에 어떤 사항이 기입되는 가가 명확히 지정된 문서를 말하며 전표, 장부, 표가 있다.

* 전표 - 양식이 일정하며 형태가 비교적 작고 1매씩 찢어 여러 사람에게 유통될 수 있는 문서이다.
* 장부 - 장부는 특정한 정보를 계속적으로 기록할 수 있도록 한 문서이다. 장부에는 회계 장부, 급여대장, 주주명부 등이 있다.
* 표 - 표는 각종의 정보를 일정한 기준에 의해 정리하여 보기 쉽도록 만든 것으로 여기에는 재고 표, 매출일계표, 각종 통계표등이 있다.

  다음으로 일반문서는 장표처럼 양식이 일정하지 않고 문안, 체제를 필요에 따라 작성하며 왕복문서, 연락문서, 통신문, 광고문서 등이 있다.
* 왕복문서 - 기업외부와 통신에 사용되는 서한이다. 여기에는 주문서, 대금 독촉장 등 거래와 관계되는 것과 인사장, 초대장 등이 사교적인 것이 있다.

* 연락문서 - 기업내부에 이용되는 편지형식의 문서이다. 본·지사 간에 주고받는 서한도 이에 속한다.

* 통신문 - 통신문은 어떠한 정해진 형식은 없으나 OA기기가 주역이 되면서 기계시스템 에 대체되는 경향이 있다.

* 광고문서 - 기업 또는 상품을 광고, 선전하는 경우에 이용하는 문서로서 편지, 포스터, 팜플렛 등 여러 가지 형태가 있다.

그리고 특수문서는 이상의 어디에도 속하지 않는 문서로서 회의의 의사록, 기업의 정관, 규칙, 도서, 잡지, 기타자료 등을 말한다. 일반적으로 왕복문서, 광고문서, 공문서, 주문편지, 알림편지, 초대편지 등은 사외문서이고 연락문서, 장표, 업무계획서, 보고서, 공문서, 기안문서, 업무일지, 회의록 등은 사내문서이다.

2. 문서 사무

기업이나 행정기관 그 밖의 조직체에서 기초가 되는 사무는 문서를 중심으로 이루어진다. 이러한 문서와 관련된 사무가 문서사무인데 그 내용은 다음과 같다(박재린외1명, 1995).

1) 문서의 작성

문서의 작성은 문안을 작성하거나 정서하는 서기적 사무이다. 이는 정보를 문서화하는 작업이며 문서사무 기점이 되는 중요한 작업이다. 따라서 정확하고 이해하기 쉬운 문서를 신속히 작성해야 한다.

2) 문서의 유통

문서의 유통은 문서의 접수, 발송, 수집, 배부 등의 사무이다. 문서는 보통 한 장소에 머무르지 않고 다수의 관계자들 간에 유통되며, 이 과정에서 정보가 전달되어 사무가 진행된다. 따라서 문서의 유통 작업은 원활하고도 신속히 행할 필요가 있다.

3) 문서의 처리

문서의 역할은 작성, 유통, 처리에 끝나는 것이 아니다. 처리가 끝난 문서의 대부분은 미래에 자료로 이용되기 때문에 적절한 방법으로 정리하여 일정기간 동안 소중히 보관해야하며 지금 당장에는 처리되지 않는 문서도 처리될 때 까지 보관하여야 한다. 이러한 사무를 문서의 정리·보관이라고 한다.

이상과 같은 문서사무는 조직 활동과 결합되어 추진되는 중요한 역할을 하고 있기 때문에 신속, 정확하여야 한다. 또한 기업이나 행정기관의 규모가 커지면 거래량이 늘고 사무량과 사무비용도 증대된다. 따라서 문서사무를 용이하게 가능한 적은 비용으로 처리해야 하는데 이처럼 사무를 정확히, 신속히, 용이하게, 적은비용으로 행하려는 것이 사무의 능률화이다.

사무를 표준화, 능률화하는 일은 문서사무 담당자가 항상 기억하고 실천해야 할 사항이다.

3. 문서작성의 기본요령

① 문장은 긍정문으로 쓰되 짧고 간결하게 작성하여 한 문장이 너무 길어지지 않도록 한다.
② 읽기 쉽고 격식에 맞게 쓰며, 맞춤법에 주의한다.
③ 한자는 상용한자의 범위 내에서 사용하며, 행은 적당히 나눈다.
④ 문제점 및 결론을 먼저 쓰고, 읽는 쪽의 입장에서 쓰도록 한다.
⑤ 숫자는 특별히 정확하게 쓰며, 전체 문장이 잘 정돈되게 한다.
⑥ 한 번 읽어서 내용의 취지를 이해할 수 있도록 간단한 표제를 붙인다.
⑦ 작성된 문서의 내용이나 의미 등을 주의해 다시 읽어본다.

4. 문서작성 시 글쓰기 요령

글을 잘 쓰느냐 못 쓰느냐는 결국 문장력에서 판가름 난다. 문장력이 있는 사람의 글을 보면 처음부터 끝까지 물 흐르듯 부드럽게 굴러가고 읽는 사람이 전혀 불편함을 느끼지 못하는 가운데 전하고자 하는 메시지가 쏙쏙 와 닿으며, 읽은 뒤 여운도 좋다.

문장력이란 결국 자신이 하고자 하는 얘기를 명확하게 전달할 수 있고, 읽는 이가 어떤 사람이든 특별한 노력을 기울이지 않고도 끝까지 읽어 내려갈 수 있게끔 문장을 구성하는 능력을 말한다.

이러한 능력을 기르기 위해서는 좋은 글을 많이 읽어 보고 자주 써 보면서 남의 평가를 받는 것이 중요하다. 그러지 않고도 짧은 시간에 글 쓰는 능력을 향상시키려면 문장의 기본 원칙을 마음에 새기고 잘 지키면 된다. 문서작성 시 글쓰기 요령은 다음과 같다(배상복, 2004).

1) 간단명료하게 작성한다.

자기만 아는 어려운 말을 늘어놓거나 복잡하게 쓰면 읽는 사람이 무슨 뜻인지 파악하기 힘들다. 간단명료하게 작성하는 것이 문장을 만드는 첫째 비결이다.

① 군더더기 없애기

글에서 군더더기('~이다'를 '~라 하지 않을 수 없다'로 하거나)란 없어도 되는 쓸데없는 표현을 말한다. 군더더기가 있느냐 없느냐는 글 쓰는 능력을 판단하는 중요한 요소가 된다.

② 수식어 절제

수식어(아주, 상당히, 많은 등)가 많으면 문장이 늘어지고 읽기가 불편하며 글이 어설퍼 보이기도 한다. 문맥이나 글의 전체적 내용으로 자신의 의도를 전달해야지 수식어를 많이 붙인다고 의미가 뚜렷해지는 것은 아니다.

③ 이해하기 쉽게

자기주장을 명확하게 전달하기 위해서는 누구나 이해할 수 있게끔 쉬운 말로 간결하게 써야 한다.

④ 문장은 짧게

한 문장에 너무 많은 내용을 집어넣으려 하지 말고 한 가지 내용만 담는다는 생각으로 짧게 끊어 쓰는 것이 좋다.

2) 중복을 피한다.

같은 단어나 표현이 반복되면 읽기가 불편하고 지루해진다. 또한 문장의 기본 요건인 간결성이 떨어져 글의 세련된 맛이 없어지므로 의미를 크게 다치지 않는 선에서 중복된 부분을 다른 말로 바꾸어 주거나 불필요한 표현을 빼면 한결 깔끔하고 부드러운 문장이 된다.

① 단어의 중복

반복되는 단어를 의미상 크게 차이가 나지 않는 다른 낱말로 바꾸어 주거나 꼭 필요하지 않는 것은 생략하면 어느 정도 중복을 피할 수 있다.

② 구절의 중복

구절 중복은 구(句) 또는 절(節)의 중복을 말한다. 단어의 중복과 마찬가지로 필요 없는 것은 빼고 중복되는 부분을 문맥에 맞게 적당히 바꾸어 주면 단순함을 피할 수 있고, 글도 훨씬 부드럽게 흘러간다.

③ 의미의 중복

같은 내용을 되풀이하면 문장이 늘어져 읽는 속도를 떨어뜨리고 지루한 느낌을 주므로 의미가 중복되는 부분은 어느 한 쪽만 선택해 표현한다.

④ 겹말 피하기

겹말('역전 앞', '옥상 위', '내면 속' 등)은 대부분 한자어와 우리말이 어울리는 형태를 띤다.

겹말 역시 비효율적인 군더더기 표현으로 언어의 경제성을 떨어뜨리므로 피해야 한다.

3) 호응이 중요하다.

문장은 기본적으로 '주어+목적어+서술어'로 구성된다. 이 구성 요소가 자연스럽게 결합하지 못하거나 공유 요소가 합당하지 않으면 완전한 문장이 될 수 없다.

① 주어와 서술어의 호응

문장을 시작할 때 무엇을 주어로 잡을 것인지 분명히 한 다음 그 주어에 맞게 서술한다. 문장이 길어질 것 같으며 두 문장으로 짧게 끊어 쓰는 것이 좋다.

② 목적어와 서술어의 호응

목적어와 서술어가 호응하지 못하는 경우에는 목적어를 서술어에 맞게 바꾸거나 서술어를 목적어에 맞게 바꿔 뜻이 통하도록 고쳐야 한다.

③ 논리적 호응

글에서 논리적이라 함은 이치에 맞게 문장이 흘러가는 것을 가리킨다.

연결어미나 접속사로 문장을 연결시킬 때는 그에 맞는 내용이 와야 한다. '~ 고,'~며' 등에는 대등한 내용이 뒤따라야 하고,'~으나', '~지만' 등에는 반대 내용이 와야 한다.

④ 단어의 특성에 따른 호응

단어마다 고유한 의미의 자질을 가지고 있기 때문에 특정한 부류의 어휘하고만 결합하려는 성질이 있다. 따라서 그에 알맞은 낱말을 골라 써야 호응이 잘된다.

4) 피동형으로 만들지 않는다.

피동문이란 피동사가 서술어로 쓰인 문장을 말하며 능동적 주체가 될 수 없는 무생물을 주어로 한다.

우리말에서는 피동형을 쓰면 문장이 어색해지거나 행위의 주체가 잘 드러나지 않아 뜻이 모호해지고 전체적으로 글의 힘이 떨어지므로 불가피하거나 완곡하게 표현하는 경우를 제외하고는 능동형으로 쓰는 것이 좋다.

① 가급적 능동형으로

피동형으로 문장을 쓰면 무엇보다 자신감이 없어 보이고 글의 힘이 떨어지며 피동형문장은 주체나 뜻이 분명하게 드러나지 않아 읽는 사람에게 강한 인상을 주기 어렵다.

가능하면 주체를 분명하게 하고, 주의·주장이 잘 드러나도록 능동형으로 작성해야 글의 힘이 살아난다.

② 이중피동을 피한다.

피동형에 피동 접미사를 이중·삼중으로 붙이는 경우가 많다. 이는 아무 의미 없이 피동을 겹쳐 쓰는 것으로 우리말의 언어 체계를 파괴하는 일이다. ('부르다'의 피동인 '불리다'를 '불리 우다' '불리워지다' 등으로 사용)

5) 단어의 위치에 신경을 쓴다.

문장 성분의 위치가 잘못되면 의미를 파악하기 어려울 뿐 아니라 오해를 불러일으킬 수 있으므로 단어나 구절을 적절한 곳에 두어야 한다.

특히 숫자·날짜 등은 문장에서 위치에 따라 뜻이 달라지거나 오해가 생길 수 있으므로 의미가 분명하게 전달될 수 있게끔 자리 선정에 각별히 주의해야 한다.

① 수식어는 수식되는 말 가까이에 쓴다.

'아름다운 그녀의 웨딩드레스' '그녀의 아름다운 웨딩드레스'에서 보듯 글의 흐름상 수식어는 바로 뒷말을 꾸미는 것으로 받아들여진다. 따라서 관형어·부사어 등 수식어는 수식되는 말 바로 앞에 놓아야 의미를 분명하게 전달 할 수 있고 오해의 소지를 없앨 수 있다.

② 주어와 서술어는 너무 멀지 않게 쓴다.

전체 문장의 주어가 서술어와 멀리 떨어져 있거나 주어와 서술어 사이에 수식어가 많아 간격이 길어지면 이해하기 힘들어 진다.

③ 의미 파악이 쉽도록 위치 선정을 한다.

적절한 곳에 단어나 구절을 배치해야 읽는 사람이 한눈에 문장의 뜻을 파악 할 수 있으며 숫자·날짜 등은 위치에 따라 뜻이 완전히 달라질 수 있으므로 자리 선정에 각별히 신경 써야 한다.

6) 정확한 단어를 선택한다.

비슷한 단어의 차이를 파악하고 가장 알맞은 것을 선택해야 정확한 표현이 가능하고 글의 정교함을 더할 수 있다.

① 비슷한 단어의 차이 파악(비슷한 한자어)

* 일절(一切): 아주, 전혀, 절대로의 뜻, 주로 부정적인 내용과 어울려 쓰인다.(끊을 절)
일체(一切): 모든 것, 모두 다를 뜻한다.(모두 체)

* 부문(部門): 문화·예술·학술 분야 등에서 정해진 기준에 따라 분류해 놓은 것
부분(部分): 전체를 이루는 작은 범위, 또는 전체를 몇 개로 나눈 것의 하나

* 조종(操縱): 기계를 다루거나 돈·사람 등을 자기 의도대로 쥐락펴락할 때 쓰인다.
조정(調整): 알맞게 정돈할 때

* 운영(運營): 조직이나 기구·사업체 등을 경영하는 것
운용(運用): 무엇을 움직이게 하거나 부리는 것

* 시험(試驗): 주로 행위를 뜻하는 명사 앞에 붙어 시험 삼아 무엇을 해 볼 때 쓰인다.
실험(實驗): 행위를 뜻하지 않는 명사 앞에 붙어 과학 부문에서 어떤 현상을 조사·관찰 하거나 새로운 방법·형식을 사용해 볼 때 쓰인다.

* 결제(決濟): 증권 또는 대금을 주고받아 매매 당사자 사이의 거래 관계를 끝맺는 일

결재(決裁): 결정할 권한이 있는 상관이 부하가 제출한 안건을 검토해 허가하거나 승인하는 것

* 참석(參席): 비교적 작은 규모의 모임이나 회의에 함께해 자리를 차지하는 것

참가(參加): 행사 · 대회 등 비교적 규모가 클 때

참여(參與): 어떤 일에 끼어들어 관계하는 것으로 추상적인 형태의 활동까지 포함

* 차선(車線): 자동차 도로에 그어 놓은 선

차로(車路): 자동차가 다니는 길

* 당사자(當事者): 어떤 일이나 사건에 직접 관계가 있거나 관계한 사람

주역(主役): 주된 역할을 한 사람

* 보존(保存): 잘 보호하고 간수하여 남김

보전(補塡): 부족한 부분을 보태어 채운다는 뜻

* 보상(補償): 적법행위로 인한 손해를 물어 주는 것

배상(賠償): 불법행위로 인해 발생한 손해를 물어 주는 것

* 개발(開發): 토지나 천연자원 등을 개척해 유용하게 만들거나 산업 · 경제 등을 발전하게 하는 것으로 주로 물질적인 것

계발(啓發): 인간 내부에 잠재해 있는 능력이나 자질 · 재능 등을 일깨워 주거나 이끌어 주는 것으로 주로 개인적 능력이 대상

* 지향(志向): 어떤 목표로 뜻이 쏠리어 향하는 것
지양(止揚): 더 높은 단계로 오르기 위해 어떤 것을 하지 않음

② 문맥에 가장 알맞은 것으로(비슷한 순 우리말)

* 갑절: 어떤 수나 양을 두 번 합친 것
곱절: 같은 수나 양을 여러 번 합친 것

* 결단(決斷): 결정적인 판단이나 단정을 의미하는 한자어
결딴: 아주 망가져 도무지 손을 쓸 수 없는 상태를 뜻하는 순 우리말

* 탓: 부정적인 영향을 미칠 때
덕분(德分): 긍정적인 영향을 미칠 때
때문: 두 경우 모두 쓸 수 있다.

* 한참: 시간이 상당히 지나는 동안
한창: 가장 왕성하거나 무르익은 때

* 너머: 집 · 담 · 산 · 고개 같은 높은 것의 저쪽을 뜻하는 명사
넘어: '어떤 물건 위를 지나다'란 뜻의 동사 '넘다'에 연결어미 '–어'가 붙은 것으로 동작을 나타 냄

* 첫째: 차례로 벌여 놓은 항목이나 사물의 순서
첫 번째: 여러 번 거듭하는 일의 횟수

* –든지: 선택 할 때
–던지: 과거를 회상할 때

* –(으)로서: 지위나 신분 또는 자격을 나타내는 격조사
–(으)로써: 어떤 일의 수단이나 도구를 나타내는 격조사

* 다르다: '서로 같지 않다'는 뜻으로 단순한 차이를 의미
틀리다: '그릇되거나 잘못 되다'는 뜻으로 반대말은 '맞다', '옳다' 이다.

* 붙이다: 떨어지지 않게 하다, 관계를 맺게 하다, 말을 걸다, 뺨을 때리다 등의 뜻이 있다.
부치다: 힘이 미치지 못하다, 편지나 물건을 보내다, 의논 대상으로 내놓다, 논밭을 다루다 등의 뜻을 지니고 있다.

* 늘이다: 길이를 본디보다 길게 할 때
늘리다: 수량 · 재산 · 세력 · 능력 등을 원래보다 커지게 할 때

* 빠르다: '어떤 동작을 하는 데 걸리는 시간이 짧다'는 뜻으로 속도와 관계가 있음
이르다: '계획된 때보다 앞서 있다'는 의미로 시기와 관계가 있음

* 가르치다: 지식이나 기술 · 이치 등을 깨닫게 할 때 쓰는 말
가리키다: 손가락 등으로 어떤 방향이나 대상을 집어 나타내 보이거나 강조할 때

* 작다: 길이 · 부피 · 규모 등 크기와 관계된 것으로 반대말은 '크다'이다.
적다: 분량 · 수효 등 양과 관계된 것으로 반대말은 '많다'이다.

* 맞추다: 서로 떨어져 있는 부분을 제자리에 맞게 대어 붙이거나 여러 개를 나란히 놓고 대조해 보는 경우
맞히다: 문제 · 수수께끼 등의 정답을 알아낼 때

7) 단어와 구절을 대등하게 나열한다.

단어와 구절을 적절하게 나열해야 일목요연하고 질서정연한 문장이 되며, 요령 없이 접속사나 쉼표를 남용하면 복잡하고 어수선한 문장이 된다.

① 같은 성격의 단어 나열

단어를 나열할 때는 같은 성격을 유지하며, 접속사를 많이 사용하면 읽기 불편하고 의미 가 쉽게 와 닿지 않으므로 가운뎃점을 이용해 이들 단어를 한 무리로 묶는 것이 좋다.

② 같은 구조의 구조 나열

구절은 두개 이상의 단어로 이루어진 구나 절을 말한다. 이들을 나열할 때는 반드시 같은 구조를 지녀야 한다. 또한 접속사를 줄이고 똑같은 구조의 구절을 쉼표로 나열하면 일목요연해져 눈에 잘 들어온다.

8) 띄어쓰기를 철저히 한다.

띄어쓰기를 하는 이유는 단어들로 엮인 문장 속에서 잠깐 멈추는 시간을 줌으로써 읽기 쉽게 하고, 의미의 단락을 구분함으로써 뜻을 명확하게 하기 위함이다. 따라서 띄어쓰기를 철저히 해야 읽기 편하고 의미를 파악하기 쉽다.

9) 어려운 한자어는 쉬운 말로 바꾼다.

일반적으로 어려운 한자어를 쓰면 무겁고 딱딱해진다. 풍부한 어휘로 다양한 표현을 해야 하지만 쉬운 단어로 표현이 가능 한데도 굳이 어려운 한자어를 사용해 글을 딱딱하게 만들 필요가 없다. 읽는 사람을 위한 배려에서도 쉬운 말로 풀어 쓰는 것이 바람직하다.

10) 외래어 표기의 일반원칙

각국의 언어를 우리말로 옮겨 적는 것은 쉬운 일이 아니다. 우리말을 맞춤법에 맞게 적어야 하듯이 외래어도 표기법에 맞게 써야 한다.

외래어 표기법은 외국어 또는 외래어를 우리 글자로 어떻게 적을 것인지를 규정해 놓은 것이다. 우리말의 발음 구조에 맞는 한국적 표기 방식을 정해 놓은 것이기 때문에 현실(현지)발음과 차이가 나는 부분도 있다.

외래어는 꼭 필요한 경우와 불가피한 경우를 제외하고는 쓰지 않는 것이 바람직하다.

① 된소리(ㄲ, ㄸ, ㅃ, ㅆ, ㅉ)를 쓰지 않는 것을 원칙으로 한다.

② 받침에는 'ㄱ, ㄴ, ㄹ, ㅁ, ㅂ, ㅅ, ㅇ' 만 쓴다.

③ 현지 음을 원칙으로 한다.

④ 장모음의 장음은 따로 적지 않는다. 중모음 '오우(ou)'는 '오'로 적는다.

⑤ 약어는 우리말 풀이 다음 괄호 안에 넣는다.

제4장 문서관리

빠르고 효율적인 정보 활용을 위해 비서는 정보가 담긴 문서를 체계적으로 정리, 분류, 보관하여 본인이나 상사가 필요로 하는 정보를 언제나 손쉽게 이용할 수 있도록 문서관리 요령을 익혀야 할 것이다.

최근에는 다양하고 많은 양의 정보를 컴퓨터에 저장시켜 놓고 필요할 때에 원하는 정보를 손쉽게 꺼내 쓸 수 있는 전자문서관리 시스템 체제가 보편화되었다.

또한 문서뿐만 아니라 명함, 신문, 잡지, 서적 등 각종 자료에서도 정보를 얻을 수 있기 때문에 이러한 자료들도 필요에 따라 언제든지 이용하기 쉽도록 정리해 두어야 한다.

1. 문서의 정리 순서(조계숙외1명, 1994)

① 검사

먼저 문서를 파일하여도 되는지 여부를 검사한다.

② 주제결정

문서를 어느 제목으로 정리할 것인가를 정한다.

③ 주제표시

문서의 제목으로 정한 주제에 붉은 색 등으로 밑줄을 긋는다.

④ 상호참조 표시

두 개 이상의 제목으로 요청될 가능성이 있는 문서의 경우 주된 제목의 폴더에 이 문서를 넣어두고 관계가 적은 편 제목의 폴더에는 상호 참조 표를 넣어둠으로써 어느 경우라도 검색이 용이하도록 한다.

⑤ 분류 및 정리

문서를 우선 큰 묶음으로 순서를 나눈 뒤 재분류하여 가나다 혹은 번호순으로 정리한다.

2. 문서정리를 위한 용구

비서에게 필요한 문서정리 용구는 그 사용 용도와 사무실의 필요 요건에 따라 다르다.

따라서 문서를 구분해서 정리해 두려면 그것에 알맞은 용구사용도 필요하다.

▸ **가이드(guide)**

폴더들을 그룹별로 구분하여 각 그룹별 폴더의 제일 앞에 끼워서 세워 두는 두꺼운 표식판이며 가이드의 유형과 호수는 문서의 종류와 관계가 있다.

▸ **폴더(folder)**

표지용 두꺼운 종이를 반으로 접어서 그 사이에 문서를 넣어 문서보관 함에 세워 두는 두꺼운 표식 판이다. 문서의 입출은 반드시 파일 단위로 꺼내어 사용하며, 서류함의 폴더는 항상 정연하게 바로 세워 두도록 한다.

▸ **견출지(label)**

견출지는 폴더의 귀에 붙이는 종이로서 폴더에 넣어둔 서류의 이름이나 제목 명을 써서 붙이되 가이드별로 통일된 색깔을 붙이는 것이 좋다. 끝부분이 색상 처리된 라벨들은 파일의 서로 다른 분야를 쉽게 구별할 수 있게 해준다.

3. 문서관리 방법

직장인들은 하루 평균 190여 개의 정보를 입수하고, 필요한 문서를 찾기 위해 1년에 150시간을 들인다고 한다. 한 달에 달하는 시간을 문서 찾는데 허비하고 있는 것이다. 이런 문제들을 방지하고 문서 관리를 효율적으로 하려면 '문서관리대장'을 작성해야 한다.

비서들이 접하는 문서의 종류에 다음과 같다. ① 상사관련 문서로써 일정표, 출장 일정표, 스크랩, 주소록, 우편 대장물, 회계장부, 신분증 사본, 여권 사본 등 ② 조직과 관련된 문서로써 사업자등록증, 기안서, 공문, 조직도, 방명록, 회의록, 주주명부, 대외비 문서 등 ③ 비서관련 문서로써는 일정표, 업무일지, 보고서, 업무 분장표, 비서실 회계장부, 구매 일람표, 각종 메모 등이 있다.

상사관련 문서, 조직과 관련된 문서, 비서관련 문서를 효율적으로 관리하려면, 영어와 문자 등을 이용해서 문서분류코드를 만들고 세부적으로 나누는 작업도 필요하다. 문서분류코드는 복잡하지 않고 중복되지 않게 쓰는 것이 중요하다.

그리고 문서대장 업무는 말 그대로 상사와 비서실에 관련된 문서를 관리하는 것이다. 해당 문서의 열람이나 대출을 원하는 직원의 인적사항과 사용목적 등을 기재한다.

문서를 관리할 때는 지정된 날짜에 반납 받을 수 있도록 관리감독을 철저히 해야 한다. 특히 비서실에는 상사의 개인 신상에 관련된 문서나 대외비 문서가 산재해 있으므로 항상 보안에 더욱 신경 써야 한다. 그리고 문서를 열람 또는 대출을 요청하는 일이 있을 때는 상사에게 보고하고 진행하도록 한다.

체계적인 문서정리의 핵심은 필요한 자료를 신속하게 이용하기 위한 것이다. 다음 사항들은 문서정리에 유용하게 활용할 수 있는 방법들이다(http://www.secretarypro.opm).

* 문서정리는 일정한 시간을 두고 한다. 매일 해야 할 필요는 없지만 문서정리를 하지 않은 자료들은 반드시 분류된 폴더에 그룹별로 정리해서 보관한다.
* 파일의 각 마지막 분야에는 따로 독립된 폴더가 없는 자료들을 넣어두는 기타 폴더를 준비 해 적절한 라벨을 붙여둔다.
* 파일이 너무 복잡해지지 않도록 하며, 찢어진 서류는 파일하기 전에 투명 테이프로 수정한다.

* 클립이나 불필요한 고정용구는 파일에 넣기 전에 모두 제거하며, 서로 관련된 서류들은 스테이플로 한꺼번에 고정시킨다.
* 오려 낸 기사나 항목들은 보통 크기의 용지에 풀로 붙여서 분실되지 않도록 하며 큰 서류 들은 보통 크기로 접어 둔다.
* 개별적인 폴더들은 가이드 뒤에 파일을 하며 각 파일 서랍에 필요한 충분한 가이드가 있는 지 확인한다. 가이드 뒤쪽의 폴더는 최소한 5개는 있어야 하며 열 개 이상은 안 된다.
* 왕복문서의 상단부분을 폴더의 왼편으로 넣고 가장 최근의 편지를 맨 앞쪽에 둔다.
* 폴더나 라벨이 낡았을 때는 같은 종류들로 새로 교체하며, 서류함의 앞쪽보다는 측면 쪽에서 시작하면 찾기가 쉽다.
* 잠시 동안이라 할지라도 안전을 위해 서류함은 사용 후 항상 닫아 둔다.

1) 전자문서의 관리

전자문서란 컴퓨터 등의 장치에 의하여 전자적인 형태로 생성, 전송, 또는 저장될 수 있는 형태의 자료 또는 정보를 말한다.

전자문서에 포함된 자료는 나중에 언제든지 열람될 수 있어야 하며, 전자문서가 송신, 수신시의 형태 또는 그와 같이 재현될 수 있는 형태로 보존되어야 한다.

또한 전자문서의 작성자, 송신, 수신일시에 관한 사항을 포함하는 부분도 보존되어 있어야 한다.

상사의 이메일 주소와 비밀번호는 안전한 곳에 메모해두고 노출되지 않도록 각별히 신경을 쓴다. 오전에 출근해서 한 번, 점심식사 후에 한 번, 퇴근 1시간 전에 한 번, 총 하루에 세 번은 꼭 이메일을 확인한다.

내용을 살펴본 뒤 긴급하게 보고해야 할 것은 즉시 전하고, 그 내용은 별도로 스크랩하여 둔다. 답장을 해야 할 경우 필요한 양식은 상사와 상의해서 만들어 둔다.

또한 메일은 보안 프로그램의 확인을 거치거나 메일 계정의 스팸 거부 설정을 하여둔다.

2) 스크랩 정리

스크랩은 비서업무의 꽃이다. 정보의 홍수 속에서 살아가는 현대인에게 정보의 핵심만을 뽑아내는 기술은 그 자체로 뛰어난 경쟁력이 될 수 있다.

스크랩 한 장으로 상사나 조직의 의사결정이 바뀔 수 있고, 정책도 달라질 수 있다. 과거의 비서들은 상사가 요구하는 분야의 정보만 수동적으로 모았지만 현재의 비서들은 보다 적극적인 자세로 상사를 업그레이드시키기 위해 정보를 찾는다.

스크랩의 기본은 보통 조간신문의 기사를 오려서 모은 뒤 정리하는데, 요즘은 인터넷을 이용하면 원하는 기사와 정보를 쉽고 빠르고 간편하게 찾을 수 있다.

그리고 스크랩을 하려면 우선 상사의 기호를 아는 것이 먼저이며, 중요한 내용은 형광펜을 칠해서 강조하고, 자신의 의견을 보태고 싶은 것은 포스트잇에 메모해서 기사 위에 붙여두면 좋다. 하루에 하는 스크랩은 A^4 용지에 20쪽 분량 정도면 적당하며, 스크랩에 넣을 기사는 일정한 크기로 출력하고, 스테플러를 찍어 깔끔하게 마무리 한다.

스크랩 시간을 절약하려면 출퇴근시간에 조간신문을 미리 훑어보는 것도 좋은 방법이며, 상사가 출장을 가면 이메일을 이용해 스크랩을 전송한다. 기한이 지난 스크랩들은 별도로 모아서 보관하고 한 달을 주기로 파기한다(이준의, 2009).

(1) 스크랩의 방법

* 스크랩할 기사에 붉은 색으로 선을 긋고, 중요대목에 밑줄을 긋는다.
* 신문은 다음날 또는 3~4일 후, 잡지는 다음 호가 온 후에 스크랩을 한다.

* 스크랩한 기사에는 발간사항(신문명, 잡지명, 연월일, 호, 페이지)등을 기재한다.
* 오려낸 기사는 한 장에 한 건씩 스크랩한다.
* 오려낸 기사를 정리할 때는 문서정리방법을 참고로 한다.

(2) 스크랩 정리용구

* 스크랩 북(scrap book) - 스크랩할 기사는 주제별로 분류하고, 주제별로 한 권씩 스크랩북을 준비하여 날짜순으로 붙여 나간다.
* 문서정리식 정리방법 - 오려낸 것의 수효가 많고 분류가 복잡할 때는 파일에 철하거나 폴더에 넣어서 파일박스에 정리하는 것이 편하다.

(3) 신문의 비치

신문은 최근 3~4일 분은 종류별로 걸이 대에 걸어 비치해 둔다.

3) 카탈로그 · 팜플렛 정리

카탈로그와 팜플렛은 상품별로 분류하여 보관하되 오래된 것은 폐기하고 최신의 것만 보관 하도록 한다.

카탈로그는 관계 부서인(印)과 수납 날짜 인을 크게 찍고, 크기가 다양하므로 행잉 폴더에 넣어 서랍에 걸어둔다. 일련번호가 있는 팜플렛은 잡지와 마찬가지로 취급하고 각 호마다 독립한 표제가 있어서 체제가 정비되어 있다면 단행본으로 처리해도 좋다. 개별 팜플렛은 저자별, 주제별로 정리해도 좋다.

4) 도서 · 잡지 정리

도서 · 잡지가 도착되면 접수인을 찍고 도서대장에 도서명, 저자명, 출판사명, 규격, 가격, 발행날짜 등을 기록한다.

잡지는 잡지대장에 수납 일을 메모해 두어 누락되지 않았는가를 확인하고 반년이나 1년분을 정리하여 합본한다.

그리고 회사가 구입한 도서·잡지는 추후 회람의 부전지를 붙여 사내직원들에게 회람시키고 집무실과 응접실에는 최신호의 잡지만을 꽂아둔다.

5) 카세트테이프·비디오테이프 정리

(1) 카세트테이프 정리방법

- 녹음 즉시 녹음일자와 내용을 라벨로 붙이고, 제목은 자세히 기입한다.
- 일련번호를 붙이면 카세트테이프 내용의 확인과 검색이 용이하다.
- 검색용 카드를 카세트테이프마다 1매씩 만들어서 녹음일자, 내용, 제목, 일련번호 등을 기 입해 두면 쉽게 찾을 수 있다.
- 카세트테이프는 크기가 작아 분실하기 쉽기 때문에 한 장소에 정리 보관해 둔다.

(2) 비디오테이프 정리방법

녹화즉시 녹화일자와 제목을 기록하고 하나의 테이프에 한 프로그램만 녹화하도록 한다.

비디오테이프, 카세트테이프 등의 자기 미디어는 취급, 보관하는데 주의를 기울이지 않으면 내부에 저장된 데이터가 파괴될 우려가 있으므로 항상 조심하여야 하며 만약을 대비하여 1부 더 복사해 둔다.

6) 비서의 책상 정리

사람들은 때로 집보다 자기가 속한 조직에서 더 많은 시간을 보낸다. 길게는 하루의 절반 이상을 머무는 곳인 만큼, 업무공간을 쾌적하고 편리하게 관리하는 것도 중요하다.

대부분의 직원들에게 책상은 개인적인 사무 공간이지만, 비서의 책상은 다른 사람에게 노출되는 경우가 많다. 때로는 손님이 급하게 컴퓨터를 사용해야 할 때 자리를 비워줘야 하기도 한다. 그러므로 비서는 책상조차 언제든 손님을 맞이할 준비가 되어 있어야 한다. 따라서 보안이 필요한 기밀문서 등은 책상에 보관하지 말고, 특히 상사와 관련된 모든 서류들은 별도로 잘 챙겨둔다. 책상에 서랍장이 있으면 항상 잠궈 두고 장금장치를 확인한다.

책상 위의 공간도 최소한으로 정리하는 습관을 들인다. 컴퓨터와 전화기, 책꽂이, 메모패드, 연필꽂이, 달력, 티슈 등 꼭 필요한 것만 올려둔다.

달력은 책상 위에 비치해두는 것과는 별도로 일정 메모용 달력을 따로 사용하는 것이 더 효율적이며 보안유지에도 좋다. 메모는 지시내용이 완벽하게 숙지되었다면 즉시 세단기를 이용하여 파기한다.

보안상의 문제로 인하여 상사의 집무실을 정리 정돈하는 업무는 비서가 맡는데 청소는 항상 상사가 출근하기 전에 마치고 휴지통을 비울 때도 내용물을 잘 확인해서 버려서는 안 될 것들은 별도로 보관한다. 또한 책상 위에 쓰레기처럼 널브러져 있는 메모와 문서라도 함부로 버려서는 안 된다(이준의, 2006).

4. 문서의 폐기

문서는 보존하는 것도 중요하지만 더 이상 활용가치가 없는 문서는 상황에 따라 폐기하여 다른 문서를 찾아보는데 원활하게 하는 것도 중요하다. 따라서 보존기간이 경과된 문서는 문서의 보존여부를 재검토한 후 폐기 처분한다.

그리고 어떠한 종류의 문서를 언제 폐기할 것인가를 결정하는 문제는 매우 중요하므로 기준을 수립하여 결정할 때에는 신중을 기해야 하며, 비밀문서는 반드시 소각하거나 파쇄기를 이용하여 외부에 유출되지 않도록 해야 하며 폐기 인을 날인한다.

5. 우편물 관리

1) 우편물 정리 방법

상사의 우편물을 받아 확인하는 일은 비서의 기본 업무이다. 우편물을 정리할 때는 우선 상사에게 필요한 우편물인지 광고 우편물인지를 확인하여 따로 정리한다. 상사가 나중에 찾을 수 도 있기 때문에 광고로 의심되는 우편물이라도 절대 즉시 버리지 말고, 우편물을 일주일쯤 보관한 뒤에 파기하도록 한다.

우편물 관리를 효율적으로 하려면 우선 우편물대장을 만들어야 한다. 우편물 대장은 일시, 발신인, 내용 등의 순서로 작성한다.

청첩장과 부고장, 초대장 등은 일단 복사를 하고 일정을 체크한 뒤 보고하고, 복사한 우편물은 파일에 별도로 보관한다. 등기나 소포, 해외우편은 가급적 바로 전달하고, 상사가 출장 중이거나 부재 중 일 때 긴급한 우편물이 오면 전화나 문자메시지로 신속하게 보고한다.

또한 지로용지로 된 납부고지서는 상사에게 직접 전달하고, 처리부서가 별도로 있다면 메모 후 인계한다.

그리고 상사가 우편물을 확인하더라도 바로 버리지 말고 한 달 정도 보관한 뒤에 정리하는 것이 좋다. 우편물이 배달되는 시간을 체크해 두었다가 받는 즉시 보고하고 상사에게 우편물을 전달할 때는 봉투의 상단 접합 부분을 오려서 내용물을 손쉽게 꺼낼 수 있도록 준비한다.

2) 우편물 보내는 방법

상사의 지시로 우편물을 보낼 때도 우편물대장에 내용을 기록한 후 발송한다. 우편물을 보내기 전에는 반드시 내용물을 확인하고 도착하기까지 소요되는 기간도 확인하여 둔다. 우편물 발송 방법에는 다음의 방법이 있다(이준의, 2009).

① 직접 배달

상사의 지시를 받아 거래처나 관공서에 우편물을 직접 배달할 때는 위치를 정확히 파악하고 복장과 용모에도 신경을 쓴다. 중요한 거래처일 경우에는 음료수나 과일 등을 같이 전달할지 미리 파악하여 둔다. 이때 구매 영수증은 꼭 챙겨두고 업무를 마친 후에는 반드시 전화로 신속히 보고한다.

② 팩스 송신

팩스는 단 한 장을 보내더라도 반드시 표지를 첨부한다. 조직에 정해진 표지 양식이 없다면 발신인과 수신인, 표지를 포함해 총 몇 장인지 간단히 적어서 보내도 좋다. 그리고 상대방이 팩스를 잘 받아보았는지 반드시 확인한 뒤에 보고한다.

③ 일반 우편물

우표를 붙이거나 요금별납으로 처리하는 것이 여기에 해당되며, 급한 업무가 아니거나 대량으로 우편물을 보낼 때 이용한다.

④ 등기

우편물이 도달되는 데는 걸리는 기간과 중량에 따라 요금이 각기 다르다. 우체국마다 마감 시간이 조금씩 다르고, 등기가 배달되지 않는 지역도 있으므로 미리 확인 하여 둔다. 또한 우편물을 보낸 뒤에는 영수증을 잘 보관하여 둔다.

우체국 홈페이지에 등기번호를 이용하여 우편물 배달 조회를 해본 후 우편물이 도착되었다고 조회도면 수취인에게 확인한 뒤 상사에게 보고한다.

⑤ 소포

소포를 보내기 전에는 반드시 내용물을 확인해야 한다. 깨질 수 있는 물건은 에어 캡으로 포장한 뒤 박스에 '취급주의' 또는 '파손주의'라고 잘 보이게 쓴다. 음식물은 자칫 변질될 수도 있으므로 상태를 다시 한 번 확인한 후에 발송한다.

그리고 소포를 보낼 때에는 박스가 필요한 경우가 많으니 미리 박스를 준비해 두는 것도 좋다. 소포를 보낸 뒤에는 영수증을 반드시 보관해두고 우편물 조회도 해 본다.

⑥ EMS(국제특급우편)

EMS송장은 영어로 작성하기 때문에, 우체국에서 당황하지 않으려면 EMS 용지를 미리 우체국에서 구해 놓도록 한다. 그리고 원칙상 EMS로는 변질되기 쉬운 음식물이나 고가의 귀금속 등을 보낼 수 없게 되어 있고, 국가에 따라서는 아예 EMS가 불가능한 지역도 있으니 미리 확인하여 둔다.

우편물이 무겁거나 다량인 경우에는 가까운 우체국으로 전화하면 픽업 서비스를 이용할 수 도 있다.

⑦ 국제 우편, 항공 소포

해외로 물품을 보낼 때 모두 EMS를 이용하는 것은 아니다. EMS는 주말에도 운송이 가능해서 빨리 도착하는 이점이 있지만 시간적 여유가 있다면 상대적으로 가격이 저렴한 국제 우편이나 항공 소포를 이용해도 좋다.

⑧ 택배

택배사 한 군데를 단골로 지정해 놓으면 가격이나 다른 면에서 더욱 편리하게 이용할 수 있다.

⑨ 퀵서비스

오토바이와 지하철 퀵서비스가 대표적이다. 퀵서비스 역시 단골업체를 만들어서 관리하면 편리하게 이용할 수 있다.

제5장 비서의 정보관리와 사무자동화

1. 비서의 정보관리와 보안유지

조직에서 상사를 보좌하는 비서는 상사가 필요로 하는 정보에 대하여 항상 관심을 가지고 선별하여 수집하는 마음의 자세와 능력을 갖추어야 한다. 이러한 정보를 얻기 위해서는 과학적이고 체계화된 정보처리 능력이 요구된다.

또한 수집한 정보를 냉철하게 처리·분석하고 이들 정보를 분류·보관·재생함으로써 가치 있는 정보를 창출할 줄 아는 능력도 또한 갖추어야 한다.

1) 정보의 개념

정보는 사용자의 의사결정에 필요한 가공된 자료로서 그 가치는 사용자의 의사결정을 얼마나 도와주느냐에 따라서 결정된다. 이러한 정보 자체의 가치는 일반적으로 정보의 적절성과 정확성, 그리고 적시성과 빈도 등의 객관적 요소에 의하여 결정된다.

적절성이란 정보가 현재 문제되고 있는 일, 또는 필요한 행동과 관련이 있어야 하고, 정확성이란 정보의 원천과 수집 그리고 사용이 명확하고 뚜렷해야 한다. 부정확한 정보는 의사결정의 성과를 약화시키고 치명적인 오류를 가져올 수 있다.

적시성은 사용자가 필요로 할 때 적절히 제공되어야 정보로서 가치가 있고 시기를 잃은 정보는 사용자에게 그 가치를 상실하게 된다. 정보제공의 빈도수는 정보는 사용자에게 자주 제공 될수록 도움이 되고 항상 최신으로 유지하며 사용자가 원할 때마다 제공할 수 있어야 한다(정철현, 2000).

2) 비서의 정보관리 업무

정보관리 업무는 비서의 필수적 업무이다. 일단 비서는 어떠한 문제를 인지하고 이에 대한 대책을 강구하려는 경우, 우선 착수하게 되는 것이 그에 대한 자료(date)와 정보(infomation)수집일 것이다.

일의 분화가 이루어지기 전에는 관리자 스스로가 정보관리를 하였으나, 정보의 홍수에 사는 현대사회의 경우에는 관리자 스스로 정보관리를 한다는 것은 거의 불가능하며, 이에 관리자의 정보관리 업무를 전문 비서가 보좌하게 되었다.

비서는 양질의 정보를 많이 확보하고 필요시에는 언제나 이용할 수 있게 정리 보관해 두는 것이 중요하다. 따라서 비서는 전자파일, 데이터베이스, 컴퓨터 등의 보안 관리와 각종 정보를 수집하고 수집한 정보 자료를 분석·관리하는 정보관리 책임자로서, 또한 정보의 활용뿐만 아니라 전자기기 등의 다기능 미디어 기술을 활용하여 정보를 조직화하고 추출해 내는 방법을 숙지하고 개발해야 한다.

정보수집 대상도 어느 한 국면에 치우치지 않고 자원이 허락하는 한 가급적 조직목표에 관련된 모든 분야에서 골고루 선택되어야 할 것이며, 정보의 공개 및 전파도 특별한 상황을 제외하고는 조직 내의 모든 기관과 구성원들에게 골고루 이루어져야 된다.

상사의 사생활을 보호하기 위하여 비서가 취하는 비공개 정보와 구성원들의 이익을 증진하기 위하여 결정되는 정보의 공개정책에는 균형성이 유지되어야 한다.

그리고 비서의 효율적인 정보관리업무를 수행하기 위해서는 체계적인 분석이 필요하다. 즉 정보의 수집·해석·축적·전파과정이 체계적으로 이루어져야 한다. 그러므로 정보의 내용은 공간적으로 관리자에 관련된 것은 물론 실무적으로 시·공을 포괄하기 때문에 실현가능성이 있어야 하며, 정보 분석은 구체적으로 조직 구조와 인적·물적·재정적 자원에 관한 것뿐만 아니라 통제절차, 위기관리 및 공공관계에 관한 것도 포함해야 한다. 또한 과학문명이 발달한 오늘날에는 정보의 수집과 작성 그리고 보존 및 전파단계에 이르기까지 일련의 정보처리 과정이 자동화됨으로써 정보처리에 있어 최소의 경비와 최적의 시간활용을 통하여 비서 업무 본연의 기능인 상사의 보좌 및 정보 관리 서비스기능을 효율화하여 업무의 생산성 향상을 도모해야 할 것이다(정기호, 1995).

3) 정보관리의 계획(홍순이, 2008)

(1) 정보수집이 필요한 분야

상사에게 필요한 정보가 어떠한 범주의 것인가에 대한 파악이 우선되어야 한다.

(2) 정보수집 매체의 선택

수집해야 할 각 정보의 성격에 따라 그 정보를 입수할 수 있는 매체가 어떠한 것인가, 어떤 경로를 통해 입수해야 하는가를 결정한다.

(3) 수집 후 처리방법의 결정

수집한 정보를 활용할 수 있게 하기 위하여 어떤 처리과정을 거쳐야 하며 어떠한 장비가 필요한가를 알아본다. 단순히 입수한 그대로 보고할 정보가 있는 반면 컴퓨터를 사용해서 분석하거나 가공 처리해야 할 정보가 있다.

(4) 보고 및 정보관리

보고채널과 방법, 시기 등과 정리하는 방법에 관하여 일괄적이며 체계적인 방법을 모색 한다.

4) 보안의 유지

비서는 상사의 측근에서 근무하면서 각종 정보를 취급하기 때문에 특히 보안유지에 주의를 기울여야 한다. 정보를 입수하는 것도 중요하지만 내부정보를 외부인사에게 때로는 내부인사에게도 누설하지 않는 것도 그 못지않게 중요하므로 비서는 정보가 유출되지 않도록 보안에 각별한 신경을 써야 한다.

▶ 보안관리 요령

비서가 보안의 유지를 위해 취해야 할 사항은 다음과 같다(홍순이, 2008).

① 기밀의 내용을 분류하여 등급을 부여하고 그에 따라 어느 선까지 배포될 서류인가 등 원 칙에 따라 철저히 관리한다.

② 외부인이 기밀에 접근했을 경우에 대한 대응책을 미리 마련해 둔다.

③ 전화, 팩시밀리, e-mail, 등 통신 중에 방심함으로써 누설되지 않도록 한다.
특히 무선, 이동전화 등은 도청이 되기 쉬우므로 주의한다.

④ 사내적 으로도 보안유지에 철저를 기한다.
기밀은 업무상 필요한 최소한의 인원에게만 알려져야 한다.

⑤ 외부장소에서는 회사내부의 일에 관한 아무리 하찮은 내용으로 여겨지는 것도 경우에 따라서는 상대방에게 중요한 단서를 제공할 수 있으니 유의한다.

⑥ 회사자료는 가급적 외부에 반출하지 않도록 한다.
부주의로 분실한 경우도 있고 사고가 날 수도 있기 때문이다.

⑦ 기밀서류, 메모지 등은 그대로 버려서는 곤란하고 반드시 세단기(shredder)로 파기하여 버려야 한다. 기한이 지난 서류라도 파기해 버려야 한다.

5) 정보화 사회에서 요구되는 비서의 자세

현대사회에서 정보의 중요성이 대두되면서 더불어 정보관리 또한 비서의 중요한 업무로 자리 잡았다. 조직의 성패는 정보의 효과성과 효율성을 얼마나 극대화 하는가에 달려있으며, 이러한 조직의 목표를 달성할 수 있도록 최대한 지원하는 비서의 정보관리 능력은 조직은 물론 상사의 성공에도 밀접한 관련이 있다.

비서는 정보관리를 통하여 상사를 위한 정보의 관리와 자료의 관리라는 두 가지 측면을 관리한다. 즉 상사가 조직 내·외 환경의 불확실성을 감소시키고자 할 때에 자료나 정보의 처리를 필요로 하게 된다. 이렇게 변화하는 조직 내·외부 환경의 요구를 다루는 비서는 정보관리 능력의 향상을 통해 조직의 효과성과 효율성을 극대화 시켜야 한다.

정보를 효과적으로 관리하기 위해서 비서는 조직의 모든 정보와 외부의 정보를 모두 통합 관리함으로써 상사의 손길이 미치지 못하는 영역에까지 관리 기능을 확대하고 일원화하는 능률적인 관리를 해야 한다. 결과적으로 정보관리를 통하여 비서는 상사에게 정보의 중요성과 부가가치를 높여주는 기능을 해야 한다. 즉 비서는 조직의 각 부서 내에 산재되어 있는 모든 종류의 정보를 찾아내고 그 유용성을 분석함으로써 상사와 정보를 공유할 수 있도록 결합시키는 일과 외부의 다양한 정보기능들을 하나의 통합된 관리체제로 관리하는 것이 중요하다. 그럼으로써 정보의 중복수집, 누락, 독점, 소재파악 불능, 공유불가능 등의 문제점 등을 해결 할 수 있다(박연호, 2001).

그리고 비서는 정보를 관리함에 있어서 관련 정보와 자료가 조직과 상사에게 얼마나 중요한 가치를 가지고 있는가를 분석해야 한다. 생성된 정보가 상사의 의사결정에 도움을 준다면 그 정보는 조직에 가치가 있는 것이며, 그 정보를 채택함으로써 조직업무처리에 도움이 된다면 조직의 관점에서는 새로운 정보기술의 가치를 갖게 되는 것이다. 즉 정보가 특정업무에 한정되기보다는 거시적인 관리관점을 가지고 변화하는 환경에 맞게 조직과 연계하여 전략과 계획을 수립할 수 있는 혁신성과 유연성을 겸비하고, 또한 상사의 기획, 조직관리, 의사결정, 정책결정, 리더십, 의사소통 능력에 도움을 줄 수 있다면 상당히 가치가 있을 것이다. 따라서 비서는 정보 활용의 중요성에 대한 인식을 하고 필요한 정보는 수집뿐만 아니라 적절한 방법으로 분석·가공·처리하여 활용할 수 있는 능력이 있어야 하며, 미래에 필요로 하는 정보의 축적과 필요할 때 즉시 찾아낼 수 있는 효율적인 정보관리 능력도 갖추어야 한다.

산업사회 ⇨ 정보화 사회		
획일적	**소비자 욕구**	**다양화**
유럽·미·일에서 도입, 단일적	기술	독자개발, 복잡화
소품종 다량	생산	다품종 소량
효율 중시	가치관	창조 중시
부족	자금	풍부
피라미드 형	조직	네트워크 형
TOP 의존	의사결정	권한의 분산
상하 방향	정보의 흐름	전 방향
상하 관계	비서의 위치	파트너 쉽
사무 보조	비서의 업무	정보처리
단순형	비서의 자질	다능형

* 출처: 윤은기(1989). 정보화 사회의 비서학, 서울:유나이티드 컨설팅그룹.

2. 비서와 사무자동화

1) 사무자동화의 정의

현대 사회에서 비서가 처리해야 할 다양한 업무 영역 중 컴퓨터와 각종 통신장비를 활용한 업무가 상당히 큰 비중을 차지한다.

따라서 이들에 대한 명확한 이해와 전문지식의 습득은 비서 업무를 효율적으로 수행하는데 있어서 필수적이라 하겠다.

1980년대 초부터 생겨나기 시작한 사무자동화(office automation : OA)란 용어는 정보 처리 기술 및 사무기기 관련 기술을 사무실에서 업무처리에 종합적으로 이용함으로써 사무직 종사자의 업무 생산성을 향상시키고 보다 효과적인 사무 및 정보관리를 하기 위한 과정을 의미하는데(홍순이, 2008) , 우리나라에서는 80년대 중반부터 기업들이 사무 생산성 향상에 대한 관심이 증대되면서 급속히 확산 되었다.

2) 사무자동화와 비서업무의 분석

오늘날 사무실의 업무는 주로 컴퓨터를 중심으로 기계적으로 처리되는 정형업무와 주로 사람이 각종 사무기기 및 통신기기들을 사용하여 상황에 따라 창의성과 융통성을 발휘하여 처리하는 비정형업무로 크게 나눌 수 있다.

사무실업무 구분 중 비서의 업무는 정형업무 보다 비정형업무가 대부분을 이룬다고 할 수 있다. 사무자동화기기들을 사용하여 이루어지는 비서의 업무 및 활용방식은 아래와 같다(홍순이, 2008).

(1) 정보관련 업무

① 상사가 조직에서 상층부에 속할수록 정보관리 업무의 중요성은 커진다.
② 정보는 컴퓨터를 활용하여 체계적으로 보관·관리한다.
③ 개인용 컴퓨터를 통해 바로 상사가 필요로 하는 정보를 검색하여 제시할 수 있다.

(2) 커뮤니케이션

① 전화, 팩스, PC통신 등을 활용하는 커뮤니케이션은 비서업무의 가장 큰 부분을 차지한다.

② 비서는 통신수단 선택 시 용도나 목적에 가장 적합하고 효율적인 수단을 선택한다.

(3) 일정관리

① 비서는 면담, 회의일정 조정 등의 업무를 위주로 상사의 일정을 관리한다.
② 일정의 변경이나 추가사항 등이 있으면 컴퓨터를 이용하여 변경 사항만 수정하면 된다.
③ 네트워크(Network)가 설치된 컴퓨터를 통해 비서가 자신의 컴퓨터에 입력한 것을 상사의 컴퓨터로 언제든지 최신의 스케줄을 확인할 수도 있다.

(4) 문서관련 업무

① 컴퓨터를 사용하여 작성한 모든 문서는 1부 더 복사하여 사본을 만들어 보관(filing)한다.
② 정규적인 문서는 일정한 양식이 정해져 있으므로 변동사항만 수정·보완하면 능률적으로 처리 할 수 있다.
③ 작성한 문서는 PC통신을 통해서도 송·수신이 가능하다.

3) 사무자동화와 비서의 자세

비서는 사무자동화를 통해 그 기능과 장점을 최대한 활용하여 관리할 수 있는 시간을 최대한 확보해야 하는데 이는 비서의 효율적 시간관리가 성공적인 상사의 업무 보좌와 직결되기 때문이다. 또한 사무자동화는 계속하여 진화 되므로 사용자인 비서도 계속적으로 새로운 것을 받아들이고 배워서 사용할 수 있도록 꾸준히 노력해야 한다. 사무자동화로 인하여 확보된 여분의 시간을 이용하여 상사가 필요로 하는 것이 무엇인지 연구하는 자세가 바람직한 태도이다.

제6장 비서의 일정 및 시간관리

비서는 상사의 일정과 비서 자신의 업무를 사전에 계획하고 조정하는 절차를 걸쳐 업무의 효율화를 꾀하고 시간 관리를 철저히 하여야 한다. 상사의 대인관계 업무와 의사소통 기능을 신속하게 수행할 수 있도록 비서가 일정의 시간을 계획하고 조정하는 것이 일정관리이며, 일정관리는 비서업무의 출발점이라 할 수 있다.

효과적인 상사의 일정관리를 통해 상사 본연의 임무를 충실히 할 수 있도록 보좌하는 것은 비서의 중요한 임무 중의 하나이다.

1. 일정표의 종류

상사가 업무를 정확하고 신속하게 수행할 수 있도록 하기위해 비서는 일정표를 작성해야 한다. 일정표를 작성할 때는 사전에 충분한 시간과 정보를 가지고 계획을 잘 세워 상사의 일정을 효율적으로 관리하며 비서 자신도 시간을 효율적으로 관리하여 상사와 조직의 발전에 기여해야 할 것이다.

① 장기 일정표

수년에 걸친 장기적인 사업을 진행할 때에 이용한다.

② 연간 일정표

일년간의 정기 행사 및 임시 행사, 창립기념일, 주주 총회, 임원회의, 체육대회 등의 해당년도의 연간 일정을 한눈에 알아 볼 수 있게 기록한 일정표이다.

③ 월간 일정표

정기적으로 발생하는 보고, 회의, 방문객 내방 출장 및 행사 등을 열거한 다음 상사와 의논한 다음 일시를 확정하며, 연간 일정표 보다 구체적으로 기록한다.

④ 주간 일정표

주요 일정에 대해 요일별, 시간별로 구분하여 작성하고 일일 일정표 작성 시에 참고한다.

작성 시 상사와 상의하여 결정하고 회의, 모임장소, 전화번호, 소요시간, 출장 시 교통 수단 등도 자세히 기재해 두도록 한다.

⑤ 일일 일정표

일일 일정표는 하루의 일정을 정리한 표다. 그날 진행될 업무들을 시간대별로 빠짐없이 쓰고, 주요 방문객, 주요행사, 회의 등을 시간별로 기재한다. 그리고 다음 날의 예정 업무들도 간략하게 덧붙인다. 일일 일정표는 주간 일정표를 바탕으로 하며, 예측 및 필요하다고 판단되는 자료나 정보에 관해서도 기록한다. 1시간 단위로 작성해서 매일 아침 상사의 책상위에 올려놓는다.

⑥ 휴대용 일정표

상사가 항상 소지할 수 있도록 필수 사항 등을 명함 크기로 만들어서 상사가 휴대하도록 한다. 상사의 수첩이 이를 대신할 수 있다.

2. 일정표의 작성방법(http://www.secretarypro.opm)

1) 일정표의 작성

연간 일정표는 전년도 말에 작성되는데 이 연간 일정표로부터 차례로 세분하여 월간 일정표는 전 월말에, 주간 일정표는 전 주말에, 당일 일정표는 전일에 작성한다.

① 연간, 월간, 주간, 당일 일정표는 각각 1매로 한다.

② 일정표는 상사의 업무내용을 고려하여 구체적으로 작성한다.

③ 내용 표시는 보기 쉽도록 간결하게 작성한다.

④ 일정표는 용지 이외에도 보드나 카렌다를 이용하는데 이런 경우에 다른 사람에게 보여서는 안 될 내용은 기입하지 않는다. 이때는 별도의 일정표를 작성하거나 수첩을 이용한다.

⑤ 필요하면 복사하여 관계되는 부서에 배포한다.
⑥ 일정표에 비고란을 둔다.

2) 일정의 기입

일정표의 작성이 끝나면 일정을 기입한다.

① 일정의 표시에는 회의, 면담, 방문, 출장, 강연, 정해진 업무, 개인행사 등이 추가된다.
② 변경에 따라 조정중인 사항은 점선으로 표시하면 착오가 없다.
③ 자주 사용하는 단어는 기호로 표시하면 빠르고 편리하다.
④ 일정표가 작성되면 확인을 거쳐 복사하여 상사와 비서가 1부씩을 가지고 상사의 일정을 알 필요가 있는 부서에 배포한다.

3) 일정의 추가 기입

일정표에는 여러 가지 일정이 조합되어 작성되지만 이것으로 끝나는 것이 아니다. 작성 후에도 일정이 추가되거나 변동사항이 있으면 그때그때 상황에 따라 신속한 판단으로 일정을 재구성 하여야 한다.

① 일반적으로 피하여야 할 시간대(회의 직후, 출장에서 돌아온 날, 출장, 월요일 아침 등)는 가능한 피한다.
② 일주일 간 혹은 한 달 단위로 보아 사외 관계 업무에 할애하는 시간과 사내 관계 업무에 할애하는 시간간의 균형을 유지한다.
③ 하루 한 시간 정도는 예정에 없는 시간으로 남겨둔다. 이 시간대에는 중요한 의사결정, 서류처리, 정보수집 등의 업무를 보게 한다.
④ 상사의 피로도를 감안하여 휴식할 수 있는 시간을 고려한다.
⑤ 일정의 작성 시 업무의 흐름에 비추어 발생할 것으로 예상되는 회의, 회합을 예측하고 여유 시간을 둔다.
⑥ 관계자의 비서와도 연락을 하고 회의 등의 정보를 미리 입수하여 상사에게 전한다.

⑦ 일정표에 기입한 행사가 취소되었을 때는 즉시 상사에게 보고하고 다른 일정을 잡는다.
⑧ 일정에 변경이 있을 때 즉시 재빠른 대응을 할 수 있도록 관계자의 연락처 목록을 정리해둔다.

4) 일정의 확인

작성된 일정은 가능한 그대로 실행하는 것이 바람직하며, 면회약속은 특히 그 시간에 이루어지도록 비서의 배려가 필요하다. 만약 어떤 사유에서든지 약속을 지키지 못하게 되면, 상사가 신뢰를 잃는 것은 물론 다른 업무에도 지장을 초래한다.

따라서 비서는 항상 일정을 염두에 두고 확인하여 실수가 없도록 해야 한다.

① 매일 아침에 그날 일정을 상사에게 확인 시킨다. 약속사항은 특히 더 신경을 쓴다.
② 상사가 약속한 것을 비서가 모를 수도 있으므로 상사의 일정표와 비서의 일정표를 때때로 대조한다.
③ 회합, 강연, 면회, 회의 등의 약속은 하루 전에 일시, 장소 등을 반드시 재확인한다.
④ 일정상에 약속된 행사는 상사는 물론 관계자들에게도 잊지 않도록 확인시킨다.
⑤ 전화로 면담, 회의 등을 예정한 경우는 메모를 참고하여 즉시 문서형태로 확인한다.
⑥ 회의나 면담이 길어져 다음 예정이 임박할 때에는 그 요지를 메모하여 표 나지 않게 상사에게 건네주고 지시를 받는다.
⑦ 상사가 회사차를 이용할 경우 일시, 장소를 분명히 적은 일주일분의 외출 일정표를 전 주말에 기사에게 주고, 기사와 비서는 긴밀한 연락을 취한다.

5) 일정표 작성 시 유의사항

① 과다한 일정은 피하고, 일정 계획 시 상사의 기호를 확인하여 작성한다.
② 일정 계획 시 다음의 날짜를 미리 고려하여 일정을 잡는다.(임원회의, 법정 공휴일, 해외 관련업무의 경우 상대국의 법정 공휴일, 상사의 사적 모임, 각종 미팅 등)
③ 아침 일찍 혹은 오후 늦은 시간은 되도록 비워둠으로써 상사의 시간을 배려한다.
④ 일정을 여러 곳에 나누어 기록하면 혼란이 생길 수 있으므로 되도록이면 한 곳에 기록하고 개인적인 일정도 함께 기록한다.
⑤ 일정의 반영 시에는 그 변동 사항을 반드시 기록하고 관련 부서에도 알려 착오가 없도록 한다.
⑥ 외부요청에 대해 불참하는 경우는 반드시 사전 통보를 하며 대리참석이 가능할 경우는 참석자를 선정하여 미리 통보해 준다.
⑦ 상사가 직접 약속한 일정, 혹은 관련 부서에서 정한 일정을 비서에게 알리지 않는 경우도 있으므로 항상 확인한다.
⑧ 상사의 일정표와 비서자신의 일정표를 수시로 비교하여 확인하며, 일정에 차질이 생길 경우 상사와 의논하여 일정을 새로 잡도록 한다.

3. 비서 업무와 메모(사카토켄지, 2003)

메모하는 습관은 아주 사소한 일 같지만 특히 비서의 업무특성상 매우 중요한 습관일 것이다. 메모에는 특별히 정해진 형식이 없으며, 시간이 지난 후에도 본인이 알아볼 수 있으면 된다. 메모를 어렵고 딱딱하게 생각하지 말고 그때그때 상황에 따라 혹은 떠오르는 생각을 기록하면 된다. 메모하는 목적은 여러 가지지만 메모는 단순한 기록으로 끝나기도 하지만 훌륭한 자료가 되기도 한다.

1) 메모를 위한 기본조건

✐메모를 하는 이유와 습관화 하는 방법

*순간 떠오르는 느낌과 발상을 기억하기 위해 자기 지시를 내린다.

*일상생활과 업무의 진행을 도와준다.

· 실적을 높이고, 일 처리의 효율성을 위해

· 능력을 향상시키고, 새로운 일을 기획하기 위해

*언제 어디서든 메모한다.

*수첩에 지신이 좋아하는 사진을 붙여두고 수시로 들여다본다.

*메모는 자기 자신을 위해서 하는 것이므로 남에게 잘 보이려고 쓰지 않는다.

✐업무에 메모를 활용하는 방법과 메모를 위한 환경 조성

*'처리할 일', '기억해야 할 일' 식으로 리스트를 작성한다.

*중요도, 우선순위에 따라 순서를 정한 후 끝나면 리스트를 하나씩 지우면서 확인한다.

*일이 끝난 후의 성취감을 만끽한다.

*메모한 내용은 나중에 다시 읽어보고 활용한다.

*메모에 필요한 도구부터 준비한다.

*수첩은 크기를 통일하고 일련번호를 매겨 정리한다.

*디지털보다 아날로그 방식의 메모 도구를 고른다.

*메모하는 기술보다 시간과 장소 등 환경을 먼저 조성한다.

*자신만의 시간을 가질 수 있는 공간이나 책상을 마련한다.

✐메모 도구 고르기와 수첩 활용법

*메모 도구를 선택할 때는 편리함도 중요하지만 자신의 취향에 맞는 것을 고른다.

*마음에 드는 수첩은 넉넉하게 준비하고, 1년에 한두 번은 자료의 백업 작업을 한다.

*모든 메모는 일단 적은 후에 정리하고, 수첩은 여러 권을 사용하지 않는다.

2) 메모의 기술

✐언제 어디서든 메모한다.

*일상생활 중에 언제 어디서든 항상 메모한다.

*늘 지니고 다니는 것, 보이는 곳에 메모한다.

*잊어버릴까 봐 불안할 때는

· 크고 선명한 포스트잇을 늘 지니고 다니고 늘 보이는 곳에 붙여둔다.

· 휴대전화에 포스트잇을 붙이거나 수첩 등을 적절하게 이용한다.

✐기호와 암호를 이용한다.

· 會 – 회의, 企 – 기획 회의, M – 미팅(업무적인), m – 미팅(사적인), T – 전화

· F – 팩스, add – 주소, ☆ – 중요사항, ✻ – 반드시 체크할 일, ! – 아이디어

· @ – 메일, 休 – 휴일, 出 – 출장, (회) – 회식, (ㅊ) – 청구서, (ㅂ) – 비밀사항

✐중요한 사항은 한 눈에 띄게 하고, 메모를 데이터베이스로 구축한다.

· 중요한 사항에는 밑줄을 긋고, 좀 더 중요한 사항은 동그라미로 표시한다.

· 삼색 볼펜을 사용해 내용과 중요도를 구분하고 중요한 내용은 별도로 요약한다.

· 메모는 어떤 형태로든 남겨둔다.

· 메모와 자료를 주제별로 문서 보관 상자에 넣어 데이터베이스화 한다.

3) 비서 업무 시 메모 방법

✐업무를 시작하기 전과 회의할 때의 메모

· 자신의 기분이나 심적 상태를 적고, 처리할 일의 리스트를 작성한다.

· 일의 우선순위를 정하고, 스케줄이 변경될 때를 대비하여 계획을 세운다.
· 커다란 대학노트를 준비하여 참가자별로 페이지를 등분한다.
· 각자 발표한 의견과 반론을 발언자 난에 순서대로 메모한다.
· 나중에 다시 읽으며 중요한 발언에 표시한다.

✐음성메모의 순서

· 메모하는 것이 부담된다면 머릿속의 생각을 먼저 정리한다.
· 녹음은 편하게 말할 수 있는 것부터 시작한다.
· 녹음하고 난 후 제목을 붙여두고, 반드시 녹음을 다시 들어본다.
· 듣고 정리하면서 문장을 쓰는 능력을 기른다.

✐상사를 대할 때의 메모

· 지시한 내용은 그대로 받아 적는다.
· 일을 진행하면서 의문 사항이나 아이디어도 함께 적어나간다.
· 말이 자주 바뀌는 상사를 대할 때는 상사가 지시하면 바로 그 앞에서 받아 적는다.

✐상사가 되었을 때의 메모

· 부하 직원의 행동 유형이나 성격 등 기본 사항을 파악한다.
· 부하 직원에게 명령할 때는 때때로 구체적으로 지시한다.
· 한꺼번에 많은 명령을 내려 메모할 수 밖에 없는 환경을 만든다.

✐편지나 비즈니스 문서를 작성할 때의 메모

· 무슨 내용을 어떤 식으로 전달하고 싶은지 항목별로 메모한다.
· 상대방에게 반드시 전해야 할 사항을 빠짐없이 쓴다.
· 다 쓴 후에는 소리 내어 읽어보고, 훌륭한 문장을 만들려고 너무 애쓸 필요는 없다.

✐업무를 끝낼 때의 메모

· A4용지에 하루 동안 한 일을 항목별로 적고, 완전히 끝난 일은 지운다.
· 매일 메모지에 이런 방식으로 메모를 하고 내일의 할 일을 적어둔 곳에 붙인다.
· 이렇게 모아둔 메모지들은 업무의 흐름을 알 수 있게 해준다.

✐전화를 걸거나 받을 때의 메모

· 바쁜 와중에 전화를 받았을 때는 상대방의 말을 빠짐없이 메모해 둔다.
· 전화 통화할 때 숫자와 고유명사는 반드시 기록한다.
· 메모지는 큰 종이를 준비하고 나중에 따로 요점만 정리한다.
· 자신이 전화를 할 때는 상대방에게 이야기할 내용을 미리 적어본다.

✐정보를 정리하는 메모

· 일정한 크기로 복사하여 파일에 철하거나 붙여서 책으로 만든다.
· 복사하여 정리할 때는 기사의 여백에 느낀 점을 간단하게 메모한다.
· 일정한 크기로 복사하여 철해 둘 시간마저 없다면, 우선 파일 상자에 넣어두고 나중에 다시 읽어보면서 정리한다.

✐인맥관리를 위한 메모

· 사람을 만난 후에는 반드시 간략하게라도 상대방의 정보를 기록해 둔다.
· 명함을 교환하면 만난 날짜, 장소, 그 사람의 특징 등을 명함에 메모한다.
· 상대방의 개성이나 특징을 표현할 수 있는 단어나 그림을 명함에 그려 넣는다.
· 명함은 명함 지갑에는 물론 수첩과 가방 등 여러 곳에 분산해서 넣어 다닌다.
· 명함이 없을 때에는 인물 정보를 기입할 수 있는 카드를 활용한다.

4. 비서의 시간관리

비서 업무의 질은 효과적인 시간 관리에 달려 있다고 해도 과언이 아니다. 그러므로 비서는 시간 관리에 각별한 주의를 기울여야 한다. 시간을 관리 한다는 것은 시간 자체만을 관리하는 것이 아니라 시간과 관련하여 업무 및 비서 자신을 관리하는 것을 의미한다.

1) 비서의 시간관리 요령(김경화외2명, 2002)

① 즉시 처리

해야 할 일을 미루지 않고 즉시 처리하고 결정하는 것을 의미한다.

② 계획에 의한 업무 추진

일을 계획적으로 한다는 것은 개개의 일을 개선하기보다는 전체 일의 계획을 합리적으로 해 나가는 것이다. 업무 계획을 세워서 추진하면 다음과 같은 장점이 있다.

- 할당액이나 목표액을 마감 시간 내에 완수할 수 있게 된다.
- 우선적으로 해야 할 일을 정확히 알게 된다.
- 각각의 업무 수행에 사용해야 하는 시간을 우선순위에 따라 배분할 수 있게 된다.
- 불필요한 노력이나 시행착오를 거치지 않고 일을 끝낼 수 있다.

③ 상사와의 업무 및 시간 조절

비서의 업무는 상사의 업무와 관련되어 있다. 따라서 일에 대한 의사소통이 제대로 이루어 져야 일을 제대로 수행할 수 있다. 비서는 상사와 의논하여 업무일정을 잡고, 상사의 일정에 맞추어 자신의 시간을 조정하면 업무를 좀 더 효율적·능률적으로 할 수 있다.

④ 스스로의 통제

업무의 수행을 용이하게 하기 위해 효율적인 문서 정리 방법을 설정하고 업무수행을 위해 이용하였던 자료들은 매일 일이 끝나면 본래의 자리로 되돌려 놓는다.

일이 한꺼번에 몰리는 상황에서도 당황하거나 여러 업무를 한꺼번에 하려 하지 말고 침착성을 유지하며 한 번에 하나씩 차분히 처리하도록 한다.

2) 비서가 시간을 낭비하는 주요 원인들(http://www.secretarypro.opm)

비서는 시간 낭비요인을 잘 파악하여 가급적이면 시간을 유용하게 활용하도록 노력해야 한다. 다음은 일반적으로 비서들이 시간을 낭비하는 예들이다. 이러한 것들을 참고하여 작은 시간이라도 낭비되지 않도록 유의하여야 한다.

① 목표를 명확하게 설정하지 않고, 우선순위를 정하지 않았다.
② 동시에 너무 많은 일을 처리하려 하고 맡은 업무와 활동에 대해 전체적인 파악을 제대로 하지 못하고 있다.
③ 일정 계획을 잘 세우지 못하고 책상위에 서류가 잔뜩 쌓여있다.
④ 중요하지 않은 서류를 읽느라 시간을 보내는 경우가 많고 서류를 체계적으로 분류 보관하지 못한다.
⑤ 메모 혹은 주소나 전화번호가 적힌 쪽지를 찾느라 시간을 보내는 경우가 많다.
⑥ 일하고 싶은 의욕이 없어 일에 대해 무관심한 태도이고 다른 사람과 협조적이지 못하다.
⑦ 토론이나 회의에 대한 준비가 부족하고 일의 끝마무리를 제대로 하지 못하는 편이다.
⑧ 서류마다 너무 많은 메모를 기재해 두거나 일을 자꾸 미루는 경향이 있다.
⑨ 정확하지 않은 정보나 뒤 늦은 정보로 업무에 차질을 빚을 때가 있다.

3) 비서의 시간 절약을 위한 정리정돈 방법

① 정보나 자료 수집에 기준을 세운다.

· 아무 기준 없이 맹목적으로 정보나 자료를 수집하는 것은 비효율적인 방법이다.

· 수집한 자료나 정보 중 쓰임새가 분명치 않거나 쓸모없는 것은 과감하게 버린다.
· 정보나 자료를 수집하고 정리하는 할 때는 반드시 기준을 세워서 한다.

② 기준은 구체적으로 정한다.

· 가장 대표적인 기준은 자기 업무와 얼마나 밀접하게 관련되어 있느냐 하는 것이다.
· 기준을 구체화 하고 범위를 좁혀나가면 정보나 자료를 수집, 정리하는 일이 아주 쉬워질 것이다.

③ 시간 순으로 정리한다.

· 각 주제별로 정보와 자료를 축적해 나가는 것과 병행하여 시간 순으로 차례차례 정리하여 오른쪽에 오게 하는 방법 등이 있다.

④ 분해해서 날짜를 기록한다.

· 정보나 자료 중에서도 특히 신문기사나 문서 형태를 갖춘 것은 분해해서 보관하면 급할 때 필요한 것을 찾기 쉽다.
· 신문이나 잡지는 필요한 부분만 오려서 보관하고 나머지는 버린다.
· 문서나 서류도 필요한 부분만 분리해서 보관하는 것이 좋다.
· 분해한 정보는 수집하는 즉시 날짜를 기록하고 필요하면 자료제공자나 장소도 적는다.

⑤ 같은 크기로 한다.

· 어떠한 정보나 자료이든 보관할 파일의 크기를 통일한다.

⑥ 한 곳에 모은 뒤 색인을 한다.

· 모아둔 파일이 계속 늘어나게 되면 비슷한 주제나 분야끼리 분류해 파일 박스에 담는다.
· 자료가 섞이지 않도록 파일 박스 역시 분야별로 구분한다.
· 정보가 들어있는 파일이나 홀더, 또는 디스켓의 겉면에는 전체의 주제어를 적고 홀더에 는 견출지를 붙이는 것이 좋다.

⑦ 문방용품은 보관함을 이용한다.

· 필기도구, 칼, 지우개, 클립 등 책상위에 있지만 필요할 때마다 숨어서 안 나타나는 물건 들이 많이 있다.

· 이러한 물건들은 시중에서 판매하는 도구를 활용하여 정돈해두면 빠르게 찾을 수 있고 편리하게 쓸 수 있다.

⑧ 우선순위를 매긴다.

· 모든 업무에는 우선순위를 정하고 그 순서대로 번호를 매겨둔다.

· 한 가지 일이 끝날 때마다 지워나간다.

· 이 방법을 사용하면 여러 가지 효과를 거둘 수 있다.

· 우선 할 일을 빼먹지 않을 수 있고, 우선순위에 따라 일을 처리할 수 있으므로 업무 효율이 높아진다.

⑨ 서류는 즉각 처리한다.

· 청구서나 편지, 팩시밀리 같은 서류는 책상위에 쌓아두지 말고 즉시 정리하는 습관을 가져야 한다.

· 자료를 받으면 연·월·일을 기입하고 여백에 처리 결과를 기록하여 파일을 만들어 일정 기간 보관하다 처분한다.

제7장 손님 응대

조직을 방문한 손님들에 대한 응대 태도는 그 조직의 얼굴을 보여 주는 것이라고 할 수 있다. 손님이 처음 받는 인상은 그대로 상사 혹은 조직의 이미지와 연결되기 때문이다.

그러므로 비서는 손님에 대하여 그 사람의 외모나 복장으로 차별하는 경우가 없어야 하며 항상 정중하고도 예의바르게 대하여야 한다.

또한 비서는 올바른 응대를 위하여 항상 상대방의 입장에서 정성을 다하여야 한다.

1. 손님의 확인

손님의 종류는 거래관계, 지인관계, 업무관계 등 다양하다.

① 인사

손님이 사무실로 들어오면 먼저 정중히 인사를 하고 손님의 특징 등을 확실히 파악하고 얼굴을 기억해 둔다.

② 손님의 신원확인

손님의 이름, 소속단체, 방문목적, 약속 등의 유무를 확인하고 복창한다. 과거에 방문한 적이 있거나 안면이 있는 손님의 경우는 친근한 인사말 등을 건네면서 편안하게 대한다.

③ 방문목적 파악

어떠한 용건으로 방문하였는지 확실히 파악하며 선약이 되어 있는 손님은 용건을 묻지 않는다.

2. 소개 예절

비서는 직업상 사람을 소개하고 소개받을 기회가 많다. 그러므로 올바른 소개 방법을 숙지하여 업무상 자신을 소개하거나 다른 사람을 소개할 경우 실수하지 않도록 주의를 기울여야 한다.

① 사내의 사람을 사외 사람에게 먼저 소개한다.

② 지위의 상하가 있을 경우 지위가 낮은 사람을 먼저 윗사람에게 소개한다.

③ 젊은 사람을 먼저 소개하지만 젊더라도 지위가 높은 경우 사회적 지위 쪽에 비중을 더 둔다.

④ 남자와 여자를 소개할 경우 남자를 먼저 소개한다. 하지만 동양사회의 통념상 연령, 지위 등의 차이가 많을 경우 반드시 그러한 것은 아니다.

⑤ 단체를 소개할 때는 좌우순위를 정해 차례로 소개한다.

⑥ 한 사람을 여러 사람에게 소개할 경우는 그 사람을 먼저 여러 사람에게 소개하고 그 후에 각각 소개를 한다.

⑦ 연령, 지위가 같을 때는 소개자로부터 가까운 사람부터 소개한다.

⑧ 두 명 중 어느 한쪽만을 소개한다든지, 이름, 직함 등을 틀리게 소개해서는 안 된다.

⑨ 소개하는 사람이나 받는 사람은 모두 일어서는 것의 예의이다. 그러나 의자에 앉아 있는 여성은 특별한 경우 외에는 일어나지 않고 앉은 채로 인사해도 된다.

3. 손님을 상사에게 안내 할 때

손님의 신분과 방문 용건을 가능한 정확하게 파악한다. 비서는 손님을 상사에게 안내할 것인지의 여부를 선별, 판단하게 되는데 이때 상사의 의향을 확실히 파악해야 한다. 비서의 독단은 허락되지 않으므로 다음과 같은 점에 주의해야 한다(http://www.secretarypro.opm). 첫째, 비서는 상사가 만나고

자 하는 사람, 만나고 싶지 않은 사람을 항상 구별해야 한다. 그러므로 미리 방문객 리스트를 작성하여 둔다.

둘째, 손님 응대는 사무업무와는 달라서 획일적이지 않으므로 그때그때 상황에 따라 대처하는 능력이 요구되어지며, 상사와 매일 의논하여 실수가 없도록 주의한다.

셋째, 상사의 일정과 건강상태 등에 따라 응대 시간을 조정 할 줄 아는 유연함이 필요하다.

넷째, 손님의 방문 목적에 대한 정보를 정확히 파악하여 상사에게 전달한다.

1) 방문예약이 되어 있는 손님

① 예약시간이 되면 면담에 필요한 자료나 서류 등을 정리해 놓고 다과 준비도 마친 뒤 손님을 기다린다.

② 손님이 안내실이나 접수계를 거치게 될 경우에는 미리 예약손님에 대한 정보를 제공한 뒤환영 응대와 아울러 도착 통보를 비서실로 부탁한다.

③ 손님이 사무실에 들어오면 하던 일을 멈추고 일어서서 정중하게 인사를 한 뒤 손님의 코트, 모자, 우산 등이 있으면 받아서 잘 보관하였다가 손님이 돌아갈 때 되돌려 주도록 한다.

④ 예약이 되어있는 손님은 방문용건을 묻지 말고 상사에게 손님의 방문을 즉시 알린다. 이때 손님의 소속, 이름, 직책 등을 구두로 다시 상사에게 상기 시킨다.

⑤ 예약시간보다 일찍 도착하는 손님도 있을 수 있지만 예약시간이 우선한다.

⑥ 상사가 통화 중이거나 먼저 방문한 손님을 아직 만나고 있으면 메모로 알리고 상사의 지시를 받도록 한다.

2) 방문예약이 되어있지 않은 손님

① 방문한 손님이 선약이 되어 있지 않으면 인적사항과, 방문목적을 확인한 후 상사에게 알리고 상사의 지시를 기다린다.

② 상사가 회의 중이거나 기타 사유로 부재 중 일 때는 상대방에게 부재 중 임을 알리고 인적 사항과 연락처를 받아 두었다가 나중에 상사가 돌아오면 보고하고 지시에 따르도록 한다.

③ 방문한 손님을 상사가 만나길 원하면 상사에게 안내하고 면담을 원하지 않을 경우에는 일정표를 참고하여 가능한 빠른 시일 내에 재방문 예약 일정을 상사 및 손님과 상담하고 손님을 정중히 돌려보낸다.

3) 손님들 간의 시간 조정

① 면담약속이 늦어질 경우에는 기다리는 손님에게 그 이유를 말하고 양해를 구한 다음, 상사에게 기다리는 손님이 있다는 것을 상기 시킨다.

② 동시에 두 사람 이상의 손님이 방문했을 경우는 먼저 온 손님이나 예약된 손님을 우선 한다. 그러나 예약이 되어 있지 않더라도 긴급하고 중요한 용무라고 판단되면 상사에게 알려 지시를 받도록 한다.

③ 손님들이 기다리는 동안 지루하지 않도록 신문이나 잡지 등을 미리 준비해 놓고 차나 간단한 다과를 제공한다. 이때 신문은 오늘 신문으로 잡지는 너무 기간이 오래 지나지 않은 것으로 준비한다.

4) 그 밖의 방문 손님

① 방문한 손님을 맞이하는 것은 담당자가 따로 있는 것이 아니다.

② 손님이 찾고자 하는 부서나 사람을 찾지 못하고 있을 때에는 먼저 무슨 용건으로 방문 하였는지 어느 부서, 누구를 찾는지 확인한 후 안내하거나 안내할 수 없을 경우에는 전화로해당자에게 연락을 해준다.

③ 찾는 사람이 업무상 외출 등으로 인해 부재 시에는 부재 이유를 밝히고 귀사 시간을 알려주는 것이 좋다.

④ 손님에게 책임 없는 말을 해서 나중에 담당자가 난처해지는 일이 없도록 각별히 유의해야한다.

5) 기타

① 면회를 거절할 때는 업무에 지장이 없는 한 이유를 설명하여 오해가 없도록 하고 상대방에게 불쾌감을 주지 않도록 세심한 배려를 한다.
② 예약된 손님이 약속 시간에 방문하였는데 상사가 부재 일 때는 큰 실례가 되므로 손님의기분이 상하지 않도록 각별히 신경을 쓴다.
③ 손님이 기다리는 동안 음료수와 읽을거리 등을 권한다.
④ 예약을 취소 할 경우에는 손님의 형편에 맞는 일시를 두·세 가지 물어보고 나중에 상사가 돌아오면 상사와 의논하여 일정을 다시 잡도록 한다.
⑤ 손님이 돌아갈 때는 잊어버린 물건이 없는지 다시 잘 살펴보고 정중히 배웅한다.
⑥ 상사가 용무나 출장 등으로 인하여 면회가 되지 않는 경우에 비서가 대리자로서 손님을 응접하는 경우가 있는데 이때 비서는 자기의 신분을 밝히고 상사를 만날 수 없는 이유를 이해시킨다.
⑦ 손님을 대신 만나거나 용건 등을 메모할 때에도 상대방의 입장을 고려하고 신뢰감을 줄 수 있도록 행동하며 개인의 생각이나 추측을 함부로 말하여서는 안 된다.
⑧ 비서는 어디까지나 상사의 대리로 만난다는 것을 기억하고 면담한 결과는 가능한 한 빠르고 정확하게 상사에게 보고한다.

4. 손님 안내 요령

1) 복도로 안내할 때

① 비서는 손님의 대각선 2~3보 앞에 서서 손님과 보조를 맞추면서 안내한다.
② 손을 사용할 경우 손가락은 가지런히 붙이고 손바닥을 위로 향하게 하고 허리보다 높은 위치에서 안내한다.
③ 복도의 구부러진 곳이나 계단에 이르렀을 때에는 발걸음을 늦추고 돌아보면서 주의하도록 알린다.

2) 계단으로 안내할 때

① 계단에 다다르면 뒤를 돌아보며 손님에게 계단이 있음을 알리고 계단 쪽으로 유도한다.
② 계단을 오를 때에는 손님보다 뒤쪽에서고 계단을 내려갈 때에는 손님보다 앞쪽에 서도록 한다.
③ 계단에서의 상 위치는 중앙이며, 나선형 계단일 경우에는 내측이 상 위치이다.

3) 엘리베이터를 타고 내릴 때

① 엘리베이터를 타기 전에 안내하는 층을 먼저 손님에게 알려준다.
② 엘리베이터에 승무원이 있을 경우는 손님을 먼저 태우고 내릴 때도 먼저 내리게 한다.
③ 승무원이 없는 경우는 안내자가 먼저 타고 엘리베이터 문이 닫히지 않도록 열림 버튼을 누르고 있다가 손님이 탄 후 목적 층의 버튼을 누른다.
④ 내릴 때는 손님이 먼저 내리도록 한다.
⑤ 엘리베이터에서의 상석은 밖에서 볼 때 좌측 구석이고 안에서 볼 때는 우측 구석이 된다.

4) 문을 열어서 안내할 때

① 문 앞 1m정도 앞에 서서 손님에게 알리고 가볍게 노크를 한 다음 문을 열고 손님을 안내한다.

② 당기는 문일 경우는 손님에게 등을 보이지 않는 방향으로 서서 문을 열어 손님을 먼저 들어가게 한다.

③ 밀어서 여는 문일 경우에는 손님에게 등을 보이지 않는 방향으로 서서 문을 밀어 열고 안내자가 먼저 들어가서 손님을 안내한다.

④ 문의 손잡이 방향의 반대 측 손으로 손잡이를 잡고 손님이 실내에 들어서면 문을 조용히 닫는다.

보행 시의 위치

(1) 안내자와 수행자

○ 기본위치

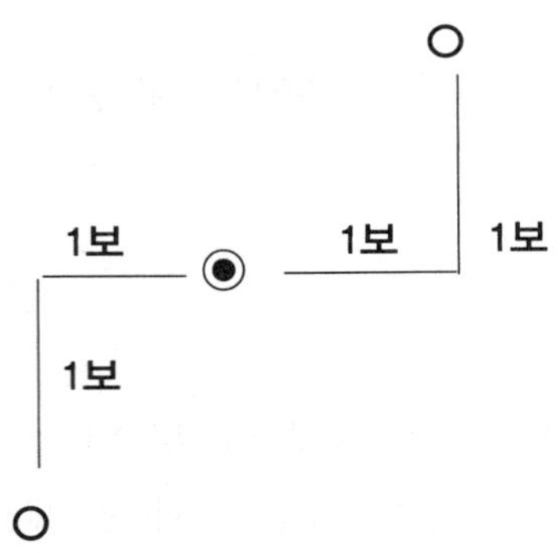

○ 종으로 할 때

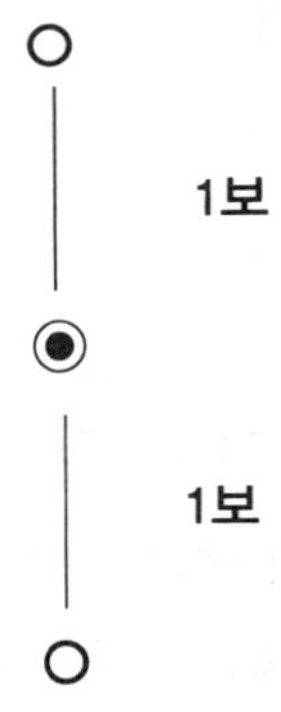

(2) 귀빈을 모시고 보행

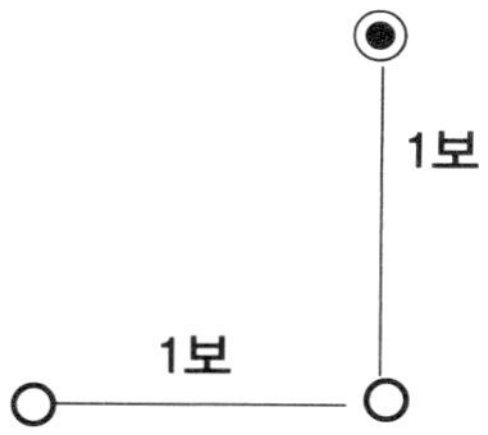

①	②
③	④
⑤	⑥

(3) 가로집단 보행 시

(좌측) (우측)

↑ 진행방향

○ 2인 :	②				①
○ 3인 :	③		①		②
○ 4인 :	④	③		②	①
○ 4인 :	④	③		①	②
○ 5인 :	⑤	③	①	②	④

(4) 종행 일렬 보행 시

①	②	②	④	①
			②	②
		①		
	①		①	③
		③		
			③	④
②	③	④	⑤	⑤

5) 응접실에서의 안내

① 상사의 면담 지시가 있으면 먼저 응접실의 청결과 정리정돈 상태를 확인한다.
② 손님을 테이블까지 안내를 하고 자리를 권한다.
③ 손님이 여러 명일 경우 상위자에게 최 상석을 권하고 상위자가 동일 할 경우에는 연령순이 무난한 방법이다.
④ 상석은 입구에서 먼 쪽 또는 창가 쪽, 의자의 순서는 소파 등받이가 있는 것이 우선한다.
⑤ 손님의 짐이나 기타 소지품 등은 보관 장소에 보관한다.
⑥ 상사와의 대면이 초면인 손님은 비서가 중간에서 간단한 소개를 한다.

응접용 좌석배치

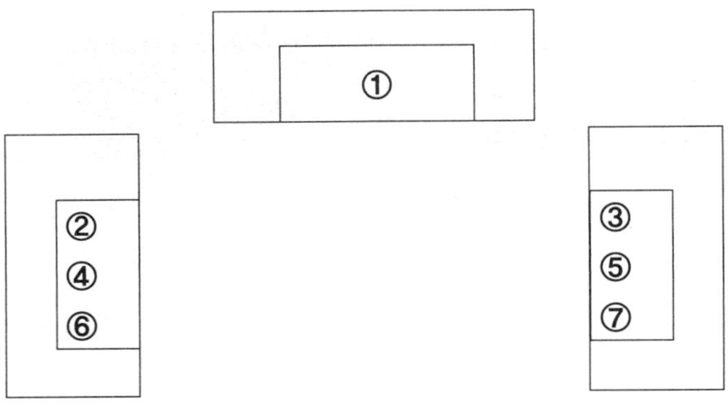

5. 면담 중의 업무처리

1) 다과 접대

① 커피, 전통 차, 기타 음료를 손님의 기호에 따라 대접하도록 한다.
② 자주 방문하는 손님의 경우는 손님의 취향을 기억해 두도록 한다.

③ 차나 음료의 경우 인원수를 확인하고 손을 깨끗이 씻은 뒤 청결한 찻잔을 같은 종류로 준비한다.

④ 찻잔이 깨져 있다든가 금이 가 있지 않은가?, 찻잔과 차받침은 사람 수 만큼 있는가?, 찻잔과 찻주전자는 따뜻하게 해 놓았는가?, 찻물의 양은 적당한가?, 쟁반이 더럽거나 물기가 있는 않는가?, 청결한 행주가 준비되어 있는지를 확인 한다.

⑤ 적당한 시간을 택하여 차를 낸다.

⑥ 문 앞에서 반드시 노크를 한 다음 응답이 없어도 들어간 후 가볍게 목례를 한다. 이때 한손으로 쟁반을 꼭 잡고 다른 한 손으로는 문을 연다.

⑦ 가장 상석의 손님부터 차례대로 차를 내고 마지막에 상사의 차를 내는데 이때 사내의 사람보다 손님에게 먼저 차를 내 놓는다. 이때 받침접시를 오른손으로 쥐고 왼손으로 받쳐 두 손으로 정중하게 손님 앞으로 옮긴다.

⑧ 찻잔을 내려놓는 위치는 손님의 정면에서 약간 우측, 테이블 끝에서 10cm가량 안쪽이 적당하고 커피 잔의 경우 손잡이는 손님이 보는 방향에서 오른쪽으로 향해야 하며, 티스푼은 받침접시의 오른쪽에 놓는다.

⑨ 과자를 곁들일 때는 과자를 먼저 내놓고 차를 나중에 내고, 테이블위에 서류가 펼쳐져있으면 서류를 한쪽으로 치운 뒤에 차를 낸다.

⑩ 대화중에 차를 낼 때는 대화를 중단시키지 않도록 하고 잠시 기다려도 대화가 중단되지 않을 때는 양해를 구한 다음 차를 내도록 한다.

⑪ 차를 낸 다음에는 쟁반의 표면이 몸 쪽을 향하도록 하여 두 손으로 쥔 다음 깍듯이 인사를 한다.

⑫ 인사를 한 다음에는 손님에게 등을 보이지 않도록 하여 뒤로 물러서듯 조용히 나오며 손님이 보지 않더라도 문 앞에서 다시 목례를 한다.

2) 면담 중의 전언

① 상사가 면담 중에 전화가 오거나 손님이 찾아 왔을 때 혹은 급한 용건

이 생겼을 때는 구두로 전달하지 말고 메모로 적어 면담에 방해가 되지 않는 범위 내에서 상사에게 메모를 전달한다.

② 메모내용은 한 눈에 알아보기 쉽게 항목별로 나열하여 상사가 말하지 않아도 선택할 수 있도록 요령 있게 메모한다.

③ 손님과의 면담이 길어지거나 다음 일정에 차질이 생길 것 같으면 적절한 기회에 면담을 끝낼 수 있도록 다음 일정을 상기 시켜 주는 방법 등으로 상사를 도와준다.

6. 손님 배웅

① 손님이 방문을 마치고 돌아가면서 느끼는 인상도 첫 인상 못지않게 중요하므로 비서는 마지막까지 성심 성의껏 손님 응대에 만전을 기하여야 한다.

② 비서는 하던 일을 멈추고 손님이 돌아가실 때 잊은 것이 없나 점검하고 손님이 물품을 보관 하였다면 잊지 말고 미리 준비하였다가 전송 시 손님에게 전하도록 한다.

③ 배웅 인사는 상황과 손님에 따라 다르게 즉, 자신의 자리에서 배웅 인사를 할 것인지, 엘리베이터까지 배웅할 것인지, 또는 승용차 타는 곳까지 배웅할 것인가를 융통성 있게 결정하고 어디에서 배웅하든 손님이 보이지 않을 때까지 다른 행동을 하여서는 안 된다.

④ 손님이 돌아가고 나면 신속히 응접실의 찻잔 등을 치우고 의자 상태를 정리하거나 환기를 시켜 다음 방문객이 응접실을 사용하는데 불편함이 없도록 한다.

⑤ 방문하는 모든 손님들에게 최대한의 만족감을 주도록 노력하며 상사와 손님 간에 좋은 인간관계를 유지하는데 도움이 되도록 비서는 올바른 손님 응대법을 숙지하여 매사에 최선을 다하여야 한다.

제8장 출장업무

현대 사회에서의 경제구조는 전 세계가 하나의 시장을 형성하고 있으며 기업들도 전 세계를 상대로 비즈니스를 해야 하는 시대이다. 특히 우리나라는 수출에 역점을 두고 있는 특성상 해외시장 개척은 매우 중요한 기업 활동 중 하나이다.

또한 교통시설과 수단, 통신 발달로 인해 같은 회사라 할지라도 본사와 생산 공장이 다른 곳에 위치하는 경우도 많다.

이러한 구조로 인해 즉 해외시장, 본사와 생산 공장 간의 업무추진을 위해 잦은 출장은 필할 수 없는 업무로 자리 잡게 되었다.

해외 출장 및 국내 출장 시 예상치 못한 일이 일어나거나 현지의 실정을 정확히 파악하지 못해 매우 난감한 상항에 부딪히는 경우가 많다.

그래서 비서는 상사의 출장 고유의 업무 외에도 출장지의 현지 상황에 대한 많은 정보를 사전 조사 하여 상사의 원만하고 안전한 출장업무에 만전을 기하여야 한다.

먼저 현지의 자국 대사관의 위치와 연락처를 알아야 하고 필요한 경우 미리 전화를 해 현지 국민들이 자국에 대한 인식과 자사에 대한 불신은 없는지를 사전에 파악하여 해외 출장 업무에 반영하는 것이 좋다.

비서는 상사가 능률적·합리적으로 출장 업무를 수행할 수 있도록 하기 위해서 평상시에 교통 기관의 이용법과 교통수단의 예약, 호텔 등의 숙박 시설 이용과 예약, 국내·해외 출장 시의 전반적인 지식 등을 숙지하여야 한다.

상사의 출장 목적을 이룰 수 있도록 현지에 관련된 지식을 충분히 익혀 이를 바탕으로 출장 계획을 세우며 계획을 세울 때는 상사의 의견을 충분히 듣고 이해한 후 작성한다.

출장 계획서는 출장 기간 중의 일정을 한눈에 알아볼 수 있도록 작성되어야 하며, 잘 작성된 계획서는 상사의 출장업무를 효율적으로 진행할 수 있도록 해주며 또한 출장업무를 미리 예측 할 수 있게 해주는 여유를 준다.

1. 출장업무 준비사항

출장의 종류에는 국내출장, 국외출장, 장기파견업무, 임용 또는 전임발령에 따른 부임 등으로 구분할 수 있다.

국내출장은 시내출장과 시외출장으로 나눌 수 있고 국외출장은 해외출장을 뜻한다. 국내·외에 소재하는 회사관계기관 또는 거래처에 장기간 근무하는 형태를 파견이라 하며 직원이 임용 또는 전임발령을 받고 신임지로 부임하는 경우를 부임이라 한다.

기업 및 조직들은 출장과 관련된 규정들을 가지고 있지만 기업마다 출장에 관한 정책이 다르므로 우선 비서들은 소속된 조직의 출장에 관련된 규정을 정확히 파악한 후 규정 내에서 상사의 출장업무를 수행해야 한다. 따라서 비서의 출장보좌업무는 조직의 출장 규정을 확인하는 것에서부터 시작된다.

1) 출장업무 처리절차

출장업무 발생 시 비서는 출장일정과 계획을 수립하여 결재권자로부터 출장승인을 받아 출장업무를 수행한다. 출장종료 후에는 출장결과에 대한 내용을 보고하고 출장비용을 정산 한다.

① 출장계획의 수립

→ 효과적인 출장업무를 수행하기 위하여 출장목적, 출장업무내용, 행선지, 교통편, 출장일정, 출장준비사항 등의 내용으로 구성된 출장계획서를 작성한다.

→ 출장신청서 작성으로 출장계획 수립업무를 갈음 할 수 있다.

② 출장품의(출장신청)

→ 출장계획이 수립되면 결재라인을 거쳐 출장업무를 신청하는 출장품의를 한다.

→ 별도 작성된 출장계획서를 첨부하지 않는 경우에는 출장신청서 양식에 출장계획 내용을 기입한다.

③ 출장승인(출장명령)

→ 출장명령은 출장업무를 지시하거나 출장신청을 승인하는 것이다.

→ 일반적으로 출장신청서를 결재함으로써 출장승인이 이루어지는 형태가 많다.

④ 출장업무 결과보고

→ 출장을 다녀온 후 출장경과 및 출장업무 수행에 따른 결과를 정리하여 보고한다.

→ 장기출장인 경우에는 출장기간 동안 출장일지를 작성하면 출장보고서를 정리하는데 도움이 된다.

⑤ 출장비용 정산

→ 교통비, 숙박비, 식비, 선물비 등 출장업무를 수행하면서 발생한 출장비용을 정산한다.

→ 가 지급을 청구했던 출장경비는 영수증을 첨부하여 정리하거나 출장여비 규정에 의한 여비 지급 기준 표에 따라 정산한다.

2) 출장 규정 확인

출장업무를 수행하는 비서는 먼저 자신이 소속된 조직의 출장 규정을 정확히 파악한 한다. 조직에 따라서는 임원이나 사원의 출장업무를 담당하는 부서나 담당 직원이 있는 곳도 있고, 없는 경우도 있다. 출장의 승인 절차와 여비 규정, 경비 정산 방법 등을 사전에 확인하고 조직과 계약이 체결되어 있는 항공사와 숙박업소 등에 대한 정보도 파악한다.

또한 상사의 개인적 취향을 미리 파악하여 교통편, 숙박 장소 등을 정하고 상사가 최선의 결정을 할 수 있도록 비서는 다양한 정보를 제공하고 수시로 상사와 의논한다.

2. 출장계획서 작성

출장계획수립 시 출장준비 파일을 마련해 꼭 필요한 사항들을 적은 후 하나하나 체크해 나가며 필요한 자료 등을 모아 두면 효율적으로 상사의 출장 업무를 보좌할 수 있을 뿐 아니라 다음 출장 시에도 유용하게 사용할 수 있다.

다음의 내용을 참고로 하면 효율적인 출장계획서를 작성할 수 있다.

① 출장의 목적과 출장지를 파악한다.
② 교통편이 무엇인지 목적지에 언제 도착해야 하는지를 알아둔다.
③ 목적지에 제 시간에 도착하기 위해서 출발은 언제 해야 하는지 알아둔다.
④ 출장기간과 출장지의 국경일, 공휴일 등을 파악한다.
⑥ 출장지에서 숙박은 어디에서 할 것인지 결정하고 가지고 가야할 자료가 있는지 상사와 확인한다.
⑦ 선물을 준비해야 하는지 상사와 상의하고 출장과 관련하여 예상되는 여비는 어느 정도인지 파악한다.
⑧ 출장지에서 방문해야 할 기관이나 만나야 될 사람이 있는지 알아보고 그에 따른 교통편, 소요시간, 예약 여부를 확인한다. 만나는 사람은 이름, 장소, 일시, 목적을 알아야 하며 선약이 되어있는지도 확인 한다.
⑨ 상사 부재 시 대신 업무를 관장할 사람이 누구인지 정하여 둔다.
⑩ 출장지의 기후나 기상 등을 확인하고 상사가 그에 맞는 복장을 준비한다.
⑪ 상사의 건강 상태를 확인한다. 상사가 지병으로 인해 복용해야할 약이 있을 경우 약을 출장기간 동안 복용할 만큼의 양을 준비하고 간단한 소화제, 두통약 등 상비약도 준비한다.

3. 예약 업무

출장 일정이 확정되면 출장 일정표 등을 참고하여 이용할 교통수단에 따른 교통편과 숙박업소를 예약한다.

1) 교통편 예약

상사의 출장일정이 확정되면 교통편을 예약하도록 한다. 특히 성수기에는 교통편 예약이 어려우므로 일정이 결정되자마자 곧바로 예약한다.

교통편 예약 시 우선 출장지에 제 날짜에 도착하기 위해서 어떤 교통편을 이용할 것인지에 관해 상사의 의사를 확인하고 상의 후 예약한다. 즉, 국내 출장 시는 승용차를 선호하는지 아니면 비행기, 기차 등 상사의 기호에 맞는 교통편을 예약하도록 한다. 특히 해외 출장이 잦은 상사의 경우는 항공사의 안전성 등의 이유로 상사가 선호하는 항공사가 있으면 비서는 항공사 선택 시 가능하면 상사가 선호하는 항공사의 비행 일정을 우선 제시하고 기타 다양한 항공사의 비행일정을 첨부하도록 한다(김경화외2명, 2002). 또한 선호하는 교통수단 뿐 아니라 선호하는 좌석에 대한 정보도 파악한다. 비행기의 경우 창가 쪽을 선호하는지 아니면 복도 쪽을 선호하는지 등을 알아두어 항공편 예약 시 좌석 예약도 할 수 있도록 한다.

그리고 조직마다 여비 규정이 있으므로 상사의 직급에 맞는 교통수단과 등급을 정한다.

① 철도

철도를 이용할 경우 기차역에서 환승할 버스의 노선과 시간표, 기차 운임, 기차의 종류와 시간표, 좌석 번호 등을 확인한다. 또한 도착지에 상대방이 마중을 나오는지 등도 확인한다.

② 항공기

회사의 출장 여비 규정에 맞추어 항공편을 바로 예약한다. 상사가 희망하는 항공편에 좌석이 없을 경우에는 다른 비행기를 예약하고 상사가 희망하는 항공편의 대기자 명단(waiting list)에 상사의 이름을 올려 둔다. 해외여행일 경우에는 출발 3일전에 항공사에 전화하여 1차 예약을 확인하고 출발 당일에도 비행기가 예정대로 출발하는지 확인한다. 또한 예약을 취소할 때의 환불 조건 등도 알아둔다(장은주, 2005).

항공권 예약 시 확인해야 될 사항

예약 시 확인해야 할 사항	주의 사항
• 출발 및 도착 날짜와 시각 • 항공편명(airline) • 비행기의 편명(flight No.) • 출발 및 도착 공항 명 • 좌석의 등급 및 좌석번호 (2등급 이상 시) • 상사의 영문 성명(full name) • 예약 받은 대리점명, 담당자 이름 • 예약번호	• 예약 담당자의 이름, 예약한 날짜와 시 간, 티켓 요청 날짜와 시간 등을 기록해둔다. • 예약 확인서(written confirmation)를 요청한다. • 중간에 다른 비행기로 갈아타야 하는 경우 갈아타는 공항 명, 항공사, 항공기 번호를 정확히 확인한다. • 할인율이 큰 항공권일 경우 추후에 노선이나 일정을 변경하거나 취소할 때 어떤 제약이 있는지 알아둔다. • 취소할 경우 환불 조건도 알아둔다.

*출처: 장은주(2005). 비서실무실습, 한올출판사.

2) 숙박업소 예약

출장일정이 결정되면 교통편과 더불어 숙박업소를 선정해서 예약을 한다. 숙박업소는 상사의 취향에 맞고 출장지에서 업무를 수행하기 편리한 곳으로 선택하도록 한다.

최근에는 인터넷을 통해 숙박시설에 대한 다양한 정보를 쉽게 얻을 수 있으므로 숙박업소에 관한 인터넷 사이트를 많이 알아두고 활용하면 여러모로 유용하다.

숙박업소 예약 시 다음 사항들을 유의하여 예약 하도록 한다.

- ▶ 출장지의 사정을 잘 아는 출장지에서 가까운 회사 지점이나 출장 가는 상대 회사에 문의하면 숙박업소에 대한 정보를 얻는데 도움을 받을 수 있다.
- ▶ 호텔의 등급, 가격, 위치, 부대시설, 서비스 등을 잘 알아보고 선택하도록 한다.
- ▶ 예약 시 숙박인의 이름, 회사명, 숙박일 수, 인원 수 등을 알려주고 전망이 좋고 상사의 취향에 맞는 방을 부탁하도록 한다.
- ▶ 해외출장인 경우 반드시 상사의 항공일정을 숙박업소에 알려주어 호텔에서 입실(check-in)과 퇴실(check-out)시간을 알 수 있도록 한다. 상사의 호텔 도착시간이 밤늦을 경우는 호텔 측에서 예약을 취소하지 않도록 예약 시 항공일정을 미리 알려준다.
- ▶ 공항에서 호텔까지의 셔틀버스 서비스가 제공되는지를 확인하고 셔틀버스 배차 시간과 승차장소도 알아둔다.
- ▶ 출장 날짜가 가까워 오면 다시 한 번 예약을 확인해 둔다.

(1) 호텔의 예약과 이용

① 예약

호텔을 이용하려면 사전에 객실을 예약하는 것이 기본이다. 예약 시에는 성명, 도착일시 및 비행기편, 연락처, 비용지불방법 등에 대한 정보를 정확히 알려주도록 한다.

② 등록

호텔에 도착하면 먼저 프런트에 가서 등록카드를 작성하는데, 등록카드에 성명을 기입할 때는 Mr.나 Mrs. Miss. 등을 붙인다. 특히 주소를 자세히 적어야 하는데 이는 체크아웃 이후에 배달된 서류나 우편물 등을 전달해 주는데 필요하기 때문이다.

③ 객실

열쇠는 외출 시 프런트에 맡기고 욕조에서 샤워할 때는 샤워 커튼의 끝을 욕조 안으로 넣어 사용해야 물이 밖으로 흘러나오지 않는다. 물이 밖으로 흘러나와 카펫을 적실 경우 배상금을 물어야 하는 경우도 있으므로 주의해야 한다.

④ 전화

호텔에서 사용하는 전화는 자동으로 계산되며 체크아웃 시 지불한다. 다음 날 오전에 약속이 있어 일찍 일어나야 할 경우에는 교환수에게 morning call을 부탁하면 된다.

⑤ 비즈니스 센터

복사, 팩시밀리 송수신, 각종 OA기기의 대여 등이 필요한 경우 각 호텔마다 운영하는 비즈니스 센터를 이용하면 편리하다.

(2) 팁(Tip)

Tip(To Insure Promptness)은 신속한 서비스에 대한 사례를 말하는데, 최근에는 신속여부의 관계없이 별도로 서비스에 대해 관례적으로 지급한다.

돈은 보이지 않게 손바닥을 아래로 하여 "Thank you"하며 건네주며, 여성과 남성이 같이 있을 때는 남성이 주는 것이 에티켓으로 되어 있다. 액수는 나라와 지역마다 차이가 있으나 보통 지불금액의 10~15% 정도를 주며, 반드시 그 나라의 화폐로 주어야 한다(한국지방자치단체국제화재단, 2006).

호 텔	Room Maid	배개에 1달러
	Room Service	계산서 합계의 10~15%
	Bell Boy	짐 들어줄 때, 객실 안내 시 50센트~1달러
	Cloak Room	코트나 가방을 맡겼다가 찾을 때 1달러
	Porter	짐 운반이 끝난 후 1달러
	Door Man	택시를 요청했거나 발레파킹을 부탁했을 때 1달러

레스토랑	Waiter /Waiteress	계산서에 서비스요금이 포함되어 있지 않을 경우 요금의 10~15%
	Sommelier	포도주 값의 15%
	Bartender	술값의 15%
택 시	요금의 10~15%를 주나 심야 또는 이른 아침에 짐이 많을 경우 등 특별한 서비스를 받을 때는 약간 많이 주는 것이 좋음	
이발소/미장원	요금의 10~15%	
화장실	휴지 나눠주는 사람에게 50센트~1달러	

(3) 해외출장 시 알아두면 편리한 호텔용어

***American Plan:** 객실요금에 매일 3식의 식사요금이 포함되어 있는 숙박요금 제도

***Amenity:** 고객의 편의와 격조 높은 서비스제공을 위하여 객실 등 호텔에 무료로 준비해 놓은 각종 소모품 및 서비스 용품

***Bellman:** 호텔의 프런트 부근에 있으면서 입, 퇴실(Check-in, Check-out) 절차를 마친 숙박객의 짐 운반 및 보관업무와 안내역할을 하는 호텔의 종사원. 과거에는 어린 소년이 주로 이 업무를 맡았기 때문에 Bell boy라고 불렀다.

***Bermuda Plan:** 객실요금에 아침식사대만 포함시킨 숙박요금제도로서 Continental Plan이라고도 한다.

***Blocked Room:** 예약이 되어 있는 단체, 국제회의 참석자, VIP를 위해 사전에 객실을 지정해 놓는 것을 말한다.

***Baggage Tag:** 화물을 맡겼을 때의 짐표

***Cancellation:** 예약취소. 약어로 CNL이라고 표기한다.

***Cancellation Charge:** 예약 취소에 따라 지불하는 비용

*Captain: 식당에서 손님의 주문 받는 일을 수행하면서 웨이터와 함께 정해진 구역의 서비스를 책임지는 호텔 종사원. 웨이터보다 지위가 높고 매니저보다는 낮다.

*Check - In: 호텔에서 투숙 수속을 하는 것

*Check - Out: 숙박한 호텔에서 숙박료를 지급하고 퇴실하는 것

*Complaint: 고객의 불평(보통 컴플레인으로 발음함) 사항

*Commercial Rate: 특정회사와 호텔 간의 계약에 의하여 일정한 비율로 숙박요금을 할인해 주는 제도. 대개 10-25%정도 할인 혜택이 주어진다.

*Continental Breakfast: 커피, 홍차, 주스, 코코아, 우유 등의 음료와 버터나 잼을 곁들인 토스트, 모닝 롤 등으로 구성된 간단한 아침식사

*DownGrading: 객실 사정으로 인해 예약 받은 객실보다 싼 객실에 투숙시키는 것

*Early Arrival: 항공기의 조기도착 등으로 체크아웃 시간 전에 도착한 손님

*European Plan: 객실요금에 식사대금을 포함시키지 않는 숙박요금 제도

*ETA (Estimated Time of Arrival): 도착예정시간

*ETD (Estimated Time of Departure): 출발예정시간

*Early Out: 예정된 체크아웃 일자보다 빨리 체크아웃 된 객실 또는 고객

*Express Check-In: VIP 또는 단골고객을 위해 프런트에서의 체크인 절차를 거치지 않고 바로 미리 배정된 객실로 체크인 하는 것

*General Manager: 총지배인

*High Season: 관광객이 많이 방문하는 계절. Peak Season이라고도 한다.

*Hold Room Charge: 사용물을 객실에 놓아둔 채 단기간 지방여행에 갔다 오는 경우 또는 실제 고객이 도착되지 않고 객실을 고객의 성명으로 보류하여둔 경우에 적용되는 추가요금

***Information Clerk:** 여행, 관광자원, 명소, 도시 등에 관해 소상하고도 정확한 정보 및 공항, 열차 등의 교통수단에 관한 정확한 지식을 갖고 고객의 질의 또는 요청에 대해 즉시 응답해 주는 일을 전담하는 호텔 종사원

***Over Charge:** 객실사용시간 초과요금, 즉 체크아웃 시간을 기준으로 하여 일정시간을 초과함에 따라 적용되는 요금. 대개 2시간 이내는 무료. 그 이후부터는 6시까지 Over Charge 로서 Half-Day Charge(반값)를 적용하는 것이 보통이다.

***Registration Card:** 숙박등록카드를 말하며, 대개 호텔의 명칭, 주소, 카드번호, 고객의 성명, 주소, 객실번호, 요금, 도착시간, 출발예정시간, 지불방법, 취급자성명 등이 기재된다.

***Room Service:** 객실에 투숙 중인 손님의 요청으로 식사, 음료 등을 객실에 운반하여 서브 하는 호텔 식음부의 영업기능

***Off Season Rate:** 비수기에 적용하는 할인된 객실요금

***Deposit Reservation:** 예약 시 예치금

***Duty Free Shop:** 출국내국인이나 외국인을 위한 면세물품 판매점

***Walk-in Guest:** 예약 없이 들어오는 고객

***Waiting List:** 이미 예약이 만원되어 있는 좌석 또는 호텔 객실을 예약하기 위하여 이미 예약된 것 중 취소되는 것을 기다리고 있는 사람의 명부

***Late Arrival:** 예약시간보다 늦게 도착한 고객

***Lost & Found:** 고객 분실물 습득 및 신고센터

***Mail Clerk:** 우편물을 고객에게 전해주고 손님의 우편물을 보관 또는 운송하는 업무를 담당하는 호텔 종사원

***Morning Call:** 호텔에 숙박한 고객이 다음날 아침, 시간을 정하여 전화로 깨워주기를 부탁 하는 것

***No Show:** 예약을 해놓고 아무 연락 없이 나타나지 않는 고객

*Tip(To Insure Promptness): 민첩한 서비스를 보장받기 위해 서비스 맨에게 베푸는 손님의 호의(봉사료)

*Turn Away: 객실 부족으로 고객을 더 받을 수 없어, 예약된 고객을 빈 방이 있는 다른 호텔에 주선하여 보내는 것을 말한다.

*Twin Bed Room: 1인용 침대가 2개 있는 객실

*Up Grading: 고객이 예약한 등급의 객실보다 비싼 객실에 투숙시키는 것을 말한다.

숙박업소 예약 시 확인해야 될 사항

예약 시 확인해야 할 사항	주의 사항
• 입실(check-in)및 퇴실(check-out) 날짜 • 객실의 종류(전망도 확인) 및 인원수 • 예약된 숙소의 이름, 주소, 전화번호 등 • 상사의 성명 및 신용카드 번호 • 예약을 받은 담당자의 성명 • 예약번호 • 셔틀버스 운행 여부(호텔 ↔ 공항)	• 예약 담당자의 이름 및 예약 번호 등을 기록해 둔다. • 예약 확인서(written confirmation)를 요청한다. • 취소할 경우 환불 조건도 알아둔다.

*출처: 장은주(2005). 비서실무실습, 한올출판사.

4. 출장일정표 작성

출장 장소, 회합과 식사 시간, 연회 계획, 이동시간 등의 일정을 알기 쉽게 정리하여 만든 출장일정표는 출장기간 중의 일정을 한눈에 볼 수 있게 한 장의 표에 작성하고 비서가 일정표의 초안을 작성하여 상사의 확인을 받은 후

최종 일정표를 작성한다. 요령 있게 만든 출장일정표는 출장기간 중 상사에게 많은 도움을 주며, 컴퓨터로 출장일정표 서식을 만들어 놓고 활용하면 다음번에도 쉽게 작성할 수 있다.

또한 출장 기간이 길 경우는 일자별로 정리하여 그날의 일정이 한 눈에 들어오도록 작성한다. 지갑 또는 주머니에 넣을 수 있는 휴대용 출장일정표를 작성하면 상사가 간편하게 일정표를 휴대할 수 있다.

작성이 끝난 일정표는 상사, 비서, 해당 차량기사, 상사의 자택과 관련부서에 1부씩 보내고 상사와 상의하여 필요한 곳에도 보낸다.

1) 출장일정표 기재 사항(장은주, 2005)

출장일정표의 기재 사항에는 다음과 같은 내용이 들어간다.

(1) 기본내용

- 일정: 출발 일자(시간), 출발지/도착지(시간, 도착일자), 출장 중의 회의 및 미팅의 날짜, 요일, 시간, 장소, 주제 등
- 교통편: 출발 및 도착시간, 교통편의 자세한 이름 및 번호, 연결 교통편, 역/공항의 명칭 등
- 숙박: 숙박업소의 명칭, 주소, 전화번호, 예약정보(출장지가 여러 곳일 경우에는 각 지역별로 숙박업소 정보 제공)
- 면담자 및 방문처: 면담자의 성명, 소속, 연락처, 면담 장소 등과 방문처의 이름 위치, 연락처
- 귀국일정: 교통편 및 도착시간, 도착 역/공항 명

(2) 기타 정보

- 긴급 연락처: 현지 지사 및 주재원, 재외공관(대사관/영사관)등의 주소 및 연락처
- 항공사 연락처: 현지 항공사 연락처(항공 예약 및 비행일정 확인)

- 기타: 여권 및 신용카드 번호 및 만기일, 분실 시 연락처, 여행자 수표 번호 및 분실 시 연락처, 호텔, 교통편 등의 예약번호 및 연락처, 현지 기상 정보, 출장지 지도 등
- 준비물: 방문처 및 방문목적에 따른 관련 서류와 자료 등의 준비물, 시차표와 현지 기상 정보, 출장지 지도, 명함 등

2) 출장일정표 작성 시 유의사항

출장일정표 작성 시 유의할 점은 다음과 같다(김경화외2명, 2002)

- 우선 출발지가 자택인지 사무실인지 기록하도록 한다. 출발지에서 공항까지의 시간과 탑승 수속에 걸리는 시간을 고려하여 출발시간을 정하도록 한다. 성수기에는 탑승 수속을 밟는데 걸리는 시간이 비수기에 비해 길다.
- 교통편에 대한 내용을 상세히 기록하도록 한다. 출발공항, 도착공항, 날짜, 시간, 항공사, 편명, 좌석 명, 예약번호 등
- 숙박시설에 대한 상세한 정보를 일정표에 넣도록 한다. 호텔 명, 주소, 전화번호, 예약 번호를 적도록 하고 공항 호텔 간 이용할 셔틀버스 배차 시간이나 자동차 마중(car pickup)예약 여부를 알 수 있도록 한다.
- 면담이 있으면 면담자의 이름, 소속, 연락처, 면담 시간과 장소 등을 상세히 기록한다.
- 방문할 곳은 하루에 두 군데 이상으로 잡지 않도록 하며 도착일과 귀국 일에는 가능하면 다른 일정을 넣지 않도록 배려한다.

5. 출장 보좌 업무

1) 출장 시 필요한 물품 준비

출장에 필요한 자료와 서류 외에도 사소하게 준비해야 될 물품들이 많이 있다. 다음의 준비물 들은 실수로 빠뜨리기 쉬우므로 체크 리스트를 만들어 하나씩 체크해 가면서 준비하도록 한다.

- 여권(복사본도 준비한다.), 항공권 및 숙박 등의 예약 확인서
- 출장일정표와 휴대용 일정표
- 관련 서류 및 자료(만일을 대비해 복사본을 준비하고 CD나 USB등 컴퓨터 저장장치에도 자료를 저장해 간다.)
- 명함(해외 출장일 경우 영문으로 된 명함 준비)
- 필기도구, 메모지, 녹음기, 편지지, 노트북, 계산기 등
- 목적지의 지도 및 안내도, 세계시차표
- 신용카드, 현금 또는 여행자 수표, 방문국 소액권
- 상사의 지시에 따른 별도의 준비물
- 비상약품, 상사가 상시 복용하는 약품
- 상사의 휴대전화 로빙 서비스에 대한 준비
- 선물
  - 선물을 준비할 때는 반드시 상사와 상의를 한 후 결정하도록 한다.
  - 너무 크거나 무거운 것은 피하고 쉽게 파손될 수 있는 선물도 좋지 않다.
  - 과거에 한 선물과 중복되지 않도록 주의하며, 상대방의 수준과 취향을 고려하여 준비한다.
  - 방문국의 종교 및 관습상 금기시 되는 품목이 있는지 주의한다.

* 출장 시 준비물 목록(장은주, 2005)

2) 해외출장 시 준비사항

(1) 여권

여권은 국가마다 여권을 소지한 여행자에 대하여 자국민임을 증명하고 여행의 목적을 표시하여 자국민이 해외여행을 하는 동안 편의와 보호에 대한 협조를 받을 수 있도록 하기 위해 발급 된다. 따라서 여권은 해외여행을 할 때 반드시 필요한 것이며 대한민국 정부가 외국으로 출국하는 사람에 대한 신분을 증명하고 외국에 대해 여행자를 보호하고 구조를 요청하는 일종의 공문서로써 해외에서 여러 가지 용도로 긴요하게 사용되므로 반드시 휴대하여야 한다. 그리고 여권은 본인의 신분을 증명하는 신분증명서로서의 중요한 기능을 가지므로 철저한 관리가 필요하다. 분실된 여권은 제3자가 습득하여 위·변조 등 나쁜 목적으로 사용할 경우 본인에게 막대한 피해가 돌아갈 수 있으므로 보관에 철저를 기하여야 한다.

여권을 분실하였을 때는 즉시 가까운 여권 발급기관에 여권분실 사실을 신고하고 해외여행 중 여권을 분실 하였을 경우는 대사관 또는 총영사관에 신고를 하고 여행증명서나 단수여권을 발급받는다. 여권의 쓰임새는 다음과 같다.

- 환전할 때, 비자 신청과 발급 때, 출국 수속과 항공기를 탈 때, 현지 입국과 귀국 수속 때
- 면세점에서 면세상품을 구입할 때, 국제운전면허증을 만들 때
- 여행자 수표로 지불할 때, 여행자 수표의 도난이나 분실 때
- 출국 때, 병역의무자가 병무신고를 할 때와 귀국 신고할 때
- 해외여행 중 한국으로부터 송금된 돈을 찾을 때

(2) 비자

비자(visa)는 여행국에 입국해서 일정기간 동안 체류를 해도 좋다는 허가증이며 체재 중 여행자의 신변을 보해 주겠다는 일종의 보증서이다. 국가마다 비자를 요구하는 국가가 있는가 하면 비자 없이도 자유로이 입·출국이 가능

한 국가도 있으므로 비자의 필요여부는 국내에 있는 출장지 국가의 대사관·영사관이나 여행사를 통해 확인 할 수 있다.

비자는 유효기간이 있으므로 반드시 유효기간 전에 본국으로 돌아와야만 한다.

(3) 환전

해외출장 시 사용하는 화폐는 반드시 그 나라의 현지 화폐로 환전을 하여 사용하여야 한다. 각 국가별 화폐비율이나 화폐형태를 제대로 파악하지 못하면 금전적인 손해가 발생할 수 있으므로 신중을 기하여야 한다. 해외출장 시 사용할 수 있는 대표적인 3가지 화폐형태는 현금, 여행자 수표, 신용카드 등인데 출장의 성격, 기간, 지역에 따라 안전과 편리성을 고려하여 환전하도록 한다.

출장 경비 환전 시 일반적으로 안정성을 위해 현금과 여행자 수표를 알맞은 비율로 바꾸는데 장기간의 출장일 경우는 여행자 수표의 비율을 늘리는 것이 좋고 단기간의 출장일 경우는 현금의 비율을 늘리는 것이 좋다. 또한 환전 시에 고액권과 소액권을 섞어 바꾸는 것이 출장지에서 사용하기 편리하며 환전할 수 있는 금액한도가 정해져 있으므로 환전 한도를 초과하지 않도록 주의한다.

➻ 현금

출장 시 가장 편리하게 쓰이는 현지의 화폐이다. 현지화폐를 현금으로 우리나라에서 미리 준비해 갈 때 가장 편리한 점은 경제성을 들 수 있다. 현지에서 따로 환전 할 필요가 없어 적지 않은 환전 수수료를 지불하거나 환전소를 찾아 시간을 낭비 할 일도 없다.

반면 현금은 부피가 커서 보관하기가 까다롭고 분실, 도난 시 아무런 보상도 받을 수 없다는 단점이 있다. 출국 시 미화 10,000달러까지만 소지가 허용되며 그 이상 소지한 경우는 외환관리법에 의해 처벌 될 수 있으므로 환전 시 유의해야 한다.

➻ 카드

해외에서 신분증으로 사용되기도 하며 분실이나 도난을 당했을 경우 재발급 받을 수도 있다. 신용카드 사용 시에는 비밀번호와 신분증이 필요하며 신분증과 싸인이 같아야 사용할 수 있다. 현금이나 여행자 수표에 비해 부피가 작고 여행 중 현금이 부족할 경우 현금 지급을 받을 수 있는 장점이 있고 호텔이나 렌트카 예약 시 예치금으로 대용할 수도 있다.

그러나 분실 시 신속히 신고하지 않으면 큰 손실을 볼 수도 있으며 가맹점에서만 카드사용이 가능한 단점을 지니고 있다. 해외 출장 시 주로 이용되는 신용카드는 VISA, AMEX, MASTER, DINERS 등으로 국제용(International)이어야 한다. 신용카드로 현금 인출 시 카드별로 제한 금액이 있으며 신용카드의 총 사용액도 국내 외환사정에 따라 수시로 제한 금액이 설정되기 때문에 출발 전 소지한 카드의 여러 조건을 꼭 확인하고 출발 하여야 한다.

➻ 여행자 수표

분실이나 도난을 당했을 때 수표의 일련번호만 알고 있으면 재발행이 가능하다. 또 환율이 현금보다 유리하며 대형 호텔이나 레스토랑, 쇼핑센터에서 현금과 같이 사용할 수 있는 장점이 있다. 그러나 작은 슈퍼마켓 이용 시나, 입장료 등을 지불 할 때와 같이 여행자 수표를 바로 사용할 수 없는 곳에서는 환전소에서 현지화폐로 다시 환전해야 하는 번거로움이 있으며 이때 환전수수료를 지불해야 하는 단점이 있다. 여행자 수표에는 서명 란이 두 군데 있는데 상단 서명 란에는 은행에서 환전 시 사인을 해두고 현지에서 사용 시에 하단 서명 란에 사인을 하여야 한다. 두 서명은 여권과도 동일하여야 하며 상·하단에 모두 서명한 경우나 전혀 서명을 하지 않은 경우는 보상을 받을 수 없다. 분실 시를 대비하여 발행일자, 발행은행, 수표번호 등을 메모해두도록 한다.

➻ 환전 시 주의사항

- 철저하고 세심한 계획으로 경비가 남거나 부족하여 추가환전을 하지 않도록 한다.

- 동전은 한국에서 재환전이 되지 않으므로 동전이 남지 않도록 한다.
- 환전을 한 후에는 반드시 환율과 받은 금액을 확인해 본다.
- 여행자 수표 환전 시 하단부분의 사인은 환전소 직원이 보는 앞에서 하여야 한다.
- 환전에 너무 신경쓰다보면 여행을 그르치게 되는 경우도 있으므로 사전에 준비한다.

(4) 기타

해외여행 보험에 가입하면 해외출장 도중에 발생하는 각종 사고, 사망, 상해, 질병 등의 피해를 보상 받을 수 있으므로 해외출장 전 보험기간과 보상내역 등을 상세히 확인한 후 가입하도록 한다. 또한 출장지가 열대지방이나 풍토병 등이 있는 곳일 경우 예방접종의 필요 유무를 확인하고 필요할 경우에는 미리 예방접종을 하도록 한다.

그리고 재외 공관 주소와 전화번호, 연락처, 거래처, 지점 등의 전화번호부를 2부씩 작성하여 서류 가방뿐만 아니라 짐 가방 속에도 한 부 넣어두고, 여권번호, 각종 신용카드, 여행자 수표 등의 번호를 적어 따로 보관함으로써 분실 시에 대비하도록 한다.

3) 출발 전 보좌업무

상사의 출장 출발 전까지 빠진 목록이 없는지 다시 확인하고 예약사항 등 출장 전반에 걸쳐 재 검토해야할 사항에는 다음과 같은 것들이 있다(김경화 외2명, 2002).

① 출장 도착지에 마중 나올 사람이 있는 경우에는 상대방에게 상사의 이름, 출발시간, 도착지, 도착시간, 교통편을 미리 알려주도록 하고 상사에게는 마중 나오는 사람에 대한 인적사항을 알려준다.

② 상사 출장 중 상사의 업무를 대신할 대행자를 지정하고 관련 부서에 상사의 출장과 업무대행자를 알리는 사내문서를 작성하여 상사의 서명을

받아 놓도록 한다.

③ 상사의 출장으로 업무가 지연되지 않도록 상사가 출발하기 전에 결재 등 급한 업무를 미 리 처리하도록 한다. 관련 부서에도 알려서 상사의 출장으로 업무가 지연되지 않도록 한 다.

④ 상사의 출장 중에 발생할 전화, 내방객 응대 등 비서 업무에 대해 지시를 받도록 하고 출장지의 상사와 연락을 취할 수 있는 방법을 상의하도록 한다.

⑤ 교통수단을 다시 확인하여 결항이나 지연이 없는지 확인한다. 호텔 및 렌트카 등 예약 사항을 다시 재확인 한다.

⑥ 상사의 출장준비 준비물 목록에서 빠진 부분이 있는지 다시 확인한다.

4) 출장 중 보좌업무

비서 본인이 직접 처리해야할 성질의 업무를 제외하고는 상사를 대신하는 대리자에게 업무를 의뢰하고 중요하거나 급한 사항은 필요에 따라 출장지의 상사에게 보고하고 지시를 받도록 한다.

① 모든 우편물은 잘 살펴본 후 용건별로 분류하여 정리한다. 상사의 개인적인 우편물은 개봉하지 않고 모아두었다 상사가 출장에서 돌아오면 전달하고, 일반 업무용 서신은 개봉 후 복사를 하여 업무 대리인에게 사본을 전하고 그에 따른 업무 지시를 받도록 한다.

② 전화 및 손님 응대에 대한 기록을 날짜, 시간 별로 자세히 정리해 둔다.

③ 중요하거나 급한 안건은 출장지의 상사에게 보고하고 지시를 받아 업무처리를 신속히 한다.

④ 회신을 요구하는 편지가 있을 경우 상사의 출장 중 임과 회신 가능한 날짜를 상대에게 알려 주고, 관계 자료나 서류를 찾아 첨부해 두고 경우에 따라서는 비서가 초안을 작성해 둔다.

⑤ 비서가 직접 처리해도 되는 일은 직접 처리하고 처리한 내용을 서류철에 정리해 둔다.

⑥ 상사가 직접 처리해야 할 사항과 대리인이 대신 처리한 사항을 따로 분류하여 서류철을 하면 상사가 출장에서 돌아온 후 부재 중 업무의 흐름을 쉽게 파악할 수 있다.

⑦ 비서가 불가피하게 자리를 비우게 될 경우 다른 직원에게 부탁하여 업무의 공백이 생기지 않도록 한다.

⑧ 평소에 밀렸던 업무나 앞으로 해야 할 업무, 상사가 돌아왔을 때의 업무를 미리 예측하여 처리해 둔다.

⑨ 출장지의 상사와 일정한 시각을 정해놓고 통화를 하면 정기적으로 업무보고를 함과 동시에 지시를 받을 수 있다.

5) 출장 후 보좌업무

- 상사가 출장에서 돌아오는 날을 잘 기억해 두었다가 마중을 나갈 것인지 아닌지를 결정하고 관계부서나 상사의 자택에 연락을 취한다.
- 상사의 부재중에 있었던 일들을 자세히 메모하여 보고하고 급한 업무부터 보고하여 처리하도록 한다.
- 상사와 의논하여 출장 중 도움을 준 사람들에게 감사장을 발송한다. 감사장은 되도록 빠른 시간 내에 보내도록 하는 것이 좋다.
- 상사의 지시를 받아 출장 중 가져온 서류와 물품들을 정리하고 업무처리 할 수 있도록 제반 준비를 한다.
- 출장지에서 사용한 출장비용은 영수증을 첨부하는 등 빠짐없이 정리하여 출장 경비 정산서를 작성한다.
- 출장 보고서는 출장용건, 일의 경과, 결과 등을 상사와 의논하여 작성한다.

제9장 직장예절

예절이란 예의범절(禮儀凡節)의 준말로써 사회적 질서의 규범이요, 행동의 표준적 절차로 이를 통해 나와 남이 함께 기쁨을 나누며 조화를 이루는 것이다.

예절은 또한 말과 행동으로 표현하는 일정한 격식과 순서가 있다. 그러나 그 격식은 전통만을 고집하는 것이 아니라 시대 변화에 따라 부단히 변화할 수 있다(한국여성교양학회 예절연구회, 2003). 예절은 장소에 따라 가정예절, 학교예절, 직장예절, 사회예절, 공공예절 등으로 무수히 분류할 수 있다.

직장은 계층과 연령이 서로 다른 사람들로 구성된 조직 사회이다. 즉 출생, 성장, 교육, 취미, 소질, 가치관 등이 각기 다른 사람들이 모여 공동의 목표 아래 서로 협력하여 조직적으로 일하는 곳이다. 따라서 개개인은 조직의 목표와 규범에 맞추어 자신의 특이성을 조화시켜야 하기 때문에 직장 사회에서 요구하는 예절은 더욱 엄격하다.

직장에서 원만한 유대관계를 맺어서 업무적으로 최대한의 효과를 볼 수 있도록 기본적 신뢰를 쌓아두기 위한 것이 바로 직장예절이다.

직장예절은 직장인으로서의 자기 관리와 대인 관계를 공동의 목표 성취를 위한 방향으로 이루어나가기 위한 것이다.

비서 또한 직장인의 한 사람으로서 직장예절을 잘 익혀 원활한 직장생활을 해 나가야 할 것이며 특히 직업 특성상 손님 및 전화 응대, 면담과 같은 대인관계업무가 많으므로 이에 해당하는 각각의 예절을 바르게 습득해 비서업무에 만전을 기하여야 할 것이다.

1. 직장인의 자세

바람직한 직장인의 모습은 자신의 욕구가 충족되도록 주어진 책임과 의무에 성실하며, 긍정적인 사고를 갖고 인간관계에 임하고 직장에 대해서는 주인 의식을 갖는 것이다.

1) 직장인으로서의 마음가짐

직업을 특정한 가치를 얻어내는 수단으로만 생각한다면 어떠한 직업에서도 만족을 느낄 수가 없을 것이다. 직업은 인생의 목적을 성취시켜 주는 수단이기도 하지만 한편으로 직업 활동 자체가 곧 인생의 목적이라고도 할 수 있다.

직장에서 요구되는 마음가짐은 누가 시켜서 하는 것이 아닌 자신의 일이라는 주인의식을 가지고 직장의 운영방침에 따라 업무를 수행하며 능동적인 마음 자세를 갖는 것이다.

■ **직장(조직)에 대하여**

- 직장의 업무를 통해 생활의 즐거움과 보람을 찾는다.
- 직장을 위함은 결국 나를 위하는 길이고, 직장의 발전은 곧 나의 발전이며, 직장의 업무를 통해 사회 발전에 기여한다는 자부심을 갖는다.

■ **직장의 조직원으로서**

- 강한 의지와 정신력으로 어려운 업무를 성취해 내는 마음가짐을 가진다.
- 동료를 중시하며 격의 없는 일체감으로 서로 사랑하고 협동하는 자세를 가진다.
- 직장의 규정을 철저하게 준수하고 원칙에 입각하여 매사 분명하고 공정하게 판단하여 처리한다.

■ 업무에 대하여

- 업무는 계획성 있게 치밀하게 수립하고 행동을 바르게 하며, 동료 상호 간의 의견 교환 및 상담은 충분히 하여 업무를 합리적으로 처리한다.
- 업무처리에 항상 정도를 지향하되 융통성을 잃지 않고 일의 개선에 꾸준한 노력을 하며, 작은 일에도 계획을 세우는 습관을 기른다.

■ 책임

- 권한은 책임에서 비롯함을 알고 맡은 일에 대하여 최선을 다한다.
- 맡은 일은 책임감을 가지고 정직, 성실 그리고 완벽하게 수행한다는 자세로 임한다.

■ 자기관리

- 전문지식은 물론 교양을 넓혀 자기 업무에 대해 누구보다도 전문가가 되도록 노력한다.
- 장기적 인생계획을 수립하고 이를 달성하기 위하여 꾸준히 노력한다.
- 세계화, 정보화 시대에 뒤지지 않기 위해 부단히 새로운 정보와 지식을 익히고 배운다.
- 규칙적인 생활과 충분한 휴식으로 건강을 잃지 않도록 유의하며 자기 절제의 태도를 중시 한다.

■ 인간관계(http://www.ye365.or.kr)

사람은 자신이 가지고 있는 마음이 말과 행동으로 나타나게 된다. 정성스럽고 바른 마음을 가지면 말과 행동이 바르고 예절 바르게 되며, 그렇지 않으면 말과 행동이 버릇이 없고 무례해 진다. 정성스러운 마음은 예절의 원천이다. 정성이란 자신을 속이지 않으며 진실 된 마음 그대로를 표현하는 것이다.

- 모든 일에 정성과 최선을 다하고 사랑하고 베푸는 마음을 가진다.

- 모든 일에 공경하고 너그러운 마음을 앞세워 행동하며, 양보하는 마음을 갖는다.
- 모든 일에 조심하여 행동하고 항상 감사하며 넉넉한 마음을 갖는다.
- 스스로 무엇이 옳고 그른지 가려서 부끄러워하는 마음을 갖는다.
- 모든 일을 처리하는데 있어 예절 바르게 하겠다는 마음을 갖는다.
- 사람을 대함에 있어 믿음으로 대하고 의심을 품지 아니한다.
- '고맙습니다'라고 하는 감사의 마음, '미안합니다'라고 하는 반성의 마음, '덕분입니다'라고 하는 겸허한 마음, '하겠습니다'라고 하는 봉사의 마음, '그렇습니다'라고 하는 긍정의 마음을 갖는다.

2) 직장인이 갖추어야 할 조건

① 밝은 표정, 밝은 마음, 밝은 표현으로 친절 하게 대하며, 큰 소리로 내가 먼저 인사하는 것을 생활화하여 항상 좋은 이미지를 남기도록 노력한다.

② 매사에 지혜롭고 성실하게 사명감을 가지고 근무하며, 용모는 단정하고 마음가짐은 바르게 한다.

③ 직원들의 이름을 기억하는 것은 인간관계의 폭을 넓혀주고 친근감을 더해 준다.

④ 상사의 지시사항은 정확히 신속하게 처리하고 결과보고는 기한 내에 반드시 한다.

⑤ 초면이라도 미소 띤 표정으로 대하여 상대방의 긴장된 마음을 풀어준다.

⑥ 일은 스스로 찾아서 하고 자신이 한 일과 행동에 책임을 지는 조직에 꼭 필요한 사람이 되도록 노력한다.

⑦ 직원의 경조사에 관심을 가지고 기쁨과 슬픔을 함께 나누며 어려운 일은 서로 돕는다.

⑧ 모든 비품, 사무용품, 자재 등을 파악하여 절약하고 바르고 정결하게 사용하고 공용에만 쓰도록 한다.

⑨ 조직의 일원으로서 자신의 업무를 완수하기 위해 업무에 관련된 기초지식, 전문지식, 관련 지식을 익히고 연구해야 한다.

3) 경호비서의 자세

경호비서업무라는 것이 다양한 역할을 소화해야 하는 만큼, 여러 가지 자질과 태도를 필요로 한다. 그 중 경호비서에게 가장 요구되는 자세를 살펴보면 다음과 같다(이준의, 2009).

■ 자기희생 정신

경호비서라는 직업은 좁은 범주 안에서는 철저히 상사를 위해 존재하며, 넓은 범주로는 조직을 위해 존재한다.

누구나 자신의 일에 헌신하는 게 당연하지만 '사람'을 모시는 경호비서에게는 한층 더 강한 헌신이 요구되며 특히 위해상황 발생 시 자신의 몸을 던져 상사의 안전을 확보해야 하는 경호비서의 경우에는 자기희생 정신이 더욱 요구된다.

자신을 희생하고 남을 위해 산다는 것은 어렵고 외로운 일이지만 자신을 희생함으로써 상사와 조직이 성공한다면 참모로서 대리 만족을 느낄 수 있다. 또한 남을 배려하고 자신을 희생하는 데서 기쁨을 느낄 줄 아는 사람만이 진정한 경호비서의 자격이 있다.

■ 적극적인 자세

경호비서는 조직의 업무는 물론, 상사로부터 개인 업무 지시를 받았을 때도 다른 직원보다 적극적인 자세로 임해야 한다. 수동적이거나 소극적인 자세로 일을 처리 한다면 그 경호비서는 경호비서가 아닌 일개 일반직원에 불과하다.

안 해본 일이라고, 하기 싫은 일이라고 해서 대충하면 경호비서로서 자격이 없다. 경호비서는 무엇이든 할 줄 아는 매사에 적극적인 사람이어야 한다.

■ 긍정적인 자세

경호비서업무를 수행하다 보면 상사의 아주 사소한 심부름까지 해야 할 때가 있다. 하지만 역으로 생각해보면 상사가 그만큼 경호비서를 믿고 의지하기 때문에 그런 업무를 맡길 수 있을 것이다. '이런 일 까지 해야 하나?'라는 생각보다는 '이런 일도 맡겨주신다.'라는 생각을 가져라. 경호비서에겐 항상 긍정적인 자세가 필요하다.

■ 친절한 태도

경호비서는 어떤 상황에서도 친절함과 이성을 잃지 말아야 하며, 예의범절이 몸에 배어 있어야 한다. 얼굴은 항상 미소를 지으며, 말할 때는 적당한 목소리 크기를 유지하고, 표준어를 구사하며, 상대가 시비를 걸어와도 친절하고 융통성 있게 대응할 줄 알아야 한다.

경호비서 자신의 업무 태도가 상사, 더 나아가 조직의 이미지와 연결된다는 점을 항상 잊지 말아야 한다.

■ 보안유지

경호 원칙 중에 '보지도, 듣지도, 말하지도 마라'라는 항목이 있다. 이는 상사의 기밀 업무나 조직의 대외비 업무를 자주 접하기 때문이다. 그러므로 경호비서에게는 상사나 조직의 기밀을 캐내려고 접근하는 사람이 항상 주위에 존재 한다.

경호비서의 한 순간 잘못으로 인한 정보유출은 상사나 조직에 막대한 피해를 입힐 수도 있다. 따라서 경호비서는 항상 방심하지 말고 보안유지에 각별한 신경을 써야 할 것이다.

■ 충성심

경호비서라는 직업은 특정인을 모시며 수행하는 업무다. 그러다 보니 업무적인 관계에 깊은 인간적 유대관계도 더해진다. 또한 경호비서는 상사가 상사 본연의 업무에 전념할 수 있도록 필요한 부수적 업무를 보좌하고 상사의 업무 내용과 수준에 따른 전문 지식의 학습도 요구 된다. 더 나아가 상사의 신변보호 즉 생명과 재산을 보호하고, 심리적 안정 일체를 보좌하고 책임져야 하는 상사에 대한 충성심이 필요하다.

■ **메모하는 습관**

성공한 사람들의 공통적인 특징을 보면 항상 메모하는 습관이 있다. 간편한 메모장을 상시 휴대하여 사소한 부분도 적는 습관을 들이고 때에 따라서는 휴대용 녹음기를 이용해도 많은 도움이 된다.

■ **준비하는 습관**

경호비서는 언제 어디서든 뜻하지 않게 일어나는 돌발 변수에 늘 대비해야 한다. 경호상황에서 단 한 번의 실수는 경호대상자를 잃게 되는 결과를 가져오고 이는 경호 실패를 의미한다. 그러므로 평상시에 경호체력육성과 경호무도 수련을 통해 언제 어디서든 경호대상자에게 가해지는 위해를 차단할 수 있는 능력을 갖추어야 한다. 또한 앞으로의 일에 대한 준비 역시 마찬가지이다. 내일, 다음 주, 다음 달, 내년의 일정을 계획하고 준비하는 것이 경호비서의 자세이다.

2. 몸가짐

바른 몸가짐은 모든 행동 예절의 기초이다. 바르고, 자연스럽고, 단정하고, 우아한 몸가짐은 그 사람의 인품을 나타내며 같이 있는 사람으로 하여금 편안하고 안정감을 갖게 한다.

우리는 얼굴표정, 몸짓, 목소리 등을 통해서 의사소통을 한다. 따라서 바른 마음을 잘 전달하기 위해서는 바른 몸가짐 또한 중요하다.

1) 청결한 몸

바른 몸가짐은 몸을 청결히 하는 것에서부터 시작한다. 깨끗하고 단정한 몸가짐은 상대방에게 호감을 줄 뿐만 아니라 자기 자신에 대한 자신감을 갖게 해 주고 더불어 기분 또한 좋게 해 준다. 눈, 코, 입, 헤어스타일, 수염 등의 얼굴부분과 손톱, 피부 등 몸 전체를 청결히 관리하고 불쾌감을 주는 냄새가 나지 않도록 하는 것이 바른 몸가짐의 기본일 것이다.

2) 얼굴표정

얼굴은 사람의 얼이 들어있는 굴이다. 얼굴표정은 그 사람의 마음의 창구인 동시에 인격과 태도를 나타낸다. 자신의 얼 즉 근본정신을 나타내는 것이 얼굴표정인 것이다.

그래서 사람의 얼굴을 보면 그 사람의 인격이 나타난다고들 흔히 말한다. 그만큼 얼굴표정은 그 사람의 첫 인상을 결정짓게 되는 중요한 요소임에 틀림없다. 얼굴표정은 마음과 직결되어 본인이 의식하지 못하는 사이에 마음의 감정이 고스란히 얼굴표정에 나타나기 때문에 대인 관계 시 항상 주의하여야 한다. 표정은 그 사람의 마음 밭에서 싹트고 자라난다. 밝고 좋은 표정을 가지려면 우선 마음 밭을 곱게 일궈야 한다.

평상 시 사람을 대할 때에는 부드럽고 온화한 표정을 짓고 기쁠 때나 슬플 때, 엄숙한 자리 등 때와 장소에 따른 표정 관리도 중요하다. 시무룩하거나 찌푸리는 등 심각한 표정은 대인 관계에서 좋지 않으며 남의 말을 들을 때에는 한 눈 팔지 않고 관심 있게 들어야 한다.

특히 상사를 비롯한 대인관계업무가 많은 비서는 항상 미소 짓는 표정을 유지하는 것이 좋다. 여러 가지 얼굴 표정 중에서 가장 상대방에게 기쁨과 호감을 주는 표정은 미소를 머금은 표정일 것이다.

미소는 상대방에게 편안한 기분을 들도록 해주며, 호감 가는 인상과 좋은 이미지를 심어주는 효과가 있으며 자기 자신의 마음 또한 즐겁게 해 준다.

"타고난 생김새는 어쩔 수 없지만 표정은 얼마든지 바꿀 수 있다!" 이 말은 삶을 당당하고 성공적으로 살려는 모든 사람의 신념이고 실천일 것이다.

(1) 좋은 얼굴표정의 기본요소

요소	얼굴의 표정	전달되는 느낌
전체 얼굴의 근육	• 얼굴 근육을 이완시키고 편안하게 가진다.	• 부드럽고 온화한 느낌
얼굴 방향	• 고개를 똑바로 하여 정면을 향한다.	• 솔직한 느낌
턱	• 자연스럽고 반듯하게 하며 약간 목 뒤로 당긴다.	
눈	• 초점을 분명히 하고 지긋이 뜬다. • 눈동자는 눈의 가운데에 오도록 한다. • 시선은 정면을 향하고, 단정하게 뜨도록 한다.	• 단정하고 진지한 느낌 • 안정된 느낌 • 솔직하고 자신감 있는 느낌
입	• 조용히 다문다. • 미소를 짓는다.	• 단정하고 안정된 느낌 • 밝고 친근한 느낌

*출처:한국여성교양학회 예절연구회(2003). 생활예절, 도서출판 신정.

(2) 좋지 않은 얼굴표정

마음은 그렇지 않은데 잘못된 습관으로 인하여 좋지 않은 표정을 짓게 되어 종종 오해를 사는 경우도 있으니 항상 주의하여야 한다.

요소	얼굴의 표정	전달되는 느낌
전체 얼굴의 근육	• 얼굴 근육을 긴장 시키거나 찡그린다.	• 화나고 딱딱한 느낌
얼굴 방향	• 고개를 돌린다. • 고개를 숙인다.	• 상대를 싫어하는 듯한 느낌 • 뭔가를 숨기는 듯한 느낌
턱	• 턱을 든다.	• 경망스러운 느낌 • 상대를 깔보는 듯한 거만한 느낌
눈	• 곁눈질을 한다. • 눈동자를 밑으로 굴린다. • 위로 치뜬다. • 시선을 너무 빨리 옮긴다. • 위아래로 훑어본다. • 뚫어져라 쳐다본다.	• 경망스러운 느낌 • 정직하지 못한 느낌 • 억눌린 느낌 • 산만한 느낌 • 불만스러운 느낌 • 겁먹거나 멍청한 느낌
입	• 씰룩 거린다. • 입을 벌린다. • 입술을 깨문다 • 꽉 다물지 않는다.	• 불만스러운 느낌 • 겁먹거나 멍청한 느낌 • 불안한 느낌 • 긴장된 느낌

*출처:한국여성교양학회 예절연구회(2003). 생활예절, 도서출판 신정.

3) 손가짐

(1) 바른 손가짐

- 손톱을 항상 깨끗이 하고 잘 깎는다.
- 외출 후나 용변을 보고 난 후, 식사 전 등 손을 자주 씻어서 청결히 한다.
- 방향이나 사물, 사람 등을 가리킬 때는 손가락을 사용하지 말고 손가락을 가지런히 다붙이고 손바닥을 위로 향하게 한 채 가리킨다.

- 손을 바지나 상의 주머니에 넣거나 뒷짐을 지고 다니지 않는다.
- 보행을 하거나 서 있을 경우 손에 계란을 쥔 듯 가볍게 주먹을 쥔다.

(2) 공수법

공수(拱手)란 어른 또는 상사 앞이나 의식행사에 참석했을 때 공손하게 손을 맞잡는 태도이다. 공수의 기본 동작은 두 손의 손가락을 가지런히 편 다음 몸 앞으로 모아 포갠 뒤 엄지손가락은 엇갈려 깍지 끼고 식지 이하 네 손가락을 포갠다.

평상 시 남자는 왼손을 위로하고 여자는 오른손을 위로 한다. 그러나 흉사 시에는 남자, 여자가 서로 반대로 한다.

3. 몸동작

몸동작은 모든 행동예절의 기초가 된다. 몸을 청결히 하고 단장을 깔끔하게 했다 하더라도 몸동작이 범절에 어긋나면 소용없다. 몸을 정결하게 하고 옷맵시를 깔끔하게 하는 몸가짐과 몸동작을 바르게 하는 것이 예의범절의 기본이 된다.

1) 서기

(1) 바르게 서기

- 두발을 나란히 어깨넓이 만큼 벌리고 체중을 두 다리에 양분하여 선다.
- 어깨를 움츠리거나 너무 뒤로 젖히지 않으며, 입은 벌리지 말고 가볍게 다문다.
- 시선은 정면을 바라보며 턱은 가볍게 당기고, 가슴, 어깨, 허리, 무릎을 쭉 편다.
- 배는 약간 힘을 주어 당기고 손은 주먹을 가볍게 쥐고 바지 재봉선 위에 자연스럽게 드리우며 상사 앞이나 의식행사일 경우 공수를 한다.

(2) 삼가 해야 할 서기자세

- 무릎을 벌리거나 발을 팔(八)자형으로 벌려 서는 자세
- 뒷짐을 지거나 팔짱을 끼고 서있는 자세
- 허리를 구부정하게 있거나 몸을 다른 곳에 기대어 서있는 자세
- 양손을 바지주머니에 넣고 있거나 다리를 꼬고 있는 자세
- 배를 내밀고 있거나 한쪽다리에만 체중을 실어 서는 자세

2) 앉기

(1) 바닥에 앉기

- 상사나 어른이 앉으라고 자리를 권하면 앉고, 왼쪽 무릎을 먼저 꿇은 다음 오른쪽 무릎을 꿇어 앉는데 발을 포개면 편하다.
- 입고 있는 옷이 바닥에 퍼지지 않도록 갈무리를 잘하여 단정하게 앉는다.
- 어깨와 허리를 곧게 펴고 두 손은 가지런히 펴서 두 무릎위에 가볍게 얹거나 공수한 손을 중앙에 놓는다.
- 상사나 어른이 편히 앉으라고 하면 편히 앉는다. 남자는 책상다리로 앉고 여자는 두 발을 한 쪽으로 가지런히 빼고 앉는다.
- 벽이나 가구 등에 기대거나 손바닥으로 바닥을 짚고 비스듬히 앉거나 다리를 뻗어서 앉지 않도록 한다.
- 허리와 가슴을 바르게 하고 시선은 자연스럽게 두며, 상체를 흔들지 않는다.
- 방석에 앉을 때는 방석의 중앙에 앉고 방석을 발로 밟지 않도록 주의한다.
- 일어설 때는 오른 무릎을 세우고 공수한 손을 오른 무릎 위에 놓고 약간 힘을 주어 밀면서 일어서고 발은 모은다.

(2) 의자에 앉기

- 의자의 왼쪽으로 들어가 앉는 것이 원칙이며 의자에 깊숙이 앉는다.
- 코트나 긴 옷을 입었을 경우 옷의 뒤를 잘 여미고 앉는다.
- 허리와 가슴을 펴고 치마를 입었을 경우 다리와 발을 붙이고 남자의 경우 무릎 사이에 주먹 하나 들어갈 정도만 벌린다.
- 공수한 손을 다리 위에 자연스럽게 놓거나 주먹을 가볍게 쥐고 양다리 위에 올려놓는다.
- 일어설 때는 한쪽 발을 조금 앞으로 내밀며 일어서며 일어선 다음에는 의자를 바로 놓거나 테이블이 있는 경우는 테이블 밑으로 의자를 밀어 넣는다.
- 의자에 방석이나 쿠션 등이 있으면 바르게 정리를 한다.

3) 걷기

씩씩하고 활기차게 걷는 모습은 자신감이 넘치고 당당해 보이는 반면 고개를 숙이고 등이 구부정한 자세로 걷는 모습은 자신감이 없거나 신뢰가 가지 않는 인상을 준다. 이과 같이 걷는 모습만 보아도 그 사람의 마음 상태와 성품 그리고 이미지까지 가늠해 볼 수 있다.

- 두 발을 나란히 정면으로 옮겨 일직선의 양옆으로 발이 놓이도록 걷는다.
- 발뒤꿈치, 발바닥, 발가락의 순으로 딛고 어깨는 수평이 되게 한다.
- 머리와 몸을 흔들지 않고, 상체를 바르게 하고 가슴은 편다.
- 양팔은 자연스럽게 앞뒤로 흔들며, 보폭은 자기의 체격에 맞도록 자연스럽게 한다.

  그리고 바르지 못한 걸음걸이로써는 팔자걸음, 안짱걸음, 터벅 걸음 등이 있는데 이러한 걸음걸이는 신속성, 민첩성, 보행 품위 등을 결여 시킨다.

4. 옷차림

우리가 사람들을 사귀고 서로 교제하는데 있어서 상대방에게 좋은 첫 인상을 준다는 것은 대단히 중요한 일이다. 옷차림과 옷치장으로 사람을 판단할 수는 없으나 사람의 첫 인상은 그 사람이 입고 있는 옷차림에 의해서도 좌우될 수 있다.

옷의 기능은 신체를 보호하고, 몸의 중요한 부분을 가리는 기능 외에도 아름다움을 추구하는 측면도 있다. 따라서 옷은 이러한 목적에 맞도록 입는 것이 원칙이다. 옷차림은 그 사람의 사람됨을 나타내며 첫인상을 좌우한다. 그러므로 특히 옷은 신중히 입어야 하며 되도록 자기 자신에게 어울리게 입어야 한다. 어울린다는 것은 옷의 볼륨, 디자인, 색상 등이 입는 사람과 잘 맞아야 한다는 것이며, 당시의 상황과 체형 및 체격에 맞는 옷을 입어야 한다는 것이다.

비서직은 상사의 이미지를 결정할 수 있기 때문에 상사의 이미지에 손상을 주어서는 안 된다. 따라서 상사의 제2의 얼굴이라 할 수 있는 비서는 예의를 잘 갖춘 차림이 중요하며 이러한 옷차림에 맞는 바른 자세도 중요하다.

비서가 업무 중 입는 옷은 주로 정장인데 정장은 무늬가 없는 단색의 진감색이나 검정색, 회색이 좋고 드레스 셔츠는 무늬가 없는 흰색계열이 좋다. 넥타이는 슈트 분위기에 맞게 너무 튀지 않으면서 정장과 드레스 셔츠에 어울리는 색이어야 된다. 슈트에 줄무늬가 있거나 체크무늬가 있는 콤비에는 줄무늬 드레스 셔츠나 줄무늬 넥타이를 하지 않으며, 벨트도 슈트 컬러에 맞춘다. 신발은 반드시 슈트의 색깔과 조화를 이루어야 하며 양말은 바지 색보다 한 단계 어두운 것을 선택하고, 발목 길이가 긴 것을 신는다.

1) 바르게 옷 입는 요령

- 깨끗하고 단정하게 입는다. 옷에 얼룩이 있는지 구겨지지는 않았는지 잘 살피고 더러워 졌 을 경우는 세탁을 깨끗이 한다.

- 옷이 구겨져 있으면 다림질을 해 구김을 펴서 입고 바지나 와이셔츠의 주름 선은 두 줄이 생기지 않도록 주의한다.
- 행사장, 잔치 집, 장례식장, 나이, 계절 등 때와 장소 그리고 경우와 용도에 맞게 입는다.
- 자기에게 어울리는 옷을 맵시 있게 입고 개성을 살리면서도 환경과 조화를 이루도록 한다.
- 일시적인 유행을 따르는 것 보다 튀지는 않지만 다른 사람과 차별화 할 수 있는 자신만의 연출을 추구한다.
- 격식에 맞는 옷차림을 한다. 정장에 와이셔츠를 입었으면 넥타이를 매고 구두를 신는다.

2) 남자비서의 옷차림

✓양말

- 양말은 색상에 특히 신경을 써야 한다. 정장 차림에 흰색 양말을 신는 것은 잘못된 옷차림이다.
- 정장에는 바지 색상과 같은 계통의 양말이나 검은 색 계통의 목이 긴 양말을 신는다.
- 목이 짧은 양말은 품위를 떨어뜨리게 되며 앉은 자세에서 다리 살이 드러나서는 안 된다.

✓구두

- 구두는 이내 더러움을 타므로 각별히 신경을 써야 하며, 늘 광택이 잘 나도록 닦아 신도 록 한다.
- 구두는 발에 부담을 주지 않는 것을 우선적으로 선택한다.
- 정장 차림에 노란 색이나 황토색 구두, 캐주얼화를 신는 것은 피한다.
- 정통 비즈니스 차림에 어울리는 구두는 검정색과 짙은 갈색이 기본이다.

- 부츠종류는 정장 차림에는 어울리지 않으며 캐주얼용으로 신는 것이 좋다.

✓넥타이

- 정장의 핵심인 넥타이는 그 사람의 얼굴을 받쳐주고 복장 전체의 조화를 연출하고 다른 사람의 시선을 끄는 가장 중요한 역할을 한다. 따라서 넥타이가 어울리지 않으면 절대로 어울리는 복장을 기대할 수 없다.
- 넥타이는 양복과 드레스 셔츠에 따라 달라져야 한다.
- 넥타이 색상은 슈트의 색상을 기본으로 하며 같은 계열의 색상이나 무늬 중 슈트의 색상이 한 가지라도 들어있는 것과 무늬가 들어 있는 것을 고를 때는 무늬가 큰 것보다는 작은 것을 고르는 것이 무난하다.
- 넥타이는 남성들에게 필수적인 패션소품의 하나이다. 그런 만큼 전체 의상과 잘 조화되는 넥타이를 골라야 완벽한 멋을 추구할 수 있다. 따라서 드레스셔츠의 색상이나 디자인과도 잘 어울려야 한다.
- 넥타이를 맨 길이는 벨트의 버클을 약간 덮을 정도가 적당하고 이보다 짧으면 여유가 없어 보이고 길면 느슨한 느낌을 준다.
- 넥타이의 길이가 적당 한가 살필 때는 내려다보지 말고 거울에 비춰 보는 것이 정확하다.
- 넥타이의 폭은 상의의 깃과 폭이 같은 것으로 선택하는 것이 좋고 깃이 넓은 넥타이는 매듭 밑에 움푹한 주름을 만들어 주어 액센트를 주는 것이 맵시 있다.
- 조끼를 입을 때는 넥타이가 조끼 밑으로 나와서는 안 된다.

✓슈트

- '슈트'란 일반적으로 남성들이 주로 입는 양복을 말한다.
- 슈트는 대게 획일적으로 딱딱한 인상을 주기 쉽다. 하지만 의외로 입는 방법에 따라 이미 지가 많이 달라지고 자신만의 독특한 개성을 살릴 수도 있다.

- 직장인이 지나치게 유행에 집착하는 것은 좋지 않다.
- 조직의 이미지를 손상시키지 않는 범위 내에서 기능적이고 품위 있게 입는 것이 중요하다.
- 슈트 차림에서 가장 중요한 것은 몸에 잘 맞는 옷을 골라 단정하게 입는 것이다.
- 슈트의 올바른 착용은 입었을 때 보는 사람에게 안정감을 줄 수 있어야 하며, 이를 위해 우선적으로 체크해야 할 것은 어깨부분이다.
- 슈트의 착용감을 위해 어깨에 가로 세로 주름이 생기지 않는지 체크하는 것이 필요하다. 구김이 많은 옷은 단정치 못한 인상으로 비쳐질 수 있기 때문이다.
- 소매 길이는 손등 위로 알맞게 얹힐 정도로 한다.
- 바지의 폭은 손가락 끝에 약간 잡히는 정도가 좋다. 바지는 너무 클 경우 허리둘레에 주름이 생겨 맵시가 나지 않으므로 손가락이 들어갈 정도의 여유만 있으면 적당하다.
- 바지는 줄이 잘 서 있고 길이는 서 있을 때 단이 구두 등에 가볍게 닿는 정도가 좋다.

✓벨트

- 양복과 어울리지 않는 색상의 벨트는 피하며 지나치게 폭이 넓거나 버클 모양이 요란한 것은 피한다.

✓드레스 셔츠

- 와이셔츠란 '드레스 셔츠'(dress shirt)를 일컫는 것으로 이는 일본 사람들이 흰 셔츠 (white shirt)를 와이셔츠라고 발음한 데서 생긴 잘못된 표현이다.
- 셔츠는 신사복 정장에는 흰색이 기본이다. 드레스 셔츠의 소매를 양복 소매 끝보다 1~1.5cm정도 나오도록 하는 것이 깨끗해 보이며, 또 상

의의 소매가 더럽혀지지 않는다. 칼라 뒷부분도 상의보다 1cm가량 밖으로 보이도록 하는 것이 정식이다.

3) 여자비서의 옷차림

✓유니폼과 양장

- 유니폼은 그 조직을 대표하는 얼굴이자 이미지이다. 그러므로 유니폼을 입을 경우 항상 청결히 하며 단정하게 입는다.
- 유니폼이라고 해서 무관심하게 입지 말고 바느질이 터진 곳은 없는지 혹은 심하게 구겨지지나 않았는지 살펴보아야 한다.
- 명찰이 제 자리에 제대로 붙어 있는지 수시로 확인하도록 한다.
- 옷을 잘 입는 여성은 색상의 조화를 통해 자신의 개성을 표현하기도 하나 여자비서의 복장으로써 지나치게 화려한 색상은 피하는 것이 좋다.
- 너무 짧은 치마나 꼭 끼는 바지, 소매 없는 옷, 반바지 등의 옷은 입지 않는다.
- 블라우스의 경우도 속이 들여다보이지 않게 하고 속옷이 밖으로 나오지 않게 주의한다.

✓스타킹

- 피부색에 가까운 것으로 하고 원색이나 무늬가 있는 것은 피한다.
- 올이 빠지거나 늘어지는 것에 주의한다.

✓구두

- 구두는 여성의 또 다른 얼굴이다 .
- 자신의 걸음걸이를 균형 있게 유지해 주는 것으로 선택한다.
- 출근 후 사무실에서 슬리퍼나 샌들로 바꿔 신는 것은 자칫 남의 눈에 단정치 못하게 보이기 쉬우므로 불가피하게 구두를 바꿔 신어야 할 경우 낮고 편한 정장용 구두를 선택한다.

✓**머리 및 화장**

- 머리는 너무 요란하거나 지나친 염색은 피하고, 근무 중에는 되도록 단정히 한다.
- 머리는 자주 감아 청결을 유지하고 요란한 장식은 피한다.
- 화장을 너무 진하게 하거나 향취가 진한 것은 적당하지가 않으므로 자제한다.
- 얼굴을 건강하게 보이도록 표현하며 자연미를 살리는 것이 자연스럽고 좋다.

✓**액세서리**

- 요란하게 액세서리를 달고 다니는 것은 자칫 천박하게 보일 수 있으므로 액세서리는 간결하면서도 옷차림을 돋보이게 하는 것을 선택하는 것이 바람직하다.

4) 주의해야 할 옷차림

- 여성의 경우 노출이 심한 옷, 몸에 꽉 끼는 옷, 스커트를 너무 짧게 입어서는 안 되며, 목걸이, 귀걸이 등의 액세서리가 지나치게 화려하거 눈에 띄는 것은 하지 않는다.
- 직장여성은 단정한 느낌의 옷을 착용하고 너무 진한 화장과 높은 굽의 신발은 피한다.
- 해외에 나갈 경우 그 나라의 복장 스타일을 어느 정도 고려해서 입는 것이 좋다.
- 호주머니에는 소지품을 불룩하게 튀어나오게 넣지 말고, 넥타이의 길이는 벨트에 닿을 정도의 길이가 적당하며 길거나 짧게 매지 않는다.
- 남자의 와이셔츠, 여자의 블라우스 안에 짙은 색의 속옷이 비치지 않도록 속옷의 색깔도 신경을 쓴다.

- 머리, 벨트, 구두는 사람들의 시선이 자주 가는 곳이므로 항상 신경 써서 청결을 유지한다.
- 비서는 상사보다 눈에 더 띄는 옷이나 넥타이, 장신구 착용을 하지 않는다.

5. 화법

말은 그 당시의 형편이나 상황에 따라 적합하게 해야 한다. 말은 혼자 하는 독백이 아닌 이상 반드시 상대가 있으며 전달하거나 표현하려는 내용은 상황이나 분위기, 여건 등에 적절해야 한다.

먼저 대상에는 성별이나 지위 또는 연령 등을 고려해야 될 것이다. 여성이 쓰는 말, 남성이 쓰는 말에도 약간의 차이가 있을 것이고, 상급자와 하급자에 따라서도 다르지만 동급자의 경우라도 서로 친밀도에 따라서 달라질 수 있다. 대상은 개인인지 소수인지 아니면 수십 명을 넘는 대중인지 그 수에 따라서도 달라진다. 또한 내용은 단순한 정보, 심오한 진리와 고도의 전문적인 지식, 좋은 뉴스, 대형사고의 긴박한 보고나 슬픈 소식 등 이 각각의 경우에 해당하는 표현과 어휘, 자세 등에서도 차이가 있어야 한다. 칭찬하는 말이나 질책하는 말에는 더 큰 차이가 있을 것이다. 특히 말하려는 내용에 따라 같은 단어를 써도 억양이나 음색, 신체적 자세 등에 따라 달라진다.

대화는 공평한 주고받기가 되어야 한다. 대화는 생각이나 마음을 교환하기 위한 것이지 결코 자신의 달변이나 재치를 자랑해 보이는 수단이 아니다. 말을 하는 데에는 타고난 재능보다는 자기의 생각과 느낌을 솔직하고 간단하게 나타낼 수 있는 요령이 필요하다.

비서는 상사나 대인관계에 있어서 알맞은 이야기 거리를 골라서 진실 되고 간단명료하게 말해야 하며, 상사의 이미지에 누가 되지 않도록, 말을 함에 있어 항상 주의를 기울여야 한다. 바른말, 고운 말, 존대 말, 아름다운 말, 따뜻한 말은 나 자신과 상사, 더 나아가 몸담고 있는 조직의 품위를 높이고 다른 사람을 따뜻하게 배려하므로 적재요소에 알맞은 말을 골라 바른 화법을 사용해야 한다.

1) 경어법

우리말이 서양의 여러 말들과 다른 특징의 하나는 상대에 따라서 말을 높이고 낮추는 등급이 있다는 사실이다. 우리는 이를 '높임법' 또는 '경어법'이라 한다.

우리말은 다른 어떤 언어보다 경어법이 복잡하다. 문법적으로는 주체를 높이는 존경법, 말하는 사람과 듣는 사람의 관계에 따라 결정되는 공손법과 어휘적으로 존댓말과 예사말이 나뉘어 있는 경우도 있어 적절한 말을 골라 쓰는데 주의가 필요하다.

다음은 경어법을 사용할 때의 유의 사항이다(한국여성교양학회 예절연구회, 2003).

① 공적인 말하기와 사적인 말하기를 구별한다.

사사로운 말하기에서는 나이의 많고 적음이나 친함의 관계에 따라서 높임말을 쓸 수도 있고, 예사말을 쓸 수도 있으나, 공식적인 자리에서는 높임말을 쓰는 것이 좋다.

② 개인적인 말하기와 집단적인 말하기를 구별한다.

특히 집단을 상대로 말할 때에는 높임말을 쓰는 것이 좋다. 언제나 집단이 개인을 앞서기 때문이다.

③ 성별이 다르면 높임말을 쓴다.

친족이 아닌 성인이 된 남녀가 동등한 자격으로 사회생활을 하는 경우 서로 말을 높이고 최대한 서로를 존중하면서 높임말을 쓰는 것이 좋다.

④ 연령과 지위를 고려한다.

나이가 적은 사람이 많은 사람에게 낮춤말을 쓸 수는 없고, 나이 많은 사람이 젊은 사람에게 함부로 낮춤말을 써서도 안 된다. 비록 나이가다 적더라도 특별히 대접할 만한위치에 있으면 마땅히 높임말을 사용한다.

2) 올바른 대화 자세

직장인들에게 가장 중요한 것은 인간관계일 것이다. 다른 사람들과의 협동과 교섭은 직장 생활에서 반드시 필요하다. 이에 먼저 원활한 의사소통이 전제되어야 하고 의사소통의 기본은 대화이다. 조직에서 의사전달이 얼마나 빠르고 정확히 전달되느냐에 따라 그 조직의 업무처리의 원활함을 볼 수 있고 의사전달을 어떻게 하느냐에 따라 그 사람의 인격도 볼 수 있으므로 의사전달의 수단인 대화예절이 반드시 필요하다.

모든 직장인들은 대화예절을 지켜 자신의 인격도 유지하고 원만한 업무처리에도 도움이 되도록 해야 할 것이다.

(1) 고운 말, 쉬운 말을 쓴다.

- 상대가 알아듣기 쉽도록 어렵지 않게 말한다.
- 될 수 있는 대로 표준말과 고운 말을 사용한다.
- 전문용어는 같은 분야에 종사하는 사람끼리의 대화에서 쓴다.
- 상대의 마음을 움직이는 말은 무엇보다 마음속에서 우러나오는 따뜻한 말이다.
- 허풍이나 거짓말은 하지 않는다.

(2) 부드럽고 차분하게 말한다.

- 대화를 할 때는 감정을 차분히 가라앉히고 안정시킨 후 온화한 표정으로 말한다.
- 표정을 부드럽게 짓고 겸손하고 차분하게 말한다.
- 나지막하고 조용한 음성으로 말하고 필요에 따라 목소리의 강약을 조절한다.
- 정확한 발음과 적당한 속도로 말한다.
- 말하기 전 할 말을 정리하고 침착하게 조용히 간결하게 말한다.
- 음성의 높이, 음색, 크기 등이 그 자리에 적합해야 한다.

- 인격적이면서 인간적이고 친근하며 자연스러운 대화체로 한다.

(3) 자연스럽고 알맞은 화제로 대화한다.

- 상대가 관심이 있는 주제로 대화를 한다.
- 환경과 경우, 상황에 맞는 화제이어야 하며, 화제는 일관성이 있어야 한다.
- 상대방의 직업, 취미 등에 적합하도록 이야기를 하며, 남의 말을 가로채지 않는다.
- 전문용어는 되도록 삼가고 필요한 경우에는 쉽게 풀어서 사용한다.

(4) 진지하고 꾸밈없는 태도로 말한다.

- 말할 때는 성의를 다해 열심히 진지하게 한다.
- 몸가짐을 바르게 하고 손짓 몸짓이 말의 내용과 일치하게 한다.
- 시선은 상대방의 눈을 자연스럽게 마주보고 말한다. 연소자가 연장자와 이야기할 때 어른의 눈을 계속 응시하는 것은 예의에 어긋나며 큰 실례이다.
- 필요 이상의 손놀림은 말의 의미를 반감 시키며, 빈정대는 말과 남을 비난하는 말은 하지 않는다.

(5) 듣기 요령

- 말을 귀로만 듣지 말고 표정, 눈빛, 몸으로도 듣는다는 자세가 필요하다.
- 바르고 공손한 자세와 평온한 표정으로 듣는다.
- 상대가 알아차리도록 은근하면서도 확실한 반응을 보인다.
- 상대가 말할 때 끼어들지 말고 의문이 있으면 말이 끝난 뒤에 묻는다.
- 질문을 하거나 다른 의견을 말할 때에는 정중하게 말한 사람의 양해를 구한다.

- 몸을 흔들거나 손이나 발장난을 치지 말고 집중해서 듣는다.
- 말을 듣는 중에 의문 나는 점은 메모를 한다.
- 대화중에 자리를 뜰 때는 양해를 구하고, 다른 사람에게 방해가 되지 않게 한다.
- 단정하고 바른 자세로 시선은 상대방의 눈과 표정을 살피고 열심히 귀 기울인다.
- 팔짱을 끼거나 다리를 꼬지 않고 예의에 어긋나지 않으면서 되도록 편안한 자세를 취한다.

(6) 신체적 언어의 사용

- 소수의 모임에서는 편안한 자세를 해도 좋으나 다수 또는 대중 앞에서는 당당하고 바른 자세를 취한다.
- 손짓을 할 때는 기본 범위는 눈높이에서 가슴까지이다.
- 손을 허리에 올리거나 뒷짐 지는 것은 거만하거나 나태해 보이고 팔짱을 끼는 것도 방어자세이므로 바람직하지 않다.
- 여러 사람 앞에서 턱으로 사람을 가리키거나 손가락으로 특정인을 지적하는 것은 바람직하지 않다.
- 말의 내용에 비해 지나치게 몸짓을 하는 것은 어색하고 불안정해 보인다.
- 슬픔이나 놀람을 나타내는 표정도 필요하지만 되도록 밝고 명랑한 표정으로 말하는 것이 좋다.

(7) 기타

- 이야기의 처음과 끝이 논리정연 하여야 한다. 줄거리 없이 이것저것 이야기를 꺼내다 보면 상대방을 혼란과 곤혹에 빠뜨리게 되고 결국에는 의사가 제대로 전달되지 않게 된다.
- 처음부터 끝까지 분명한 목소리로 말한다. 말끝을 흐리거나 우물쭈물

하면 의사가 정확히 전달되지 않을뿐더러 상대방으로부터 신뢰를 얻지 못할 수도 있다.

- 말의 속도를 적절히 유지한다. 한꺼번에 말을 많이 하려고 하면 안 되며, 급히 서둔다고 많은 내용을 전달하는 것은 아니다. 상대가 알아듣도록 차분하게 말해야 한다. 그렇다고 너무 느리게 말하면 상대방이 짜증을 낼 수도 있으니 항상 말의 속도에 유의한다.
- 은어나 속어를 자주 쓰는 사람은 천하고 무식하다고 오해를 받기 쉬우며 올바르지 않는 사람으로 취급 받기 쉬우므로 은어나 속어를 사용하지 않도록 항상 주의해야 한다.
- 비속한 언어나 욕설을 하여 남을 웃기는 것은 유머가 아니다. 유머는 말로 생활을 명랑하고 즐겁게 한다. 그러나 유머도 너무 지나치면 실없는 사람으로 취급당할 수 있다.

6. 직장에서의 인간관계

직장에서의 인간관계는 서로의 이해관계가 있으므로 서로 예의에 어긋나는 행동은 직장생활에서 자칫 상호 간의 관계를 어렵게 할 뿐만 아니라 업무에도 많은 영향을 미치므로 유의하여야 한다. 따라서 직원 상호간에 서로를 이해하는 기회를 많이 가지며, 서로를 존중하고 약속은 꼭 지키며 맡은바 업무에 충실해야 한다. 또한 어려울 때 서로를 위로하고 격려하며 가까울수록 더욱 예의를 갖추고 언행에 있어서도 서로 주의한다.

상사로부터의 지시는 긍정적인 자세로 받고 내방객 앞에서는 직원 상호간에 존대 표현을 한다. 상사, 동료, 부하와 협력을 통하여 활기찬 직장분위기를 만들어야 하겠다. 그리고 상사와 부하 직원의 관계는 업무 면에서 지휘, 명령, 복종, 보고를 축으로 하는 수직적인 관계이며 부하와 부하 직원사이에는 존경과 신뢰가 있어야 한다.

직장에서 동료와의 관계는 서로 협력하면서 업무를 수행하는 동시에 자기성장을 위하여 경쟁의식을 가지는 공적인 관계이다.

1) 상사에 대한 예절

▷ 상사에 대해 이해하려는 마음가짐과 존경의 태도를 기른다.

▷ 상사로부터 업무지시를 받을 때에는 명확하게 반응을 보이고 정확하게 업무 처리를 한다.

▷ 상사가 부르면 밝은 표정으로 즉시 대답을 하고 필기도구 및 메모지를 들고 간다.

▷ 상사의 지시사항이 장기적일 때에는 중간보고를 한다.

▷ 상사의 지적사항을 감정적으로 받아들이지 않으며, 자신의 책임은 타인에게 전가하지 않는다.

▷ 상사가 자기를 알아보지 못하더라도 자기가 먼저 인사하며, 상사가 호명하거나 용무가 있어 가까이 다가오면 일어나서 맞이한다.

▷ 상사의 앞을 가로막지 말고 남자는 상사의 좌측 앞, 여자는 우측 앞으로 비켜서며 상사를 인도 할 때는 우측 두세 걸음 앞에서 하고 수행할 때는 우측 뒤에서 한다.

2) 하급자에 대한 예절

▷ 상사는 스스로 모범이 되어 솔선수범해야 하며 상사의 솔선수범은 부하직원을 따르게 하는 통솔력이 된다.

▷ 부하 직원에게 주의를 줄 때는 감정을 자제하고 냉정한 기분으로 말을 한다.

▷ 직책이 있는 부하직원은 직책 명을 부르고 직책이 없는 부하직원은 000씨라 부른다.

▷ 상사라 할지라도 부하 직원에게 공적인 관계에서는 존댓말을 사용하도록 한다.

▷ 부하직원의 업무와 인품을 이해하며 일방적으로 지시하지 않고 공평하게 대한다.

▷ 상사로서 잘못의 책임을 부하 직원에게 미루지 말고 책임은 자신이 지며 칭찬은 부하 직원에게 돌린다.
▷ 부하 직원의 실수는 분명히 밝히나 차후에 위로하고 격려하고 어려울 때는 적극적으로 돕는다.
▷ 상사는 항상 부하 직원이 최대한 창의력을 발휘하여 일할 수 있도록 분위기 조성에 노력 한다.

3) 동급자와 동료에 대한 예절

▷ 항상 직장 전체를 생각하고 많은 동료와 교제하면서 원만한 인간관계에 노력한다.
▷ 이성 동년배에게는 높임말을 쓰고 호칭도 깍듯이 높이도록 한다.
▷ 동급자간에는 누가 먼저 하는지를 가릴 것 없이 먼저 본 사람이 인사한다.
▷ 유쾌한 협력 관계를 유지한다. 동료는 직장에서 가장 가까운 친구이므로 우애가 깊어 야 하고 직무면에서 경쟁 당사자라도 인간적으로 서로 존중하며 친하게 어울린다.
▷ 동료의 장점을 찾아 칭찬하여 주고 힘든 일이나 상처가 있을 경우 감싸주고 도와준다.
▷ 동료와 의견이 다를 때 상대로 하여금 나의 의견에 따르도록 하기 위해 이성을 잃고 감정적으로 말해서는 안 된다. 상대의 의견을 존중하면서 자기의 생각하는 것을 표현 하여 의견을 교환한다.

4) 호칭

호칭은 상대방을 존중하는 마음으로 지위나 입장에 맞게 사용해야 한다.

(1) 상사에 대한 호칭

– 상사에게는 성과 직위 다음에 ‘님’의 존칭을 붙인다.

- 성명을 모르면 직위에 '님'의 존칭을 붙인다.
- 다른 부서의 상급자는 부서명을 위에 붙인다.
- 상급자에게 그 하급자이면서 자기에게는 상급자를 말할 때는 '님'을 붙이지 않고 직책과 직급명만을 말한다.
- 상사에게 자기를 호칭할 때에는 '저' 또는 성과 직위나 직명을 사용한다.

(2) 하급자 또는 동급자에 대한 호칭

- 하급자나 동급자 간에는 성과 직위 또는 직명으로 호칭한다.
- 초면이나 선임자일 경우에는 '님'을 붙이는 것이 상례이다.
- 직책이나 직급명이 없는 하급자는 성명에 '씨'를 붙인다.
- 하급자라도 자기보다 연장자이면 높여서 말한다.
- 하급자가 미성년이거나 10년 이상 연하인 미혼자이면 성이나 성명에 '군' '양'을 붙인다.

(3) 틀리기 쉬운 호칭

- 상사에 대한 존칭은 호칭에만 쓴다. 〈사장님실 → 사장실〉
- 문서에는 상사의 존칭을 생략해도 실례가 아니다. 〈사장님 지시 → 사장 지시〉
- 본인 입석 하에 지시를 전달할 때에는 '님'을 붙인다. 〈사장님 지시사항을 말씀드리겠습니다.〉
- 공식 석상에서는 '님'자를 생략한다.

(4) 기타 사용 호칭

- 당신: 본래는 존칭이긴 하지만 직장 내에서는 상대방에게 불쾌감을 줄 수 있으므로 하급자일지라도 사용하지 않는다.
- 자네: 친한 친구나 나이 차이가 많은 경우 외에는 사용하지 않는다.
- 씨: 비슷한 나이의 남녀 동료 간, 동료, 부하 직원에게 사용한다.

부적절한 표현	적절한 표현	부적절한 표현	적절한 표현
이름	성함	물어보다	여쭈어보다
오다	오시다	몰라요, 모르겠는데요	모르겠습니다
보다	보시다	누구예요?	누구신지요?
나이	연세	고마워요	고맙습니다
있다	계시다	먼저 갈께요	먼저 가보겠습니다
하다	하시다	자리에 없는데요	자리에 안계십니다
내가	제가	안됩니다.	곤란합니다
주다	드리다	다시 전화하세요	다시전화주시겠 습니까
네 알았어요	네 알겠습니다.	같이 온 사람	같이 오신 분

7. 인사하기

인사는 상대방을 존경하고 인정하며 반가움을 나타내는 방법의 하나이며 정성의 마음으로 하는 친절과 협조의 표시이다. 또한 인사는 예절의 기본이며 응답보다는 자기가 하는 데 의의가 있으며, 즐겁고 명랑한 사회생활과 원만한 인간관계를 유지하는 방법의 출발이다.

특히 직장에서의 인사는 상사에 대한 존경심의 표현이며, 동료 간에는 우애의 상징인 동시에 자신의 인격과 교양을 밖으로 나타내는 것이다. 그러므로 인사하는 습관 하나만으로도 자신의 직무 능력을 평가받을 수 있음을 유의하여야 한다. 항상 서로를 존경하는 마음으로 명랑하게 인사를 한다면 즐거운 직장생활과 원만한 대인 관계를 유지할 수 있다.

1) 인사하는 방법

- 모든 인사는 정중하고 자연스럽게 하며, 얼굴 표정은 밝게, 몸가짐은 단정히 하여 즐거운 마음으로 한다.
- 인사의 기회는 극히 순간적이므로 시기를 놓치지 말고 적기에 실행해야 한다.
- 고개만 숙이지 말고 마음속에서 우러나오는 진실한 자세로 한다.
- 인사할 대상과 방향이 다를 때에는 일반적으로 30보 이내에서 한다.
- 인사할 대상과 방향이 마주 칠 때 가장 좋은 시기는 6보정도 앞에서 이다.
- 측방에서 갑자기 만났을 때에는 즉시 하도록 한다.
- 여직원은 오른손으로 왼손을 감싸며 아랫배에 가볍게 대고 손등이 보이도록 한다. 이때 손이 몸에서 떨어지지 않도록 하며 손에 힘을 너무 주지 않도록 한다.
- 뒤꿈치를 붙인 상태에서 양발의 내각이 30도를 유지하도록 하고 무릎은 펴서 붙이고 양 다리에 적당히 힘을 주어 인사를 할 때 균형을 유지하도록 한다.
- 머리만 숙이지 말고 허리와 일직선이 되도록 상체를 굽히고 머리는 허리선 보다 15도~20도 더 숙이도록 하며 턱은 안으로 당긴다.
- 어깨의 힘을 빼고 부드럽게 하여 어깨선이 굽지 않도록 한다.
- 엉덩이는 힘을 주어서 뒤로 빠지지 않게 한다.
- 시선은 인사하기 전이나 인사한 후엔 상대의 눈을 응시하며, 인사 중에는 자기의 발끝으로 부터 40cm~1m정도 앞을 바라본다.
- 상사나 동료를 처음 만났을 때는 정중하면서도 밝고 명랑하게 인사를 하고 다시 만나게 되었을 때는 밝은 표정과 함께 가볍게 목례를 하는 것이 좋다.
- 작업 중 이더라도 인사할 정도의 여유가 있다면 상황에 맞게 가볍게 목례를 한다. 그러나 도저히 인사를 할 수 없을 경우에는 하지 않아도 된다.
- 화장실에서는 인사를 하지 않는다. 다만 눈이 마주칠 경우 목례를 한다.

- 복도에서 상사를 만났을 때 상사 혼자 있을 경우에는 걸음을 멈출 필요가 없으며 한 쪽 옆으로 비키며 가볍게 인사를 한다.
- 상사가 사외 인사와 함께 있을 경우에는 멈추어서 정중하게 인사를 한다.
- 가방이나 물건을 들고 있을 때에는 왼손에 쥐고 오른손을 허리 옆에 붙인 채로 인사를 한다.
- 가장 정중한 인사의 경우에 3~4초 정도의 시간이 소요되며 허리를 숙인 상태에서 1초 정도 정지 후 천천히 허리를 편다.

2) 인사의 종류

① 허리를 45도 정도로 숙이는 정중한 인사

손님을 맞이하거나 3직급 이상의 상사가 출퇴근 할 때에 적당한 인사법이다. 또한 고객을 전송하거나 상사가 퇴근할 때도 정중하게 인사를 한다.

남자는 차렷 자세에서 주먹 안쪽을 바지 재봉선상에 가볍게 대고 허리에서 상체를 45도로 숙인다.

여성은 차렷 자세에서 오른손의 엄지를 왼손의 엄지와 검지 사이에 끼워서 오른손이 왼손을 덮도록 하여 손이 겹쳐진 채로 하복부에 가볍게 대고 상체를 숙인다.

② 허리를 30도 정도로 숙이는 일반적인 인사

2직급 이하의 상사가 출퇴근 할 때, 동료 직원이 출근할 때,상사에게 지시나 보고를 받을 경우, 복도 등에서 상사를 만났을 때에 하며 직장에서 가장 일반적으로 이용되는 인사이다. 하는 방법은 45도 인사와 같으며 상체만 30도로 숙이는 것이 다르다.

③ 서서 15도 정도로 숙이는 가벼운 인사

복도나 실내에서 상사, 동료, 부하 직원을 만났을 때, 물건을 양손에 들고 있을 때, 두 번이상 만났을 때, 작업 중일 때, 근무 중에 동료를 찾아가거나 찾아 왔을 때, 동료보다 먼저 퇴근 할 때 이용되는 인사의 자세이다.

가볍게 머리를 숙이는 눈인사로 남자는 차렷 자세로 여자는 손을 모아 하복부쯤에 두고 밝은 표정을 지으며 허리를 15도 정도 굽힌다.

구 분	자 세	용 도
목례	상체를 5도 숙임	차 대접 시, 자주대할 때, 짐을 들었을 때
가벼운 인사	상체를 15도 숙임	간단한 인사, 복도, 실내 등 좁은 장소, 상사를 두 번 이상 만났을 때
보통 인사	상체를 30도 숙임	일반적인 인사, 가장 기본이 되는 인사로써 상사, 웃어른에 대한 인사
정중한 인사	상체를 45도 숙임	손님맞이와 배웅, 사과할 때, 감사의 뜻을 전할 때
기타		악수나 포옹 등의 있음

3) 인사말

- 인사를 할 때는 때와 상황, 상대에 따라 적절한 내용의 인사말을 하도록 한다.
- 보통 허리를 숙일 때 인사말을 같이 시작하지만 정중한 인사일 때는 허리를 숙이기 전이 나 숙이고 일어난 후 인사말을 하는 것이 좋다.
- 상대가 다른 일을 하고 있을 경우에나 다른 방향으로 걸어가고 있어 나를 보지 못하고 있을 때 망설이거나 머뭇거리지 말고 인사말을 먼저 하여 상대가 나를 바라볼 때 밝게 인사를 한다.

4) 악수

오늘날 악수는 보편화되어 널리 사용되고 있는 세계 공통의 인사법이며 상대와 손을 잡음으로써 피부로 느끼며 마음의 문을 열고, 손을 흔들면서 일체감을 나타내는 의미가 있다.

① 악수의 기본 동작

- 오른쪽 팔꿈치를 직각으로 굽혀 손을 자기 몸의 중앙이 되게 수평으로 올리며 네 손가락은 가지런히 펴고 엄지는 벌려서 그와 같이 한 상대의 오른쪽 손을 살며시 쥐었다가놓는다.
- 서로 손을 마주잡고 아래위로 몇 번 흔들며, 이때 상대가 아프게 느낄 정도로 힘을 주고 쥐어서도 안 되고 몸이 흔들릴 정도로 지나치게 세게 흔들어서도 안 된다.

② 악수하는 방법

- 상급자가 먼저 청해야 아랫사람이 악수 할 수 있으며 남·여 간의 악수도 상하의 구별이 있을 때에는 상급자가 먼저 청해야 한다.
- 같은 또래의 남녀 간에는 여자가 먼저 청해야 악수한다.
- 동성 간 또는 또래의 악수도 선배나 연장자가 먼저 청해야 악수한다.
- 상대의 얼굴을 주시하면서 웃는 얼굴로 악수한다.
- 악수에 대비해서 오른손에 들었던 물건을 왼손에 미리 고쳐든다.
- 손을 너무 세게 쥐거나 손끝만 내밀고 악수해서는 안 된다.
- 장갑 낀 손, 땀에 젖은 손으로 악수해서는 안 된다.
- 예식용 장갑은 벗지 않아도 되며 방한용 장갑은 벗고 악수를 하여야 한다. 상대편이 장갑을 끼고 요청하면 낀 채로 응하여도 좋다.
- 계속 손을 잡은 채로 말을 해서는 안 되며 인사만 끝나면 곧 손을 놓는다.
- 아랫사람은 악수하면서 허리를 약간 굽혀 경의를 표해도 좋다.
- 악수는 반드시 오른손으로 하며 왼손잡이인 경우에도 마찬가지이다.

8. 근무예절

근무 중의 자세는 일에 대한 마음의 표현이며 또 자세가 좋은 사람은 상대방에게 그것만으로도 호감을 주고 신뢰감을 준다. 올바른 근무예절은 아름답게 보이며 업무의 능률도 올리는 지름길이기도 하다.

직장인으로서 올바른 근무예절은 상호간에 서로의 업무를 이해하고 자기의 직책을 완수하고 상대방의 직책을 침범하지 않는 범위에서 업무를 처리를 한다.

또한 상대방과 관계있는 것에 대해서는 혼자만의 판단만으로 결정하지 말고 상호간 연락을 긴밀히 하여 협의하도록 한다. 상대방의 인격을 존중하고 상대방에게 성의를 다하며 선의를 가지고 대하고 개인의 이해보다는 항상 팀웍(team - work)을 중시한다.

1) 근무 할 때

* 조직의 규정을 준수하고 단정하고 예의바른 집무 태도를 갖는다.
* 개인적인 전화나 잡담은 삼가하고 사무용품이나 비품 사용 후에는 제자리에 놓아둔다.
* 근무시간 중에는 개인적인 일을 하지 않고 점심시간은 정해진 시간 이상으로 보내지 않는다.
* 매일 업무와 관련된 모든 문서의 정리, 분류, 보관이 밀리지 않도록 정돈해 둔다.
* 일과 관계없는 잡담 등은 피하고 타인의 사생활은 최대한 존중한다.

2) 출근 할 때

* 출퇴근 노선도는 두세 가지 정도 알아두면 뜻밖의 경우에 편리하다.
* 집을 나서기 전에 미리 복장과 머리등을 단정하게 가다듬고 빠진 물건이 없나 다시 살펴본다.
* 출근시간 10~30분 전에 도착하여 간단한 청소, 정리정돈을 하고 하루일과의 계획을 점검한다.
* 사무실에 들어서면서 밝고 명랑한 목소리로 동료들에게 인사한다.
* 부득이한 상황으로 지각을 했을 경우에는 상사에게 솔직하게 사유를 보고한다.

3) 퇴근 할 때

* 퇴근 준비는 근무시간이 끝난 다음에 한다.
* 수행비서의 경우 상사의 업무(회사 내에서의 업무뿐만 아니라 사외 행사 포함)가 끝나고 집으로 귀가 후 퇴근할 수 있다.
* 다음 날 업무가 원활히 진행되도록 하루의 끝마무리를 하고 책상 위는 깨끗하게 정리하고 사무용품, 특히 문서와 서류 등은 보안을 위해 지정된 장소에 잘 보관한다.
* 상사, 선배 및 동료, 후배에게도 인사를 잊지 않도록 하고, 전자제품의 전원을 껐는지 확인한다.
* 출타지에서 바로 퇴근하게 되면 출타 전에 미리 상사에게 보고한다.

4) 외출 할 때

* 외출할 때는 반드시 행선지를 상사 또는 동료에게 알리고, 일하던 서류, 문서 등은 잘 정리 하여 책상 위를 깨끗이 정리하고 남아 있는 동료에게 손님 응대를 부탁한다.
* 출장지, 대상거래, 업무내용 등에 대해 빠짐없이 점검하고 준비물을 챙긴다.
* 사외 근무 중에도 상사에게 중간보고와 현 소재지, 중간변경 사항 등을 수시로 보고한다.
* 사적인 외출은 삼가고, 출장 근무를 핑계로 통상 업무를 지체하지 말고 외부 업무가 끝 난 즉시 귀사 한다.
* 상사에게 사전에 출장 사유를 말하며 외출 용건은 가급적 짧은 시간 내에 끝내도록 한다.

5) 결근, 지각, 조퇴를 할 때

* 급한 일로 결근해야 할 때는 출근 시간 전에 그 사유를 전화 등으로 보고한다.

* 장기간 결근 시에는 가급적 업무 사항에 따라 부서의 상사와 상의한 후 결정한다.
* 잦은 지각은 조직의 분위기를 흐리며 신망을 얻기 어렵다. 지각을 했을 때 말이 없거나 당연하다는 표정을 짓지 말고 미안한 태도로 인사를 한다.
* 조퇴를 해야 할 때는 출근 즉시 상사에게 보고하여 허락을 받는다.
* 업무 중 계속해야 할 사항은 동료에게 부탁하여 업무에 지장이 없도록 한다.

6) 지시와 보고

조직 사회인 직장에서의 모든 업무는 지시나 명령에 따라 진행되고 그 결과를 보고함으로써 이루어진다. 지시와 보고는 조직 운영의 필수 조건이고, 지시가 내려지면 이에 대한 보고가 반드시 뒤따라야 한다.

상사의 지시와 명령을 의도대로 수행하는 것은 매우 중요하며, 상사로부터 지시와 명령을 받았을 때 애매하게 이해한 채로 일을 시작하면 나중에 상사가 의도한 것과 달라서 애써 해 놓은 게 소용없게 되거나, 다시 하려고 해도 시간이 없어 못하게 되는 등 돌이킬 수 없는 사태가 벌어지므로 그에 대한 업무요령을 터득하는 것도 또한 중요한 요소이다(http://www.bizcontents.or.kr).

(1) 지시 받을 때의 요령

▶ 상사의 호출이 있으면 즉시 명확하게 대답을 하고 메모준비를 갖추어서 상사의 자리로 간다.

▶ 상사의 지시내용은 요점을 간략하게 메모하고, 지시하는 중간에 의문나는 점이 있거나하더라도 끼어들지 말고 지시 사항은 끝까지 듣는다.

▶ 의문 사항이 있으면 지시가 끝난 후 질문하고 지시를 받고 나면 반드시 확인한다. 특히 고유명사와 숫자 등은 하나하나 정확하게 다시 확인하고 지시받은 사항의 내용을 정리하여 요점을 복창한다.

▶ 여러 가지 지시를 한꺼번에 받았을 때는 선후를 가려서 처리한다.

- ▶ 상사들 사이의 지시 사항이 상반될 경우 직급이 낮은 사람에게 먼저 상위자의 지시 사항을 말하고 의견을 조율하는데 그래도 조정이 되지 않을 경우 상사들 끼리 협의하도록 의견을 제시한다.
- ▶ 지시 받은 일을 정해진 기일 내에 마칠 수 없을 경우 늦어지는 원인이 무엇인지, 얼마만큼 늦어 질 것인지, 어떻게 대처할 생각인지 등을 명확하게 정리해서 보고한다.
- ▶ 지시 받은 사항은 무엇을 지시 받았는지 내용의 핵심을 빨리 파악하고 정확히 판단한다.
- ▶ 시기를 놓치지 말고 실행하고 실행된 결과를 검토하고 확인한다.

(2) 보고 할 때의 요령

보고를 해야 하는 경우는 지시 받은 업무를 끝냈을 때, 장기간 소요되는 업무에 대한 중간보고, 일의 추진 방법에 변경이 있을 때, 새로운 관련 정보를 입수 했을 때, 일을 추진하는 데 있어 새로운 의견이 있을 때 등이다.

- ▶ 지시 받은 업무를 끝냈을 때는 바로 보고하며, 보고는 반드시 명령한 사람에게 하는 것이 원칙이다.
- ▶ 보고를 할 때 객관적 사실을 정확히 전하는 것이 중요하며 자기의 주관은 배제한다.
- ▶ 보고는 육하원칙에 따라 구체적으로 보고하며 내용을 이해할 수 있는 자료를 사전에 준비한다.
- ▶ 결론부터 이야기하고 과정, 이유 등의 순서로 간결하게 보고한다.
- ▶ 지시를 받은 업무가 장기간에 걸칠 경우, 중간에 사고나 문제가 발생할 경우, 상황이나 정세가 바뀔 경우, 일의 진행이 어려울 때는 중간보고를 한다.
- ▶ 일상 업무의 진행 사항, 긴급을 요할 때, 업무 수행 중 실수를 했을 때, 다른 부서에 연락이나 보고를 할 때, 외출 중 급한 일이 생겼을 경우에는 구도로 보고해도 무방하다.

▸ 문서로 보고할 것을 보고 받았을 때, 내용이 구두로 보고하기에는 적합하지 않을 때, 내용이 회람, 보관, 기록을 필요로 할 때, 숫자나 지표가 필요한 보고일 때, 문서 보고가 제도화되어 있을 때에는 문서로 보고하도록 한다.

(3) 지시 할 때의 요령

▸ 업무 진행시기를 생각하여 아랫사람이 지시 사항을 실행할 수 있는 시간적 여유를 주고 지시한다.
▸ 보고할 때와 같이 결론을 먼저 말하고 설명이 필요한 부분은 지시가 끝난 후에 말한다.
▸ 한 번에 여러 가지를 지시하기보다 한 번에 하나씩 지시한다.
▸ 지시한 사항에 대해서는 수령자가 사항을 제대로 이해하고 있는지 다양하게 질문하여 확인한다.
▸ 명령투의 어조보다는 의논하는 형식을 취하는 것이 좋다.
▸ 지시한 사항에 대해 간섭하기보다 부하 직원의 재량에 맡기고 충분한 기회를 주는 것이 좋다.

9. 경조사

우리나라 사람들은 명절 선물만큼이나 다른 사람들 경조사를 챙기는데도 관심이 많다. 이는 인맥관리나 비즈니스에 실질적인 도움이 되기 때문이다. 상사들 역시 여러 가지 경조사를 통해 비즈니스를 하는 경우가 많기 때문에 비서라면 경조사에도 익숙해져야 한다.

평소 여러 일정 등으로 바쁜 상사가 수많은 경조사들을 일일이 챙기기란 쉬운 일이 아니다. 그렇기 때문에 비서가 상사를 대신해 경조사에 참석하는 일이 많을 수밖에 없다. 이때 비서는 올바른 경조사 예절을 숙지하고 익혀 상사에 누가 되는 일을 하지 말아야 하겠다.

대표적인 경조사에는 결혼식, 장례식, 돌잔치, 기념회, 후원회 등이 있으며, 경조사를 앞두고 비서들이 유의해야 할 점들은 다음과 같다.

첫째, 경조사의 정확한 일시와 장소, 성격을 파악한다. 둘째, 상사가 방문 가능한지의 여부를 체크한다. 경조사 일정과 내용은 최소 2주전에 상사에게 보고한다. 셋째, 상사가 방문할 수 없는 경우에는 비서가 대신 참석할지의 여부와 경조사비용 등을 알아본다. 넷째, 상사와 비서 모두 참석할 필요가 없을 때는 화분이나 꽃, 우편환 등을 보낼지 상사와 상의하여 체크한다.

1) 경조사 준비

상사와 조직의 경조사를 준비하게 될 때 비서는 중요한 역할을 맡게 된다. 따라서 상사나 해당부서와 긴밀하게 협조하여 철저하게 준비해야 한다. 다음은 경조사를 개최할 때 점검해야 할 사항들이다.

첫째, 경조사의 목적과 일시, 장소를 파악한다.

둘째, 경조사에 참석할 예상 인원의 인적사항을 확보한다.

셋째, 예상 참석자들에게 일정을 알린다.

넷째, 경조사 답례품이 준비되었는지 파악한다.

손님들에게 받는 경조금을 관리하는 것도 경조사에서 비서가 하는 중요한 일이다. 꼭 돈이 아니라 선물을 보내오는 경우도 있기 때문에 다양한 물품을 정확 하게 체크하고 빠짐없이 리스트를 작성한다. 이 리스트는 상사가 상대방의 경조사에 방문할 때 선물의 자료로 요긴하게 쓰이게 된다(이준의, 2009).

2) 문상(問喪)예절

상가에 가서 죽은 이에게 예를 올리고 유족을 위로하는 것을 보통 문상이라고 하며, '조문(弔問)', '조상(弔喪)'이라고도 한다. 요즘은 이 말들을 구분하지 않고 쓰고 있다.

그리고 영정 앞에 절하는 것은 조상, 상주에게 인사하는 것은 문상이라 한다.

따라서 '조문'이란 조상과 문상을 일컫는 말이기 때문에 '조문' 간다는 말이 옳은 것이다.

(1) 본래의 뜻

- ▶ 조상(弔喪): 죽은 이에게 예를 표하는 것
- ▶ 조문(弔問): 상주에게 인사하는 것
- ▶ 조상 · 조문은 부모상 또는 남편상에만 썼음.
- ▶ 조위(弔慰), 위문(慰問): 아내상, 형제상, 자녀상을 당한 사람들을 위로하는 것

(2) 문상 시 위로의 인사말

문상을 가서 고인에게 재배하고, 상주에게 절한 후 아무 말도 하지 않고 물러 나오는 것이 일반적이다. 상을 당한 사람을 가장 극진히 위로해야 할 자리이지만 그 어떤 말도 상(喪)을 당한 사람에게는 위로가 될 수 없다는 것이다. 오히려 아무 말도 하지 않는 것이 더욱 더 깊은 조의를 표하는 것이 된다.

그러나 많은 사람들이 문상을 가서 어떤 위로의 말을 해야 하는지를 몰라서 망설인다. 실제 문상의 말은 문상객과 상주의 나이, 평소의 친소관계 등 상황에 따라 다양하다.

굳이 말을 해야 할 상황이라면 '삼가 조의를 표합니다.', '얼마나 슬프십니까?' 또는 '뭐라 드릴 말씀이 없습니다.' 정도가 좋다. 그 외 인사말은 다음과 같다.

① 상주, 상제의 부모인 경우

- 상사에 얼마나 애통하십니까?
- 망극한 일을 당하셔서 어떻게 말씀 여쭐지 모르겠습니다.

☞ 상사란? (생각하고 그리워하는 것)

☞ 망극이란? (어버이의 은혜가 그지없다는 뜻)

② 상제의 아내인 경우

- 얼마나 섭섭하십니까?
- 상사에 어떻게 말씀 여쭐지 모르겠습니다.

③ 상제의 형제인 경우

- 백씨상을 당하셔서 얼마나 비감하십니까?

☞ 백씨(남의 맏형의 존대 말)

☞ 중씨(남의 둘째형의 높인 말)

☞ 계씨 (남의 사내아우의 높인 말)

④ 자녀인 경우

- 얼마나 상심하십니까?
- 참척을 보셔서 얼마나 마음이 아프십니까?

☞ 참척이란?(자손이 부모나, 조부모에 앞서 죽는 일)

(3) 종교에 따른 예절

최근에는 문상객 위주가 아닌 상가 댁 위주의 문상예절이 이루어지고 있어, 상가의 상황에 맞는 문상예절을 해야 한다.

① 기독교식

빈소에 들어서서 상주와 가벼운 목례를 하고 준비된 국화꽃을 들고 故人의 영정 앞에 헌화한 후 뒤로 한 걸음 물러서서 15도 각도로 고개 숙여 잠시 동안 묵념을 드린 후 상주와 맞절을 하고 상중 위로의 말씀을 드린다.

② 천주교식

빈소에 들어서서 상주와 가벼운 목례를 하고 준비된 국화꽃을 들고 故人의 영정 앞에 헌화한 후 뒤로 한 걸음 물러서서 15도 각도로 고개 숙여 잠시 동안 묵념을 드린 다음 준비된 향을 집어서 불을 붙인 다음 향을 좌우로 흔들어 불꽃을 끈다(입으로 불어서 끄지 않는다.).

한쪽 무릎을 꿇고 향로에 향을 정중히 꽂고 일어나 한 걸음 뒤로 물러서 절을 올린다. 절을 올린 후에 상주와 맞절을 하고 상중 위로의 말씀을 드린다.

※ 향나무의 가루 향으로 만들어진 향은 오른손의 엄지와 검지로 향을 집어서 오른손을 왼 손으로 받치고 향로(향불)에 공손히 넣는다.

③ 불교식(유교식 포함)

빈소에 들어서서 상주와 가벼운 목례를 한 다음, 영정 앞에 무릎을 꿇고 앉아 준비된 향을 집어서 불을 붙인 다음 향을 좌우로 흔들어 불꽃을 끄고 (입으로 불어서 끄지 않는다.) 향로에 향을 정중히 꽂고 일어나 한걸음 뒤로 물러나 절을 올린다. 절을 올린 후에 상주와 맞절을 하고 상중 위로의 말씀을 드린다.

(4) 조문시기

초상의 연락을 듣고 즉시 달려가서 도와주어야 하는 처지가 아닌 사람은 성복(成服)끝내기를 기다려 문상하는 것이 예의이다. 스스럼없는 사이라면 염습이나 입관을 마친 때도 괜찮다.

(5) 조문객의 옷차림

기본적으로 화려한 색상의 의복이나 장식은 피하며, 가능한 어두운 계통의 가지런한 옷차림이 무난하다. 고인 또는 상주와 각별한 사이의 조문객일 경우에는 아래와 같은 복장을 갖추는 것이 예의이다.

▸ 남성: 검정색 양복이 원칙이나 감색이나 회색도 실례가 되지 않는다.

와이셔츠는 반드시 흰색을 입고 넥타이, 양말, 구두는 검정색으로 한다.

▸ 여성: 검정색 상의에 스커트를 입는 것이 가장 무난하다.

검정색 구두에 무늬가 없는 검정색 양말이 좋으며, 그 밖에 장갑이나 핸드백도 검정색으로 통일시키고, 또한 색채화장은 피하는 것이 바람직하다.

(6) 조문순서

① 외투는 밖에서 벗어 든다.

② 상주에게 목례를 한다.

③ 영정 앞에 무릎을 꿇고 분향(종교별 차이가 있음): 향나무를 깎은 나무향이면 왼손을 오른 손목에 바치고 오른손 엄지와 검지를 이용한다. 만들어진 향(선향: 線香)이면 하나 또는 둘을 집어 빈소에 비치되어 있는 성냥이나 라이트로 불을 붙인 후 손가락으로 가만히 잡아서 끄던지 왼손을 가볍게 흔들어 끈 다음 두 손으로 향로에 꽂는다. 선향은 하나로 충분하며 여러 개일 경우 모아서 불을 끄더라도 꽂을 때는 하나씩 꽂아야 한다.(생화가 준비되어 있으면 생화를 영정 앞에 놓는다.)

④ 영정에 재배(또는 묵념)하고 한 걸음 물러서서 상주와 서로 맞보며 절(1회)을 한 후 간단한 인사말을 건넨다.

⑤ 상주 또는 안내원의 안내에 따라 간단히 음식을 취한다.

⑥ 엄숙한 분위기를 해치는 행동을 하지 않는다.

(7) 단자(單子) 및 조의금 봉투 작성법

♠ 단자(單子) 작성법

단자란 봉투 안에 돈과 같이 넣는 내지, 즉 일종의 '편지'다. 과거에는 경조사 때 선물로 돈을 대신 했는데 그 내역을 단자에 적던 관례가 지금까지 전해 내려오고 있는 것이다.

단자를 작성할 때는 깨끗한 흰 종이 위에 쓴 뒤 세 번 정도 접어 동봉한 돈이 빠지지 않도록 밑단을 접는다. 단자를 봉투에 넣은 뒤에 결혼식이나 생일잔치 때는 기쁜 일이 이어지라는 의미로 봉투 끝부분을 접지 않고, 장례식 때는 슬픔이 끝맺음 되라는 의미로 봉투 끝부분을 접는다.

단자에 적는 숫자는 일반적인 한자 말고 갖은자로 표시한다. 갖은자란 계약서와 같은 중요문서에서 위조를 방지하기 위해 만든 글자로 표기법은 다음과 같다.

일(壹), 이(貳), 삼(參), 사(四), 오(俉), 육(陸), 칠(漆), 팔(捌), 구(玖), 십(拾), 백(栢), 천(阡), 만(萬), 억(億)

♠ 봉투 작성법

謹弔(근조), 追慕(추모), 追悼(추도), 哀悼(애도), 弔意(조의), 尉靈(위령) 賻儀(부의), 慰靈(위령), '삼가 故人의 冥福을 빕니다.'등 가운데 하나를 택한다.

(8) 조문 받는 예절

▶ 상주는 근신하고 애도하는 자세로 영정이 마련되어 있는 방에서 조문객을 맞이한다.

▶ 문상을 하는 사람이 말로써 문상하지 않는 것이 가장 모범이듯이 문상을 받는 상주 역시 문상객에게 아무 말도 하지 않는 것이 좋다. 상주는 죄인이므로 말을 해서는 안 되기 때 문이다. 굳이 말을 한다면 '고맙습니다.' 또는 '드릴(올릴) 말씀이 없습니다.'하여 문상을 와 준 사람에게 고마움을 표하면 된다.

▶ 간단한 음료 및 음식물을 대접한다. 상주는 영정을 모신 방을 지켜야 하므로 조객을 일일이 전송하지 않아도 된다.

(9) 기타 예절

① 문상을 여럿이 갔을 때는 모든 사람이 다 분향해야 하는지, 아니면 한 사람만 해야 되는 것인지 몰라 우왕좌왕할 때가 있다. 두세 명 정도라면 한 사람 한 사람 분향해도 되지만, 그 이상의 숫자일 때는 대표 한 사람만 분향하는 게 바람직하다는 것이 한국고전번역원의 조언이다. 또 여럿이 한꺼번에 고인이나 상주에게 절을 할 때 고개를 언제 들어야 할지 눈치를 보는 수가 있다. 먼저 고개를 들었다가 다른 사람이 아직 들지 않은 것을 보고 다시 고개를 숙이는 것이 그런 경우이다. 이것은 꼭 통일해야 할 필요는 없고 자연스럽게 하면 된다. 다만 상주와 맞절을 할 때는 상주보다 먼저 고개를 들어 주는 것이 좋다.

② 향은 원래 세 개를 분향하는 것이 원칙이다. 세 개의 향불은 천신과 지신, 그리고 조상에게 고한다는 의미를 담고 있다. 하지만 최근에는 한 개를 붙여도 예의에 벗어나지 않는다는 의견이 많다. 다만 홀수가 길한 숫자를 뜻하기 때문에 반드시 한 개나 세 개를 해야 한다.

③ 영정 앞에서 올리는 절은, 한 번은 천신에게 잘 받아 달라는 의미, 두 번째는 지신에게 잘 떠나게 해 달라는 의미이다(음양사상에 따르면 1은 양, 2는 음을 뜻한다. 즉 살아 있는 사람이 양이고 죽은 사람은 음이기 때문에 고인에게는 절을 2번 한다).

그리고 상주와 하는 맞절은 상주의 조상들에게 상주를 잘 보살펴 달라는 뜻을 담고 있다.

④ 헌화방법은 평소에 물건을 전 할 때와 같이 받는 사람이 받기 쉽도록 꽃의 머리 부분이 드리는 사람을 향하게 하고 꽃대 줄기가 故人쪽을 향하게 드려야 한다.

⑤ 절을 할 때나 예의를 표할 때 평상시는 남자는 왼손이 위이고 여자는 오른손이 위로 간다. 그러나 흉사 에는 평상시와 반대로 남자는 오른손이 위로 가고 여자는 왼손이 위로 간다.

⑥ 산 사람에게 한번, 죽은 사람에게 남자는 재배라 하여 두 번 절한다. 여자는 사배라 하여 네 번 절 하는데 그 이유는 여자는 음이므로 양인 남자의 갑절 수로 절을 한다.

음양의 원리에 의해 양의 수는 1, 음의 수는 2로 간주하기 때문이다. 오늘날 현대에는 남녀공통으로 재배로 바뀌는 경향이다.

△ 선절(남 · 녀)=한걸음 물러서 45도 이상 깊숙이 숙이고 7초 정도 머무른다.

△ 앉은절: * 남자: 한걸음 물러서 재배한다. * 여자: 4배가 원칙이지만 재배도 무방하다.

⑦ 생시에 故人과 안면이 없거나, 故人보다 나이가 많으면 영정 앞에 절하지 않고, 상주에게만 문상한다.

(10) 상주(喪主)의 표시

① 완장(남자 착용)

완장은 삼베로 만들어 졌으며, 검은 색의 줄이 그어져 있는데, 당원 장례식장에서는 두 줄과 한 줄 그리고 무 줄이 있다.

* 두줄: 아들과 사위, 아들이 없을 시에는 장손이 착용한다.
* 한줄: 기혼인 복인(반드시 상복을 입지 않고 완장만 착용을 해도 복인이 된다.)
* 무줄: 미혼인 복인 (주로 손자들이 착용하게 된다.)

☞ 복인은 부(父)계 8촌, 모(母)계 4촌까지로 한다.

※ 완장의 사용 시기는 정확하지는 않으나, 가정의례준칙이 나오면서 굴건제복 대신 상주임을 표시하기 위한 방법의 하나가 되어 직계와 비속을 구분하기 위한 수단으로 줄을 넣고 넣지 않음으로 구분하게 되었다.

② 리본(여자 착용)

무명천으로 만들어진 머린 핀을 말한다.

* 남자가 상을 당했을 경우 좌측머리 부분에 리본을 꽂는다,
* 여자가 상을 당했을 경우 우측머리 부분에 리본을 꽂는다.

③ 상장(남, 여 착용)

장례를 마친 후 상을 당했다는 표시를 하는 것을 말한다.

* 남자는 삼베로 만든 리본을 왼쪽 가슴에 부착한다.
* 여자는 무명천으로 만든 리본(머리핀)을, 남자가 상을 당했을 경우 좌측머리 , 여자가 상을 당했을 경우 우측머리 부분에 리본을 꽂는다.

☞ 상장은 장례를 마친 후 탈상 때까지 직계가족만 착용한다.

④ 전통상복

무명천이나 광목천으로 만든 두루마기를 착용하는데, 입관하기 전에는 남좌여우의 격식에 따라 故人이 남자일 경우는 왼쪽 팔을 내어 놓고 여자일 경우는 오른팔을 내어 놓는다. 입관 후에는 정상으로 입는다.

※ 부모님이 돌아가셨을 때 옷을 제대로 입을 경황이 없었다는 뜻이 포함되어있다.

☞ 남좌여우(男左女右)란?

동양에서는 음과 양의 원리가 있어 남자는 하늘, 여자는 땅이며, 남자는 방향에 있어 왼쪽을 동쪽으로 하여 양으로 표시하고, 여자는 오른쪽을 서쪽으로 하여 음으로 표시한다.

⑤ 현대의 상복

남자는 검은 양복, 여자는 흰색이나 검은색 치마저고리 및 검은 색 양장을 착용 후 입관이 끝나면 완장 및 리본으로 상주임을 표시하고 있다.

3) 경조사의 종류와 인사예절(慶弔修禮)

(1) 경사(慶事): 기쁜 일을 함께 기뻐해 기쁨을 보태며 더 잘되기를 빈다.

① 임신: 慶祝 順産 · 기쁜 임신을 경하하며 건강한 아기의 순산을 빕니다.

② 출산: 慶賀 出産 · 祝 出産(축 출산), 祝 順産(축 순산), 祝 得男(축 득남), 祝 得女(축 득녀), 祝 誕生(축 탄생), 祝 公主誕生(축 공주탄생), 祝 王子誕生(축 왕자탄생)

* 예쁜 아기의 출산을 경하합니다.
* 순산을 축하하며 산모의 건강을 기원합니다.
* 귀여운 공주(왕자)님의 탄생을 축하하며 산모의 건강을 기원합니다.
* 축하합니다. 몸조리 잘하시고 예쁜 아기 잘 키우세요.

③ 백일: 慶賀 百日 · 아기의 백일을 맞아 크신 기쁨을 경하합니다.

④ 돌: 慶賀 晬筵 · 아기의 돌을 맞아 크신 보람과 기쁨을 경하합니다.

* 아기의 백일/첫돌을 축하하며 더욱 건강하게 자라길 기원합니다.
* 아기의 백일/첫돌을 축하하며 귀엽고 튼튼하게 키우길 바랍니다.
* 백일/첫돌을 맞이한 아기에게 더없이 큰 사랑과 축복이 깃들기를 바랍니다.

⑤ 입학: 慶賀 就學(進學) · ○○학교 · 유치원의 입학을 경하합니다.

. 祝 入學 (축 입학)

* 입학을 축하하며 앞날의 정진과 성취를 기원합니다.

⑥ 졸업: 慶賀 卒業 · ○○학교의 졸업을 경하합니다.

. 祝 卒業 (축 졸업), 祝 博士學位 記授與 (축 박사학위기수여)

. 祝 碩士學位 記授與 (축 석사학위기수여)

*졸업을 축하하며 큰 뜻 펼치기 바랍니다.

*수료를 축하하며 앞날의 더 큰 발전을 기원합니다.

⑦ 취직: 慶賀 就業(昇進 · 榮轉) · 기쁜 취직(승진 · 영전)을 경하합니다.

*사회로 첫발 내딛는 오늘을 축하하며 힘찬 전진을 기원 합니다.

⑧ 결혼, 약혼: 慶賀 婚姻 · 기쁜 혼인을 경하하며 행복하기를 빕니다.

· 祝 約婚 (축 약혼), 祝 結婚 (축 결혼), 祝 成婚 (축 성혼)

· 祝 華婚 (축 화혼: 결혼을 축하하며)

*결(약)혼을 축하하며, 두 분의 앞날에 행복이 함께 하기를 기원합니다.

*가내에 경사 맞으심을 축하하며 화목한 사정 이루시길 기원합니다.

*두 분의 소중한 만남을 축하하며, 행복한 부부가 되시길 바랍니다.

⑨ 집들이와 이사: 慶祝 設産(轉移) · 새 살림을 경하하며 발전을 빕니다.

· 祝 家和萬事成 (축 가화만사성: 가정이 화목하길 기원하며)

· 祝 萬事亨通 (축 만사형통), 祝 朝夕繁昌 (축 조석번창)

· 祝 入宅(축 입택), 祝 入住(축 입주)

*새집 마련을 축하하며 새로운 마음으로 힘차게 나아가기를 기원합니다.

*새집 마련한 오늘의 기쁨이 더 큰 행복으로 이어지기 바랍니다.

*뜻 깊은 증축을 축하하며 앞날의 눈부신 번영을 기원합니다.

⑩ 개업과 이전: 慶祝 開業(發展) · 희망찬 개업을 경하하며 발전을 빕니다.

· 祝 發展 (축 발전: 좋은 상태로 나아가라고), 祝 開業 (축 개업: 영업 시작을 축하하며)

· 祝 盛業 (축 성업: 사업이 잘되기를 바라며), 祝 開通 (축 개통), 祝 開所 (축 개소)

· 祝 創立 (축 창립), 祝 開院 (축 개원: 병원, 학교 등의 설립을 축하하며)

· 祝 移轉 (축 이전: 사업장을 옮겼을 때), 祝 創設 (축 창설: 새롭게 시작함을 축하하며)
· 祝 移轉 (축 이전: 사업장을 옮겼을 때),), 祝 創設 (축 창설: 새롭게 시작함을 축하하며)
· 祝 概觀 (축 개관: 도서관, 박물관 등의 설립을 축하하며), 祝 開場 (축 개장)
· 祝 開店 (축 개점), 祝 萬事亨通 (축 만사형통)
· 祝 開署 (축 개서), 祝 開館 (축 개관), 祝 繁榮 (축 번영: 일이 성하게 잘되길 바라며)

* 개원을 축하하며 앞날의 번영을 기원합니다.
* 개원을 축하하며 뜻한 일 모두 성취하시기 바랍니다.
* 오늘의 뜻 깊은 개업이 무궁한 발전과 번영의 초석이 되기를 기원합니다.

⑪ **생신**: 慶賀 壽筵 · 生辰(美壽 · 七旬)을 경하하며 만수무강하시기를 빕니다.

· 祝 回甲(축 회갑, 61세), 古稀(고희, 70세), 頌壽(송수, 80세),九旬(구순, 90세), 白壽(백수, 99세), 祝 生日 (축 생일), 祝 生辰 (축 생신)
· 祝 壽宴 (축 수연: 오래 산 것을 축하하며-흔히 환갑을 이름), 祝 還甲 (축 환갑)

* 생신을 진심으로 축하하며 건강과 행복을 기원합니다.
* 생신의 기쁨을 함께하지 못해 죄송합니다. 멀리서나마 축배를 올립니다.
* 소중한 내 친구, 생일 정말 축하해.
* 회갑을 축하하오며 더욱 건강하시고 복된 나날을 보내시기 바랍니다.
* 고희를 축하하오며 더욱 건강하시길 기원합니다.

⑫ **연하-명절**

* 새해를 맞이하여 해운과 평안을 기원합니다.
* 새해 복 많이 받으시고 소원 성취하시기 바랍니다.
* 새해에는 더욱 건강하시고 뜻한바 모두 이루시기 바랍니다.

⑬ **결혼기념일**

· 祝 成婚式 (축 성혼식: 결혼 10주년을 축하하며)
· 祝 銅婚式 (축 동혼식: 결혼 15주년을 축하하며)
· 祝 陶婚式 (축 도혼식: 결혼 20주년을 축하하며)
· 祝 銀婚式 (축 은혼식: 결혼 25주년을 축하하며)
· 祝 眞珠婚式 (축 진주혼식: 결혼 30주년을 축하하며)
· 祝 珊瑚婚式 (축 산호혼식: 결혼 35주년을 축하하며)
· 祝 紅玉婚式 (축 홍옥혼식: 결혼 45주년을 축하하며)
· 祝 金婚式 (축 금혼식: 결혼 50주년을 축하하며)
· 祝 金剛婚式 (축 금강혼식: 결혼 60주년을 축하하며)

* 결혼기념일을 축하하며 두 분의 앞날에 사랑과 행복이 가득 하시기를 기원합니다.
* 결혼기념일을 진심으로 축하하며 더욱 행복한 가정 이루시기를 기원합니다.

⑭ 승진-영전-취임-퇴임

· 祝 昇進 (축 승진: 직위가 오를 때),祝 榮轉 (축 영전: 더 좋은 자리로 전임을 할 때)
· 祝 就任 (축 취임: 맡은 자리에 처음으로 일하러 나아갈 때), 祝 轉任 (축 전임)
· 祝 移任 (축 이임), 祝 遷任 (축 천임: 다른 관직이나 임지로 옮길 때)
· 祝 轉役 (축 전역: 다른 역종으로 편입될 때), 祝 榮進 (축 영진)
· 祝 赴任 (축 부임), 祈 國利萬福 (기 국리만복)
· 祝 進給 (축 진급), 祝 戰役 (축 전역), 祝 凱旋 (축 개선)

* 승진을 계기로 더욱 힘차게 전진하시기를 기원합니다.
* 영예로운 진급을 축하하며 무궁한 발전을 기원합니다.
* 영전을 축하하며 높으신 뜻 새로이 펼치시기 바랍니다.
* 취임을 축하하며 원대한 포부 펼치시기 바랍니다.
* 취임을 진심으로 축하하오며 뜻한바 모두 이루시기 바랍니다.
* 취임을 경하하며 성공과 건투를 바랍니다.

* 퇴임을 맞아 앞으로 더욱 건강하시기를 기원합니다.

* 영예로운 퇴임이 새 인생의 출발점이 되시기를 기원합니다.

⑮ 서적, 비석 및 동상을 세울 때

· 祝 除幕式 (축 제막식), 祝 創刊 (축 창간), 祝 發刊 (축 발간)

· 祝 出刊 (축 출간), 祝 出版 (축 출판), 祝 創刊00周年記念 (축 창간 00주년기념)

⑯ 수상을 축하하며

· 祝 當選 (축 당선: 선거나 심사에서 뽑힘을 축하하며), 祝 優勝 (축 우승)

· 祝 入選 (축 입선), 祝 必勝 (축 필승), 祝 特選 (축 특선) 祝 受賞 (축 수상)

⑰ 전시나 공연을 축하하며

· 祝 展示會 (축 전시회), 祝 演奏會 (축 연주회), 祝 發表會 (축 발표회)

· 祝 獨唱會 (축 독창회), 祝 展覽會 (축 전람회)

⑱ 공사(건축)를 축하하며

· 祝 起工 (축 기공: 공사 시작을 축하하며), 祝 竣工 (축 준공), 祝 完工 (축 완공)

· 祝 竣役 (축 준역: 공사의 완공을 축하하며)

· 祝 除幕式 (축 제막식: 동상이나 기념비 등을 완공하고 공개하기에 앞서 기념식을 가질 때), 祝 落城 (축 낙성), 祝 着工 (축 착공), 祝 上楔 (축 상설)

(2) 감사(感謝): 고마운 일의 부탁과 사례를 정중하고 간절하게 한다.

① **일의 부탁:** 幣帛 · 크나큰 은혜로 도와주실 것을 간절히 바랍니다.

② **끝난 일의 감사:** 幣帛(謝禮) · 도와주신 큰 은혜에 깊은 감사를 드립니다.

③ 일에 대한 부탁 또는 감사의 사례 시 寸志(촌지 · 아주 작은 뜻), 微意(미의 · 아주 적은 마음), 薄禮(박례: 아주 얇고 적게 예를 표한다)라고

쓴 봉투를 주는 것은 "당신을 존중하지 않는다."는 뜻이 되어 실례이다. 이런 것은 웃어른이 아랫사람에게 용돈을 줄 때, 또는 아랫사람의 수고의 대가를 줄때에 쓰는 말이다.

(3) 헤어짐: 그간의 공로를 치하하며 이별을 아쉬워하고 또 만나 길 기약한다.

① **송별:** 餞別(惜別) · 그간의 우정을 감사하며 반드시 또 만날 것을 다진다.

② **전근 · 정년퇴임:** 謹慰 勞功 · 그간의 공을 치하하며 또 만나기를 바란다.

(4) 위문(慰問): 병환과 재난을 근심하며 회복과 전화위복을 진심으로 빈다.

① **문병:** 祈祝 快癒(回春) · 祈快癒(기쾌유), 祈完快(기완쾌) · 병환을 근심하며 빠른 회복을 믿고 깊이 빕니다.

* 하루빨리 일어나시어 이전보다 더욱 건강해지시기를 기원합니다.
* 편찮으시다는 소식 듣고 놀랐어요. 하루 빨리 건강을 되찾으시기 바랍니다.
* 병환 속히 나으시어 건강한 모습으로 우리에게 돌아오시기를 기원합니다.

② **재난:** 祝願 回復(謹慰災難) · 도난(화재 · 수재)에서 빠른 회복을 바랍니다.

(5) 흉사(凶事 · 弔問): 죽음을 슬퍼하며, 상주의 슬픔을 나누어 가볍게 한다.

① **조상(弔喪):** 죽은 이의 영좌에 분향하고 지극히 슬퍼한다.

② **문상(問喪):** 유가족에게 슬픔을 위문하고 지나친 슬픔을 경계한다.

③ **부조(扶助):** 賻儀 · 갑작이 당한 일에 정성을 다해 도와준다.(美風良俗)

· 謹弔(근조), 追慕(추모), 追悼(추도), 哀悼(애도)

· 尉靈(위령), 賻儀(부의), 謹棹(근도), 弔意(조의)

* 삼가 조의를 표하오며 고인의 유덕이 후세에 이어져 빛나기를 빕니다.
* 뜻밖의 비보에 슬픈 마음 금할 길 없습니다. 머리 숙여 고인의 명복을 빕니다.

* 평소 고인의 은덕을 되새기며 삼가 고인의 명복을 빕니다.
* 큰 슬픔을 위로하오며 삼가 고인의 명복을 빕니다.

4) 경조사 인사 때의 주의사항

(1) 옷차림

♠ 경사, 기쁜 일에 참석할 때는 정장을 한다.
♠ 문병할 때는 담담하고 단조롭고 밝은 색을 입는다. 어두우면 안 된다.
♠ 재난에 갈 때는 일을 도우러 가는 것이다. 어둡지 않은 작업복이 좋다.
♠ 흉사, 슬픈 일에는 함께 슬퍼해야 한다. 어둡고 무거운 색의 옷이 좋다.
♠ 길사, 상가는 아니나 죽은 이의 일이다. 무겁지 않게 담담한 옷이 좋다.
♠ 명절, 즐거운 날이다. 밝고 화사한 옷이 좋으나 너무 튀는 옷은 피한다.

(2) 화장과 장신구

♠ 경사에는 주인과 같이 화사하게 꾸민다.
♠ 흉사에는 화장과 장신구를 짙게 하는 것이 아니다.
♠ 문병, 재난, 길사에는 호들갑스럽게 꾸미지 않는다.
♠ 명절에는 튀지 않고 어울리기 편하게 차린다.

(3) 화제(話題)

♠ 경사: 기쁜 일에 참석하면 당사자의 칭찬이나 기쁨을 주는 말을 한다.
♠ 흉사: 상가에서는 고인의 유덕을 기리거나 자손의 효성이 좋은 화제이다.
♠ 상가: 도박을 하거나 술 취한 모습을 보이면 실례이다.
♠ 문병: 환자를 안심시키고, 간호하는 가족을 칭송하여 희망을 갖게 한다.
♠ 재난: 재난의 회복방법과 전화위복이 될 것으로 용기를 주고 위로한다.
♠ 길사: 고인의 유덕과 일화, 주관자의 칭송 등 화제로 분위기를 살린다.
♠ 큰 소리, 격한 소리, 다툼질, 소란으로 경조사의 격을 상하게 해서는 안 된다.

(4) 음식(飮食)

- ♠ 경사관계 행사가 있으면 행사가 끝난 다음에 음식을 먹는다. 혼인 예식에 가서는 예식에 참석하고 끝난 다음에 음식을 먹는 것이 예의이다.
- ♠ 상가에서는 주인측도 잔칫집같이 준비해서는 안 되고, 조문객도 음식 먹기에 바쁘면 안 된다. 일을 돕는 사람이 아니면 간단한 다과가 좋다.
- ♠ 수연행사에서 자손이 헌수하는데 손님이 음식을 먹는 것은 좋지 않다.
- ♠ 남의 경조사에서 과식·과음하고 추한 모습을 보이는 것은 천박한 일이다.

(5) 경조사의 시간 지키기

- ♠ 경조사에서는 주인이나 손님, 그리고 의식진행에 관계된 사람은 시간을 지켜야 한다.
- ♠ 손님은 주인이나 의식진행자를 붙들고 있으면 안 된다.
- ♠ 손님은 인사가 끝나면 즉시 물러난다. 모두가 바쁜 날이기 때문이다.

제10장 비서의 회의업무

사전적 의미로 볼 때 회의는 조직의 목표를 달성하기 위한 신속하고 전략적인 의사결정을 위한 정보의 전달과 상호 교환이며, 정보에 대한 효용가치를 높이고 분석을 보다 유리하게 도와준다. 또한 회의 참가자들의 일체감과 참여의식을 높여 주는 역할을 함으로써 사회에 지대한 역할을 수행한다. 원초적인 만남의 형태에서 탄생한 회의는 정치적, 사회적인 의사결정의 도구 역할을 하면서 인간의 역사와 함께 발전해 왔다.

현대사회에 와서 회의의 중요성은 더욱 강조되고 있다. 상황에 맞는 내용과 올바른 형태를 지닌 지식의 확보가 개인과 조직의 경쟁력의 중심으로 부각되면서 회의는 서로가 가지고 있는 지식을 공유하고 더 나은 지식을 창출하는 교류의 장이자 학습의 장으로써의 역할을 수행하게 되었다. 또한 회의를 통하여 다양한 의견을 수렴하고 이를 통하여 조직 내의 일을 추진해 나가기 때문에 회의는 이제 조직의 발전과 성장에 필수 불가결한 시스템이 되었다.

따라서 회의를 조직하고 회의의 현장운영을 관리, 감독하고 조직에 돌아오는 이익을 분석, 평가하기 위해서는 좀 더 전문적인 관리가 필요하며, 아울러 회의의 경쟁력을 제고시키기 위해서 숙련된 사무능력을 바탕으로 창의력과 판단력을 가지고 상사를 보좌하며 각종 업무 및 시간 관리와 조직 및 인간 관리를 할 수 있는 전문비서능력을 배양해야 한다.

1. 회의의 목적

현대 시회에서는 점차 조직의 성격이 국제화, 세분화, 전문화 되어 가고 있고, 외부 환경이 급변하게 변화함에 따라 무한 경쟁적인 환경 속에서 조직이 살아남고 발전하기 위해서는 조직의 관리자가 신속하고 효율적인 정보 활용을 통한 정확하고 합리적인 의사 결정으로 조직 활동을 수행하여야 한다. 이러한 맥락으로 조직 관리의 합리화와 능률화를 도모하기 위한 유력한 수단으로 각 조직에서는 매일같이 많은 종류의 회의를 개최하고 있다. 또한 조직 내·외의 인간관계와 상호 의사소통의 이해를 도모하면서 질서와 협력 체제를 확립하기 위한 수단으로써도 회의는 대단히 중요한 것으로 인식되어지고 있다. 이러한 회의의 목적은 크게 3가지로 나눌 수 있다.

첫째, 많은 사람의 중지를 모아 갈등을 조절하고 조직판단의 조율과 결정을 하는데 있다.

둘째, 인간관계의 육성과 구성원간의 커뮤니케이션 촉진을 통한 아이디어의 발굴에 있다.

셋째, 모든 사람의 이해의 확인을 통한 다각적인 검토와 발언자의 인간성 존중에 있다.

이를 좀 더 자세히 살펴보면 정보와 지식의 공유 및 교류를 가장 중요한 목적으로 둘 수 있으며, 그 외에 네트워킹의 확장, 친목의 도모 등 다양한 파급효과를 지닐 수 있다.

현대에서의 회의는 특히 정보와 지식의 공유 및 교류에 가장 큰 비중을 두는데 그 중에서 조직의 비전과 전략 및 조직운영을 위한 목표 설정을 위한 회의, 비상사태나 긴급 상황, 경쟁조직의 출현 등으로 인한 문제 해결을 위한 회의, 조직의 core business를 위한 생산성제고와 관련된 회의, 정보망 형성을 위한 회의, 조직에 대한 충성도 제고를 위한 회의 등으로 회의에 대한 목적을 살펴볼 수가 있다.

조직의 거의 모든 decision making은 회의를 통해 결정된다고 해도 과언이 아닐 정도로 조직 내에서 회의의 중요성은 매우 높다고 할 수 있다. 따라서 조직 내 회의의 올바른 이해와 인식을 통한 올바른 회의 문화의 정착은 조직의 생산성에 중대한 영향을 미친다.

이러한 회의에 대한 전반적인 보좌업무를 하는 것이 비서의 고유 업무이므로 비서의 역할이 과거 어느 때 보다 중시되고 있으며 고도의 전문적 지식과 창의력, 판단력 그리고 문제 해결능력까지 겸비한 능력을 요구하는 것이 오늘날의 사회이다.

2. 회의의 종류와 효과

회의란 동일한 목적을 가진 사람들이 한자리에 모여 서로 의견과 정보를 교환함으로써 목적 달성을 위한 최선의 결론을 이끌어내는 민주적 과정이다. 또한 회의는 조직의 리더가 계획을 세우거나 지시를 충실히 이해 주지시키거나 통제해야 할 경우에 그리고 특정한 문제에 대해 관계자간에 조정을 할 경우 관리기능의 모든 국면에서 전원의 의견을 통합하고 결론에 도달하는데 있어 가장 효과적인 수단이 된다.

더구나 훌륭한 회의는 리더로 하여금 그 구성원들과 대화하게 함으로써 좋은 신뢰 관계 구축에 크게 공헌할 수 있다. 회의는 단순히 의사소통의 자리일 뿐 아니라 참석 구성원이 각각의 의견을 발표하는 과정에서 새로운 생각이나 결론을 만들어 내게 하는 힘을 발휘하도록 촉구하는 자리인데, 이것이 바로 회의가 지닌 지적인 측면인 것이다.

그런데 회의는 때로 그러한 지적 측면뿐 아니라 참석 구성원이 감정이나 심리적 태도를 교환하는 자리 또는 정신적 대립을 해소시키는 자리가 되기도 한다.

그런 점에서 회의는 감정 정리의 자리가 될 수도 있는데, 자기중심적인 사고방식이나 착각에 빠져 있던 구성원들이 회의를 통하여 보다 고차원적인 조직목표나 과제를 지향하는 태도나 의욕을 일으킬 수도 있다.

1) 회의의 종류

각 조직에서는 거의 매일 수많은 종류의 회의를 개최하고 있다. 회의는 조직 관리의 합리화와 능률화를 도모하기 위한 수단이며, 인간관계에 있어서는 상호 의사소통과 이해를 돕고 질서와 협력 체제를 확립하기 위한 수단으로써 매우 중요하다. 이러한 회의의 기능으로는 ① 문제해결의 기능, ② 자문기능, ③ 의사소통의 기능, ④ 교육 훈련의 기능 등이 있다.

문제해결 기능으로서의 회의는 생산 회의, 임원 회의가 있다. 종합적 기획을 할 때 견해의 차이를 없애고 각 분야의 전문적 지식과 기술 및 연구 성과를 통합해서 방침과 구체적인 실행 계획을 세울 수 있다. 해결해야 할 문제에 대하여 참가자들이 토론을 통하여 의사결정을 함으로써 참가자들에게 중요한 의사 결정에 참여하였다는 참여 의식을 고취하게 되어 계속적인 협력을 기도할 수 있다.

자문기능으로서의 회의로는 공청회, 협의회가 있다. 업무와 관계된 범위가 넓든지, 영향의 정도가 커서 권한을 가진 사람이 일방적으로 결정하기가 어려울 때 회의를 통해서 전문적인 식견을 가진 사람들이나 직접 이해에 관계되는 사람들의 공정한 조언을 얻을 수 있다.

의사소통 기능으로서의 회의에는 조회, 부서회의 등이 있다. 협력의 전제는 부서 간, 직위 간의 원활한 의사소통이다. 저마다 다른 직무에서 활동하고 있는 사람들에게 일방적인 방침이나 전반에 걸친 계획을 알리고, 각자의 역할을 명시하여 중복이나 누락을 없애려면 회의가 그 최상의 수단이 된다. 이 경우에는 집단의 결정으로 인한 영향을 받은 개인이 그 결정에 불만을 품는 일이 없도록 반대 의견을 충분히 진술하도록 하는 동시에 결정한 이유를 분명하게 하는 데 유의해야 한다.

교육 훈련 기능으로서의 회의에는 연수회의, 신제품 발표회 등이 있다. 회의는 사람들로 하여금 생각하게 하고, 다른 사람의 경험을 자기의 경험으로 삼게 하는 유형의 교육 효과를 준다. 뿐만 아니라 자신의 생각이나 아이디어를 상대방에게 효과적으로 전달할 수 있는 의사소통의 능력을 증진시켜 나가는 데에도 도움이 된다.

(1) 형식에 따른 회의의 종류

① 회의(Meeting)

광의로는 모든 종류의 회의를 총칭하는 가장 포괄적인 용어로 쓰이고, 협의로는 여러 사람이 모여 특정한 의제나 문제를 해결하기 위하여 의장을 정하고 서기를 뽑은 후에 의장의 진행 방식으로 이루어지는 토의의 한 형태로 한정하여 쓰이기도 한다.

② 컨벤션(Convention)

회의 분야에서 가장 일반적으로 쓰이는 용어로써 정보전달(기업의 시장조사보고, 신상품소개, 세부전략수립)을 주목적으로 하는 정기 집회에 많이 사용된다.

과거에는 국제적, 국가적 기구, 단체에서 개최하는 연차총회로 그 의미가 제한적 이었으나 오늘날에 와서는 본회의와 분과회의 등을 포함하여 전시회가 함께 열리기도 한다. 보통 정기적으로 개최되는데 1년을 주기로 개최되는 경우가 많다.

③ 컨퍼런스(Conference)

두 명 이상의 개인 또는 여러 기관의 대표들이 모여 공통 관심사인 주제를 논의하고 의견을 교환하는 모임이란 측면에서 컨벤션과 거의 같은 의미를 가진 용어이다.

컨벤션에 비해 회의 진행상 토론회가 많이 열리며 회의 참가자들에게 토론회 참여 기회도 많이 주어지는 것이 특징이다. 컨벤션은 다수 주제를 다루는 업계의 정기회의에 자주 사용되는 반면, 컨퍼런스는 주로 과학, 기술, 학문 분야의 새로운 지식 습득 및 특징, 문제점 연구를 위한 회의에 사용된다.

④ 콩그레스(Congress)

컨벤션과 같은 의미를 지닌 용어로써 유럽 지역에서 빈번히 사용되며, 주로 국제규모의 회의를 의미한다.

⑤ 심포지움(Symposium)

희랍어의 symposion(향연)에서 유래된 것으로 특정한 테마에 대하여 전문가나 권위자 몇 사람(2명~5명 정도)이 동일 또는 서로 연관 있는 주제에 관해 서로 다른 관점에서 의견이나 견해를 밝히고 그것에 따라 청중도 참가하여 참석자 전체가 토의를 하는 형식의 공개 토론회, 포럼에 비해 다소의 형식을 갖추며 청중의 질의 기회는 상대적으로 적은 점이특징이다.

⑥ 패널 토의(Panel Discussin)

청중이 모인 가운데 2명~8명의 연사가 사회자의 주도하에 서로 다른 분야에서의 전문가적 견해를 발표하는 공개 토론회로써 청중도 자신의 의견을 발표할 수 있다. '배심토의'라고도 한다.

⑦ 포럼(Forum)

제시된 한 가지의 주제에 대해 상반된 견해를 가진 동일 분야의 전문가들이 사회자의 주도하에 청중 앞에서 벌이는 공개 토론회로써 청중이 자유롭게 질의에 참여할 수 있으며 사회자가 의견을 종합한다. 회의 진행자 아래 참석자들이 자유롭게 토론하는 것이 특징이고 성인 교육 강좌에서 많이 사용되고 있다.

⑧ 콜로퀴엄(Colloquium)

대학원 이상 수준에서 주로 이루어지는 분과(class)형태의 전문 연구과제와 관련된 전문가 회의이다. 해당 분과의 활동에서 주요 부분을 구성하며 연구과제를 계획, 수행, 진행을 평가하는 수단으로 이용된다. 세미나가 대표적인 콜로퀴엄의 형태이다.

⑨ 세미나(Seminar)

한 명 이상의 진행자의 지도로 연구에 참여한 그룹이 공통의 관심사의 문제점을 논의하는 고등교육에서 많이 사용되는 교육 방법 중의 하나이다.

⑩ 워크 샵(Workshop)

어떤 주제에 공통으로 관심 있는 사람들이 전문가와 함께 집단 연구를 통해 필요한 정보를 수집하고 문제를 해결하는 교육의 한 방법으로 널리 사용된다. 일련의 강습의 형태로 주로 일정 기간에 걸쳐 이루어지는 것이 특징이다.

⑪ 원탁 토의(Round Table Discussion)

10인 내외의 소규모 집단이 원탁을 에워싸고 자리의 구분 없이 자유롭게 상호 관심사에 대하여 이견을 나누는 형식이다.

⑫ 강연회(Lecture)

강연회는 심포지움에 비해 더욱 형식적이다. 전문가가 청중에게 프리젠테이션을 하는 방식으로 이루어지며 청중의 질의 기회는 상황에 따라 가능할 수도 않을 수도 있다.

⑬ 클리닉(Clinic)

주로 교육활동에서 사용되는 형태의 모임으로써 특정 주제에 대한 기술지도 및 강연이 이루어지며 이러한 형태의 모임은 소그룹만이 가능하다.

⑭ 단기 강습회(Institute)

주로 업계 내에서 이루어지는 것으로 좀 더 심도 있는 교육의 기회를 제공한다.

⑮ 전시회(Exhibitions and Trade Shows)

- Exhibitions: 주로 회의나 컨벤션과 연계되어 개최되는 행사로 판매자가 제품이나 서비스를 전시하는 형태이다.
- Trade Shows: 전시회 자체만을 위한 행사로 유럽에서는 다른 프로그램과의 연계 없이 개최되는 전시회를 trade fair라고 지칭한다.

(2) 의사결정 및 연락회의

① 주주총회

주주총회는 주주전체에 의해 의사결정을 하는 최고기관으로 원칙적으로 상법 또는 정관에 의해 정해진 사항에 한해 결의하나 대부분 소수주주는 주식상장의 투기적 이익에 관심이 있어서 회사경영에 대해서는 투표권을 백지위임하는 경우가 많다.

기본적인 사항으로는 결산기 등의 매년결산에 관한 결의, 이사진의 선임,

정관변경에 관한 결의가 있다. 주주총회는 정기총회와 임시총회가 있으며 정기총회는 매년 1회 이상 일정시기에 소집하는 반면 임시총회는 필요에 따라 임시 소집된다. 소수주주보호의 목적으로 소집에 관해서는 상법으로 시기, 장소 등이 엄격하게 규정 지워져 있고 회의록을 작성할 의무가 있으며 의장과 임원의 서명이 있어야 한다.

② 이사회

주주총회에서 선임된 이사전원으로 구성되어 업무 집행, 기타 주주총회에서의 권한 이외의 사항에 대하여 의사결정을 한다. 이사진 중에서 대표이사, 즉 사장을 선임하고 회의진행은 회사법규규정에 따라 행하여진다.

③ 중역 회의

사장, 부사장, 전무이사 등의 임원으로 구성되는 회의로 회사 운영 전반에 걸쳐 사업 계획, 운영 계획, 업무 집행 등에 관련된 의사를 결정하는 중요한 회의이다. 정기적으로 특정한 날짜를 정해 놓고 열리는 것이 일반적이나, 특별한 사안이 있을 때에는 사장이 소집하기도 한다.

④ 부/과장단 회의

관리부문과 업무부문의 최종 책임자인 부장, 과장단의 회의로 업무집행에 필요한 심의와 의사 결정의 보조적인 역할을 한다. 일반적으로 날짜를 정해 놓고 정기적으로 열린다.

(3) 정보의 제공, 수집, 교환을 위한 회의

① 연구회

정보교환과 상호계발을 목적으로 한 회의로 발표내용에 대해서 토론을 하지만 어느 의견이 옳은가에 대해 결정하진 않는다.

② 연수회의

기업에서 신입사원 교육 및 훈련을 할 때 많이 사용되는 회의로 정보전달과 상호계발을 목적으로 한다. 회의진행자는 참석자를 지도, 교육하기 위한 프로그램과 결론을 가지고 있다.

그러나 그것은 참석자에게 일방적으로 전달하는 것이 아니라 자유로이 발표할 수 있게 하고 결론을 유도해 나가는 것이다.

③ 설명회의

정보의 전달을 목적으로 하여 개최되는 회의가 설명회이다. 상부에서 이미 결정된 사항을 하부로 전달하기 위한 회의로 토론이나 의사결정은 이루어지지 않는다.

2) 회의의 효과

① 정보나 지시를 철저하게 이해시킬 수 있다.
② 의견의 교환능력을 통하여 집단의 지식이나 경험을 통합할 수가 있다.
③ 실행의욕이 높아진다.
④ 많은 사람의 지식이나 경험에서 나온 의견에 의하여 보다 좋은 계획을 세울 수 있고 문제의 해결을 꾀할 수 있다.
⑤ 많은 사람을 참여시킴으로써 사기를 높이고 귀속의식을 강화할 수 있다.
⑥ 자기계발, 상호계발의 기회가 된다.
⑦ 토론을 통해 폭넓은 정보와 지식을 얻게 된다.
⑧ 제한된 시간에 자기의 뜻을 효과적으로 남에게 이해시키고 설득시킬 수 있는 능력을 훈련하게 된다.
⑨ 찬·반토론 및 표결에서의 자기 표결 참여 결과에 따라 보편적 판단력에 대한 다각적 훈련이 가능하다.
⑩ 표결 과정에서 재빠른 결정으로 찬·반 어느 쪽이든 참여해야 함으로써 결단력 훈련이 가능해진다.
⑪ 다양한 의안의 심의를 통해 어떤 일을 추진한 때에 필요한 세부 사업을 파악하게 되고 이것은 곧 어떤 큰일을 진행할 때에 부수적인 세부 업무의 준비를 가능케 한다.
⑫ 여러 사람의 다양한 의견을 빠른 시간 내에 가장 효율적인 방법으로 하나의 방향으로 결론 짓는 기술을 익히게 된다.

3. 효율적인 회의

조직은 조직의 목표를 달성하기 위해서 수많은 의사결정 과정을 거치고 있다. 그 의사결정을 하기위한 시간 역시 조직의 입장에서는 하나같이 다 비용이다. 효율적인 의사결정과 경제성 있는 회의는 조직이 목표를 달성하는데 있어 매우 중요한 요소이다.

최악의 회의는 회의를 개최 할 타당한 이유도 없고, 논의된 현안들도 별것이 아니거나 전혀 없으며, 회의는 지리멸렬해 몇 시간이나 계속되고, 참석자들은 준비하지도 않았으며, 숙련된 회의 주관자도 없는 회의일 것이다. 이러한 회의는 참석자들에게 회의는 시간낭비, 에너지 소모, 회의를 기피하려는 문화 현상까지 심어주게 된다.

그러나 이렇게 되어서는 안 되며, 다음의 몇 가지 사항만 잘 지킨다면 효율적이며 유쾌한 회의가 될 것이다. 효율적인 회의는 목표는 분명히 하고, 참석자들은 준비되었으며, 대화는 역동적으로, 마무리는 신속하고 다음의 후속 조치는 명쾌하게 규정되는 회의이다.

▶ 목표를 안다.

그 회의를 통해 달성하려고 하는 것을 분명히 한다. 이후 회의를 하기 전에 또는 시작할 때 그 목표를 회의 참석자들과 공유한다.

▶ 의사일정을 말한다.

회의의 주제, 시작과 종료 시간, 참석자들, 발표자들과 그들의 발표주제, 각 의제에 할당되는 시간 등을 미리 정한다.

▶ 정확한 사람들을 초대한다.

너무나 자주 그리고 많은 사람들을 참석시킬 필요가 있는지 여부에 대해 생각해 보도록 한다. 그 회의의 주제와 목표에 준하는 사람들만 참석 시킨다.

▶ **정시에 시작한다.**

회의가 정시에 시작해야만 사람들을 그 회의에 훨씬 더 주의를 기울인다.

▶ **유능한 주관자를 활용한다.**

주관자들은 참석자들로 하여금 의제에 초점을 맞추도록 만들 수 있으며, 다루기 힘든 대인관계 문제를 잘 처리할 수 있는 사람이어야 한다. 그래야만 그 회의는 효과적으로 진행된다.

▶ **이용 가능한 도구를 확보한다.**

회의 전에 필요한 장비 즉, 영사기, 컴퓨터, 빔 프로젝트, 전문적인 회의 사무기기 등을 빠짐없이 준비한다.

▶ **신체적 편안함에 주의한다.**

회의 도중 졸음을 가져오는 음식이나 주류는 제공하지 않는다. 회의가 90분을 넘을 때에는 중간에 휴식을 취하고, 회의실을 너무 덥게 하거나 조명의 밝기를 너무 어둡게 해서는 안 된다.

▶ **휴대폰 사용을 금한다.**

회의 중의 휴대폰 통화와 벨 소리는 회의의 집중력과 전체 분위기를 깨뜨릴 수 있으므로 철저히 휴대폰 사용의 금지를 시킨다.

4. 회의 보좌업무

회의 보좌업무는 비서의 업무 중 실제로 중요한 위치를 차지한다. 문서의 작성, 회의에 필요한 자료 수집과 분석 및 결과보고, 예약 업무 및 스케쥴 작성과 확인 등은 회의의 규모와 상관없이 매우 중요한 업무들이며, 더 나아가 회의와 별개로 이들 업무 자체도 독립적으로 조직에서 큰 비중을 차지하고 있는 업무들이다.

비서의 회의 관련 보좌업무 중 가장 기본적인 업무는 회의에 대한 정보와 보고 자료의 조사 및 요약뿐만 아니라 예산 및 회계 그리고 회의환경 정비 업무 및 각종 사무기기를 활용하여 회의 등이 원활하게 진행 될 수 있도록 회의 전 단계에 걸쳐 모든 업무를 보좌해야 한다.

회의를 위해서는 기본적으로 회의의 필요성과 목적 그리고 역할 등에 관한 기본계획을 세워야 하며, 또한 예산을 편성하고 체계적인 프로그램을 기획하여 회의가 쓸 데 없는 시간과 비용 낭비로 이어지는 것을 막아야 한다. 이를 위해서는 좋은 프로그램을 뒷받침하는 홍보가 있어야 하며, 예상 참가자들에게 회의 참석에 대한 필요성을 인식 시키고 정확한 회의 정보를 제공하여 회의의 효과를 극대화 시켜야 한다.

1) 상사의 회의 참석 시 보좌업무

상사는 조직 내·외부에서 주최하는 많은 회의에 참석하게 된다. 이처럼 상사가 회의에 참석할 것을 요청하는 연락을 받았을 때, 비서는 회의 일시, 회의 장소, 안건 등을 확인한 후 상사에게 보고한다. 동시에 비서는 상사의 일정을 참조하여 회의시간과 동일한 시간대에 다른 일정이 있는지의 여부를 확인하여 다른 일정이 계획된 경우는 상사에게 상황을 보고하고 지시에 따르도록 한다. 상사가 회의 참석 여부를 결정하면 바로 회의 개최자에게 연락하도록 하고 참석할 경우에는 회의 일시를 일정표에 기재하고 개최 안내 및 통지서는 회의 당일까지 잘 보관하도록 한다(김경화외2명, 2002).

- 회의 시간에 늦지 않도록 상사의 회의 참석 시간을 확인한다. 회의 장소가 외부인 경우에는 회의장까지의 교통편, 이동하는데 걸리는 시간 등을 미리 확인해 둔다.
- 상사와 의논하여 회의에 필요한 자료를 미리 준비하여 두며, 자료의 저장은 만일에 대비 하여 여러 곳(노트 북, USB메모리, CD 등)에 저장하여 둔다.
- 회의 장소와 전화번호, 주최 측의 비서 이름과 연락처 등을 미리 파악

하여 두었다가 급한 용무가 발생하였을 경우 바로 연락할 수 있도록 한다.

- 때에 따라 주최 측의 업무를 도와야 할 경우에는 모든 사항을 주최 측의 지시에 따라서 한다.

2) 상사의 회의 주최 시 보좌 업무

상사가 회의를 주최할 경우에는 회의에 참석하는 경우보다 비서가 해야 할 일이 훨씬 더 많아지므로 상사로부터 회의 계획을 들으면 언제, 어디서, 누가, 무엇을, 왜, 어떻게 하는지 먼저 파악을 한 뒤 회의준비에 만전에 기해야 할 것이다.

회의에 관련된 비서의 보좌업무는 상사가 주최자냐 참석자냐에 따라 다르지만 어떠한 경우든지 비서는 상사로 하여금 회의에 참석하여 그 역할을 충분히 다할 수 있도록 보좌해야 한다. 조직 내에서 흔히 접하게 되는 회의에는 공식적인 회의와 비공식적인 회의로 나눌 수 있다. 공식적인 회의는 회의 참가자들에게 사전에 회의에 관한 사항을 알려주고 그들로 하여금 충분한 준비를 할 수 있도록 시간적 여유가 주어지는 회의 형식이다. 비공식적인 회의는 대부분 소규모의 사람들이 다소 구체적이고 특정한 업무에 관해 사전 통보가 없더라도 소집될 수 있는 회의 형식이다. 하지만 중요한 것은 공식적인 회의든, 비공식적인 회의든 사전에 모든 회의 준비가 제대로 이뤄지지 않고서는 성공적인 회의를 기대하기는 어렵다는 사실이다.

(1) 회의 사전준비

- 회의 목적을 확인하고 회의 장소를 예비 조사하여 상사에게 보고하고 예약한다.
- 회의 일시를 상사와 상의하여 결정하고 최종 참석자 명단을 작성한다.
- 상사로부터 회의 참석자 명단을 받은 후 회의 참석자들의 일정을 조사하고 외부 강사나 발표자를 초청해야 하는지 확인한다. 대리인이 참석할 경우 대리인의 이름과 직급을 확인해 둔다.

- 회의장소 결정 시 회의의 목적과 참석자 수 등을 고려하고, 외부에서 회의를 개최하는 경우 반드시 현장을 방문하여 확인하고 결정하도록 한다.
- 참석자에게 보낼 회의 통지문을 작성하여 상사에게 승인을 받고 발송한다. 회의 통지서는 회의 10일전에 받을 수 있도록 발송한다.
- 회의용 자료 및 기타자료를 작성하여 준비하고 회의 장소에 대한 최종 점검을 다시 한다.
- 회의장 설치 등 회의장을 준비한다.
- 회의 공지 시에는 다음의 다섯 단계를 거치도록 한다.

① **달력표기** - 달력에 회의의 날짜를 표시하고 외의 준비 일정을 계획한다.
② **메일링(mailing) 리스트 준비** - 각종 방법에 의해서 참가자들의 이름과 주소, 전화번호 등으로 목록을 만들고 봉투에 붙일 라벨 등을 만든다.
③ **공지문 작성** - 회의에 관해 참가자들에게 알려줄 내용을 작성한다.
④ **자료 발송** - 작은 규모의 회의에서는 메모나 전화 통화로 공지하고 큰 규모의 회의의 경우에는 형식에 맞추어 포스트 카드를 발송한다.
⑤ Follow-up - 참가자들의 참석 여부를 파악하여 기록하고 이것을 바탕으로 회의 장소를 예약한다.

(2) 회의 당일 및 회의 사후 업무(장은주, 2005)

회의 당일 비서는 우선 회의장이 회의하기에 알맞은 환경을 갖추었는지 확인하고 일정에 맞추어 세부사항들을 기록한다. 또한 회의가 예의 있고 정중한 분위기에서 진행될 수 있도록 각종 사항들을 순서대로 꼼꼼히 확인하여 나가도록 한다.

① **회의 개시 전 업무**

- 회의 안내 표지판, 방명록, 명찰 등이 잘 준비되어 있는지 확인한다.
- 회의실의 상황(조명, 환기, 냉난방, 책상과 의자의 수, 메모지와 필기도구, 음료 등)을 확인한다.
- 필요한 기자재가 모두 갖추어져 있는지 확인한다. 즉, TV, Videocassette, LCD, 빔 프로젝트, 마이크와 녹음장치 등을 테스트해 본다.

- 회의 진행 순서를 잘 보이는 곳에 붙이고, 회의용 자료, 메모지, 펜 등은 책상 위에 가지런히 정리하고 정해진 자리에 명패를 놓는다.
- 다과와 접대용 비품 등이 갖추어져 있는지를 점검한다.
- 회의 시작 시간이 가까워 오면 출석 상황을 상사에게 보고하고, 반드시 참석해야 하는 사람이 도착하지 않은 경우에는 전화로 확인한다든지 하여 회의가 정시에 개최될 수 있도록 한다.

② 회의 개최 중의 비서 업무

- 사내 회의인 경우 비서는 자기 자리에서 업무를 계속하면서 급한 연락을 받아 메모를 전달하거나 회의 중간에 음료 및 다과 등을 접대하도록 한다.
- 비서가 회의장 안에서 대기할 때에는 참석자의 동정에 주의하여 적극적으로 도울 수 있도록 신경을 쓰며 회의 진행 중 기록을 담당해야 하기도 한다.
- 회의장 출입구는 하나만 이용하고 출입구에는 '회의 중' 표지판을 부착한다.
- 회의와 관련 없는 사람의 출입을 막고, 늦게 도착하는 참석자를 장내로 안내한다.
- 회의장의 냉난방, 조명 등을 살피고 음료수나 기타 준비물도 수시로 점검한다.
- 회의에 출석 중인 사람에게 외부 전화가 왔을 때는 긴급 상항이 아니면 비서가 전화한 사람의 성명, 내용, 시각, 연락처 등을 메모하여 두었다가 회의가 끝난 후 전한다.

  만약 직접 통화를 요청하거나 긴급 사항일 때는 메모를 해서 노크 없이 회의장에 들어가 해당자에게 전달하고 지시에 따른다.

③ 회의록 작성

비서가 회의록을 작성해야 될 경우도 있다. 회의록을 보면 회의의 목적과 결과를 쉽게 알 수 있다. 제안된 안건의 처리에 대해서 기록하는 것이기 때문에 공(功)과 과(過)를 따질 때 증거자료가 될 수도 있다. 또 회의에 참석하지 못한 사람들에게 참고사항이 될 수 있으니 정확하고 일목요연하게 정리해야 한다. 비서의 올바른 회의록 작성법은 다음과 같다.

- 회의 시간과 장소 등을 기록한다.
- 회의 내용을 간결하고 정확하게 쓴다.
- 참석자와 불참자를 확실히 파악한다.
- 발언자와 질의자 등 모든 참석자의 의견을 요약한다.
- 첨부할 자료를 챙겨둔다.
- 주관적인 판단은 넣지 말고, 객관적인 사실만 기록한다.

회의록은 3단계에 걸쳐 작성하면 좋다. 1단계는 회의 내용을 기록하고, 2단계는 기록된 내용을 수정하며, 3단계는 수정된 회의 기록을 객관적인 자료를 토대로 보완하는 방법이다.

이렇게 3단계에 걸쳐 작성된 회의록은 상사에게 신속히 보고하고, 비밀회의의 경우에는 작성한 회의록을 별도로 보관한다.

회의록을 작성하는데 정해진 기준은 없으므로 조직마다 가지고 있는 양식을 따르면 된다.

회의록을 기록할 때는 무엇보다 발언 내용을 간단명료하게 정리하는 기술이 필요하며, 휴대용 녹음기를 사용해서 회의 내용을 저장해두는 방법도 있다.

④ 회의의 마무리 및 사후처리

- 회의 참석자에게 온 전언이 있으면 잊지 않고 전달하고, 참석자가 빠뜨리고 간 물건이 있나 점검한다.
- 회의장을 정돈하고, 회의 후에 비서가 처리해야 하는 업무가 있으면 일정표에 적어 두고 수행하도록 한다.
- 회의록을 작성하여 참석자에게 배부하고 연사를 초빙했을 경우 잊지 말고 감사 편지를 보낸다.
- 회의 관련 서류를 정리, 보관하도록 하며 상사에게 여쭈어본 후 회의 결석자에게 당일 배포된 자료나 회의록 등을 보내도록 한다.
- 회의 경비 결산 및 보고를 하고 회의 업무에 대한 사후 평가를 하도록 한다.

참고문헌

국회사무처 국제국(1996). 국회의전편람.

김경화 · 장은주 · 유지선(2009). 비서실무론, 한올출판사.

김용욱(2006). 공항의전의 역할과 실태 –인천국제공항을 중심으로. 항공진흥 제40호.

김재연(2005). 국제회의 의전 교육 프로그램에 관한 기초 연구. 이화여자대학교 대학원 석사학위논문.

문화관광부(2006). 국가의전의 문화적 개선 방안 연구.

박연호(2001). 행정학신론, 박영사.

박재린(1995). 현대 비서학, 무역경영사.

배상복(2006). 문장기술, 랜덤하우스중앙

배수현(2005). 국제회의 의전의 수행정도와 중요도에 관한 연구. 이화여자대학교 대학원 석사학위논문.

사카토겐지(2004). 메모의 기술, 해바라기.

서울특별시(2006). 의전실무 편람.

양재열(1995). 경호의 기본적 이론에 관한 연구, 연세대학교 행정대학원 석사학위논문.

외교통상부(2002). 의전실무 편람.

윤은기(1989). 정보화 사회의 비서학, 서울유나이티드컨설팅그룹

이상철(1998). 경호방법론, 홍경(서울).

이상철(2006). 경호현장운용론, 도서출판 원.

이재삼(2002). 공직비서의 행정적 기능에 관한 연구, 단국대학교 행정대학원 석사학위논문.

이준의(2009). 비서백서, 쌤앤파커스

이진우(1997). 경호활동의 이론 및 실제에 관한 연구, 연세대학교 행정대학원 석사학위논문.

외교통상부(2002). 의전실무편람.

정기호(1995). 정보비서업무, 세종출판사.
정철현(2000). 행정정보체계론, 법문사.
조계숙 · 최애경(1994). 비서 실무론, 대영문화사
철도청(2002). 행사의전 편람.
한국여성교양학회 예절연구회(2003). 생활예절, 도서출판 신정
한국지방자치단체국제화재단(2006). 지방공무원을 위한 국제회의 · 이벤트 편람.
홍순이(2008). 비서학 개론, 한올출판사.
http://www.bizcontents.or.kr
http://www.mofat.go.kr
http://www.secretarypro.opm
http://www.kaap.org
http://www.ye365.or.kr

저자소개

권 창 기

(학력)
용인대학교 졸업
용인대학교 대학원 졸업 (교육학 석사)
용인대학교 대학원 졸업 (체육학 박사)
경기대학교 대학원 졸업 (경호안전학 박사)

(경력)
- 경운대학교 경호학부장
- 한국경호경비학회 지역상임이사
- 한국산업인력공단 "경비지도사" 시험출제검증위원 (경호학)
- 한국시큐리티자격검정 및 신변보호사 자격시험평가 심의위원
- 안전관리자문단 자문위원
- 대한용무도협회 이사
- 대한유도협회 홍보위원

(저서)
- 호신술교본 - 〈도서출판 홍경〉
- 무도의 이해 - 〈도서출판 학이당〉
- 핵심 경호학 - 〈도서출판 진영사〉
- 핵심 경비업법 - 〈도서출판 진영사〉
- 핵심 민간경비론 - 〈도서출판 진영사〉
- 응급처치 이론과 실제 - 〈도서출판 (사)한국수상레저연합회〉

(논문)
- 민간경비원들의 팔로워십 특성이 조직상하간의 교환관계 및 직무 태도에 미치는 영향
- 테러유형에 따른 경호대응 방안에 대한 연구
- 시설경비업무 수행방법에 관한 고찰
- 근접경호임무 수행방법에 관한 연구
- 시스템 경비산업의 문제점 및 개선방안
- 지방식과 녹차 섭취가 혈류량 및 지질 변화에 미치는 영향
- 점증적 최대부하 운동이 호흡순환계 및 젖산 변화에 미치는 영향
- 식물섬유 섭취가 Rat의 혈중 대사에 미치는 영향

이 강 문

(학력)

용인대학교 졸업

용인대학교 대학원 경호학과(경호학 석사)

용인대학교 대학원 체육학과(체육학 박사)

(경력)

- 대구예술대학교 경호보안학과 학과장
- 치안행정학회 이사
- 대한무도학회 이사
- 한국스포츠리서치 이사
- 대구 · 경북체육학회 이사
- (사)한국경비협회 신변보호사 실기 · 필기 시험감독관
- (사)한국 무예검도협회 자문위원
- (사)대한격투기연맹 자문위원
- 국민생활체육 대구광역시 우슈연합회 이사
- 경북용무도협회 사무국장
- 용인대 태권도학과 경북 동문회 부회장
- 대구예술대학교 태권도부 · 경호시범단 감독 등

(논문)

- 한국 민간 경호직 종사자 무도교육 실태 및 발전방안
- 치안구조 변화에 따른 민간경호 경비의 역할 증진방안
- 경호관련학과의 경호 무도교육 발전방안
- 태권도 돌려차기 시 중앙 및 전방형 서기 자세에 따른 운동역학적 비교분석 등

(저서)

- 경호체력육성법
- 한국경호사강의